ADOÇÃO CONSENTIDA

do desenraizamento social da família
à prática de adoção aberta

Dados Internacionais de Catalogação na Publicação (CIP)
(Câmara Brasileira do Livro, SP, Brasil)

Gueiros, Dalva Azevedo
Adoção consentida : do desenraizamento social da família à prática de adoção aberta / Dalva Azevedo Gueiros. — São Paulo : Cortez, 2007.

Bibliografia.
ISBN 978-85-249-1309-9

1. Adoção 2. Adoção - Aspectos psicológicos 3. Adoção - Aspectos sociais 4. Adotados 5. Crianças adotadas 6. Pais adotivos I. Título.

07-6159 CDD-362.734

Índices para catálogo sistemático:

1. Adoção consentida : Bem-estar social 362.734

Dalva Azevedo Gueiros

ADOÇÃO CONSENTIDA

do desenraizamento social da família à prática de adoção aberta

CORTEZ EDITORA

ADOÇÃO CONSENTIDA: do desenraizamento social da família à prática de adoção aberta
Dalva Azevedo Gueiros

Capa: Estúdio Graal
Preparação de originais: Ana Maria Barbosa
Revisão: Maria de Lourdes de Almeida
Composição: Dany Editora Ltda.
Assessoria editorial: Elisabete Borgianni
Assistente bilíngüe: Priscila F. Augusto
Coordenação editorial: Danilo A. Q. Morales

Direitos para esta edição
CORTEZ EDITORA
Rua Monte Alegre, 1074 — Perdizes
05014-001 — São Paulo-SP
Tel.: (11) 3864-0111 Fax: (11) 3864-4290
e-mail: cortez@cortezeditora.com.br
www.cortezeditora.com.br

Impresso no Brasil — setembro de 2007

O enraizamento é talvez a necessidade mais importante e desconhecida da alma humana. É uma das mais difíceis de definir. O ser humano tem uma raiz por sua participação real, ativa e natural na existência de uma coletividade que conserva vivos certos tesouros do passado e certos pressentimentos do futuro. Participação natural, isto é, que vem automaticamente do lugar, do nascimento, da profissão, do ambiente. Cada ser humano precisa ter múltiplas raízes. Precisa receber quase que a totalidade de sua vida moral, intelectual e espiritual por intermédio dos meios de que faz parte naturalmente.

SIMONE WEIL

Agradecimentos

Este livro é uma versão da tese de doutorado apresentada, em 2005, ao Programa de Estudos Pós-Graduados em Serviço Social da Pontifícia Universidade Católica de São Paulo, cuja banca examinadora foi composta pelas professoras doutoras: Maria Amália Faller Vitale (orientadora — PUC-SP), Eunice Terezinha Fávero (TJSP e Unicsul), Maria Lúcia Carvalho da Silva (PUC-SP), Myrian Veras Baptista (PUC-SP) e Raquel Tolosa Jorge (Unesp). Para essas professoras, dedico um especial agradecimento tendo em vista as valiosas contribuições que me ofereceram em meu percurso acadêmico.

No árduo e, ao mesmo tempo, prazeroso percurso de elaboração deste estudo, contei com o precioso apoio e com importantes contribuições dessas professoras, de familiares, amigos e colegas de trabalho que, felizmente, por serem muitos, não há como a todos nomear. Todavia, quero registrar um especial agradecimento à profa. dra. Marilia P. Sposito, por sua fundamental contribuição para o aprimoramento da pesquisa realizada neste estudo; aos queridos professores do Programa de Estudos Pós-Graduados em Serviço Social pela seriedade, competência e disponibilidade com que compartilham seus conhecimentos conosco; aos colegas do Núcleo de Estudos e Pesquisa sobre a Criança e o Adolescente pelas frutíferas e calorosas discussões sobre a temática e a Glícia M. Azevedo Tinoco, pela revisão do texto original e por nosso diálogo acadêmico.

Quero salientar meu apreço às mães e ao pai participantes desta pesquisa, pela generosidade e disponibilidade com que ofereceram suas narrativas orais e pela oportunidade de eu conhecer de perto as vicissitudes pelas quais passam os sujeitos que entregam um filho em adoção.

A pesquisa, base fundamental deste estudo, não poderia ter ocorrido sem a participação do Tribunal de Justiça do Estado de São Paulo, espaço no qual se processam legalmente as adoções por consentimento da família de origem. Por isso, agradeço aos magistrados e às demais autoridades judiciárias que autorizaram a realização da pesquisa e às colegas assistentes sociais e demais servidores dessa instituição pela contribuição para sua efetivação.

Quero agradecer ainda a todos os meus irmãos, cunhados e sobrinhos, pela presença constante, pelo apoio e afeto recebidos e pelas peculiaridades compartilhadas com cada um deles.

Aos queridos amigos quero penhorar minha estima pela atenção e carinho com que partilharam comigo este e tantos outros projetos.

E, para terminar, uma homenagem à memória de meus pais, Raimundo e Dionízia, por tudo que me deram e ensinaram, especialmente por terem semeado a solidariedade e a idéia de direitos em nossa família e na comunidade onde viveram.

Sumário

Apresentação 15

Introdução 19
Adoção: conceito e legislações 22
Os estudos sobre adoção 29

CAPÍTULO I — A pesquisa: percurso, sujeitos e metodologia 39
1.1 O percurso 39
1.1.1 A pesquisa nos autos 41
1.1.2 As dificuldades encontradas para prosseguimento do estudo 44
1.1.3 O recomeço da pesquisa e os procedimentos metodológicos 48
1.1.3.1 A coleta de dados quantitativos 49
1.1.3.2 A coleta de dados qualitativos 52
1.2 Os sujeitos da pesquisa qualitativa 57
1. Joana 57
2. Ana e Emílio 59
3. Beatriz 62
4. Janete 62
5. Elza 64
1.3 A escolha metodológica 67

CAPÍTULO II — Mães e pais que entregam filhos em adoção: contextualização sociocultural 78

2.1 Perfil das crianças entregues em adoção 79

2.2 Perfil das mães e dos pais que entregaram filhos em adoção 89

2.2.1 Identificação das mães e dos pais biológicos 90

2.2.2 Condição de trabalho e de renda das mães e dos pais biológicos 99

2.2.3 Outros aspectos sócio-familiares das adoções por consentimento das famílias de origem 104

2.2.4 Relações entre as famílias biológicas e adotivas e as razões de entrega do filho 109

CAPÍTULO III — O contexto familiar nas adoções consentidas pelos pais biológicos 116

3.1 As representações dos sujeitos da pesquisa sobre família .. 118

3.2 Estrutura e organização das famílias de origem e atual dos sujeitos da pesquisa 121

3.2.1 A vinculação conjugal 133

3.2.2 A transitoriedade dos vínculos conjugais e os novos arranjos familiares 135

3.2.3 A separação, seguida de abandono paterno, e a busca de um novo companheiro 141

3.2.4 O trabalho feminino: necessidade de sobrevivência e expectativa de autonomia 147

3.2.5 Outros aspectos da família contemporânea 150

3.3 As funções atribuídas à família 152

3.3.1 O cuidado e a educação dos filhos 153

3.3.2 A atenção e o carinho como funções parentais 155

3.3.3 As funções da família sob o ponto de vista de alguns estudiosos 156

CAPÍTULO IV — Aspectos sociais determinantes nas adoções por consentimento da família de origem 161

4.1 O reflexo do enraizamento/desenraizamento social para a convivência familiar 163

4.2 As políticas de proteção à família e a rede social pessoal: aspectos compensatórios no desenraizamento social? 167

4.2.1 As políticas sociais de proteção à família 168

4.2.2 A rede social pessoal: uma estratégia de enraizamento social? 173

4.2.2.1 Rede social pessoal e sociabilidade 174

4.2.2.2 Rede social pessoal no processo migratório ... 176

4.2.2.3 Formação e conexão da nova rede social pessoal 185

4.2.2.4 Rede social e espaços de solidariedade 193

CAPÍTULO V — A entrega de um filho: razões e sentimentos 196

5.1 Vivências que antecederam o nascimento do filho 197

5.1.1 Experiências anteriores de doação e adoção de crianças 197

5.1.2 Conflito de gravidez e alternativas emergentes 205

5.1.2.1 O aborto: primeira alternativa emergente 208

5.1.2.2 A doação do filho: segunda alternativa emergente 210

5.1.2.3 O abrigamento da criança: uma alternativa descartada 212

5.2 Razões alegadas para a entrega da criança em adoção 213

5.2.1 A carência socioeconômica e a consciência das necessidades infanto-juvenis 214

5.2.2 A carência socioeconômica e a ausência paterna 216

5.2.3 A indisponibilidade para assumir mais um filho 222

5.3 Percurso da entrega de um filho em adoção 226
5.3.1 A rede social para definição dos adotantes 226
5.3.2 Os critérios para escolha dos pais adotivos 232
5.3.3 Relações e contratos estabelecidos entre as famílias biológicas e adotivas: a vivência de adoções abertas 235
5.4 Sentimentos das mães/pai no processo de entrega/doação de um filho 242
5.4.1 A dor da entrega do filho: um sentimento amenizado por se tratar de um recém-nascido 243
5.4.2 Sentimentos e projetos relativos à criança entregue em adoção 247
5.4.3 Sentimentos e expectativas em relação aos pais adotivos 250
5.4.4 Sentimentos em relação à família extensa e à rede social pessoal 251

Considerações finais 255

Bibliografia 267

Anexos

Anexo 1 276
Anexo 2 277

Índice de gráficos

Gráfico 1. Distribuição das crianças por faixa etária 80
Gráfico 2. Distribuição das crianças por sexo 82
Gráfico 3. Distribuição das crianças por cor da pele 83
Gráfico 4. Distribuição das crianças por naturalidade 84
Gráfico 5. Distribuição das crianças por filiação originária 86
Gráfico 6. Distribuição das crianças por filiação após a adoção 87
Gráfico 7. Distribuição das crianças por número de irmãos 88
Gráfico 8. Distribuição de mães e pais por faixa etária 91
Gráfico 9. Distribuição de mães e pais por cor da pele 92
Gráfico 10. Distribuição de mães e pais por naturalidade 93
Gráfico 11. Distribuição de mães e pais por estado civil 94
Gráfico 12. Distribuição de mães e pais por grau de instrução 96
Gráfico 13. Distribuição de mães e pais por religião 97
Gráfico 14. Distribuição de mães e pais por local de residência 98
Gráfico 15. Distribuição de mães e pais por tipo de trabalho 100
Gráfico 16. Distribuição de mães e pais por renda familiar 102
Gráfico 17. Distribuição de mães e pais por domicílio 105
Gráfico 18. Distribuição das famílias por número de filhos 106
Gráfico 19. Distribuição dos demais filhos por cuidador 107

Gráfico 20. Distribuição de famílias por inclusão em programas assistenciais 109
Gráfico 21. Distribuição das famílias biológicas por tipo de relação com a família adotiva 110
Gráfico 22. Distribuição das famílias por razões para entrega do filho em adoção 113

Índice de genogramas

Genograma 1 — Família de Ana 123
Genograma 2 — Família de Emílio 125
Genograma 3 — Família de Elza 127
Genograma 4 — Família de Janete 129
Genograma 5 — Família de Joana 132

Apresentação

No Brasil de hoje, a família tem sido invocada como recurso, fonte, parceira estratégica para enfrentar e guiar o desenvolvimento das políticas públicas. No exame atual sobre as políticas voltadas para a garantia de direitos, o grupo familiar, em suas diversas configurações, ganha maior visibilidade, em que pese as contradições e ambigüidades contidas nessa relação. A difusão de debates e pesquisas sobre a família em diversas áreas, sob diferentes olhares, em especial nos últimos anos, permite avaliar os desafios impostos àqueles que estudam ou trabalham com os laços familiares.

A família constitui uma questão em aberto. Essa realidade conhecida e mutável tende a inquietar pesquisadores e profissionais. Transformar as angústias, as incertezas, os questionamentos advindos do trabalho com famílias em um bom projeto de pesquisa não é tarefa fácil. Mas foi o que Dalva Azevedo Gueiros fez em sua trajetória.

De início, é bom destacar que Dalva é engajada nos estudos da família desde o princípio de seu percurso acadêmico. Isso lhe permitiu construir um quadro consistente de análise das relações familiares, sem as amarras de explicações simplistas e apaziguadoras, ao selecionar, entre tantos aspectos da vida familiar, a problemática da adoção. Que as adoções são plurais em suas formas não é novo para aqueles que as estudam. Mas como captar seus contornos?

Dalva transitou da idéia de adoção enquanto criação de uma criança por uma família não biológica e enquanto doação de uma criança por sua família de origem, traçando um caminho entre esses dois pólos. Pensou a adoção por um prisma pouco explorado — no sentido de estudos e reflexões — e ao mesmo tempo bastante aparente — por ser uma forma antiga e conhecida: "as adoções por consentimento das famílias de origem da criança". Essa denominação foi sua proposta para o tema central de estudo.

Com reflexões e indagações sobre essa realidade que vincula e/ou separa duas famílias, a autora atinge seu ponto de chegada: oferecer melhor compreensão tanto de como se processam essas relações como de seus contextos.

Nesta obra originalmente tese de doutorado, há a junção de duas contribuições: família e adoção. A pesquisa incidiu sobre o levantamento de dados dos registros constantes em autos processuais que tramitam em Varas da Infância e Juventude da Comarca de São Paulo e em relatos orais acompanhados da construção da genealogia familiar. Essa pesquisadora séria e sensível foi se aproximando dos meandros dessa forma de adoção, que implica a experiência de entregar uma criança a terceiros escolhidos pela própria família.

Este livro, ao tratar dessas adoções, é contra uma visão preconceituosa de família. O maior conhecimento delas, por meio das contribuições da autora, ajuda na desconstrução de um saber que pode se tornar normativo por não reconhecer os diversos atores aí envolvidos. Dalva desfaz a idéia de família "problema" ou "abandônica", para desvelar os laços familiares carregados de histórias construídas entre as gerações.

As memórias familiares, os sentimentos, os mapas das redes relacionais, as dores, as carências, o desenraizamento pessoal e social entrelaçados conduzem à encruzilhada que perfila o caminho da doação/adoção. Aqui estão delineados os mecanismos de cooperação que podem ocorrer entre as famílias atingidas, assim como os de ruptura e/ou de distanciamento entre elas, revelando, assim, a heterogeneidade de situações contidas nessa realidade. Ao mundo único e peculiar de cada família captado pela pesquisadora alia-se o terreno das condições socioeconômicas e culturais e o cenário da insuficiência das políticas públicas em face dessa questão. São os elos, e não as polaridades, que matrizam o processo de adoção/doação. Tem-se, assim, uma problematização imprescindível para a discussão do direito ao convívio familiar; a partir de uma interlocução fecunda para juízes, promotores, advogados, terapeutas familiares, psicólogos e, em especial, assistentes sociais no processo de atenção às crianças e suas famílias.

Com essas observações, saúdo o lançamento deste livro, do qual sinto orgulho em fazer a apresentação.

MARIA AMÁLIA FALLER VITALE

Introdução

Do cotidiano profissional na justiça da infância e da juventude e, mais especificamente, da observação sobre os processos relativos à adoção em suas várias modalidades emergiu as inquietudes e o interesse por investigar essa prática que estamos denominando de adoções por consentimento da família de origem ou adoções consentidas.

O intuito foi o de, a partir de dados obtidos em registros constantes em autos de processos de adoção tramitados em Varas de Infância e de Juventude e da coleta de relatos orais com os próprios sujeitos, desvelar a imbricação de motivos que levam a mãe ou os pais biológicos a entregar um filho em adoção para terceiros por eles escolhidos.

O desvelamento das adoções consentidas busca inserir essa problemática — e os indivíduos ou famílias que dela fazem parte — em um espaço de visibilidade. Ademais, oferecer contribuições que iluminem essa situação ainda pouco estudada, mas que faz parte do cotidiano das práticas do Serviço Social[1] na justiça infanto-juvenil, pode colaborar para uma melhor sistematização da atenção a essa população na direção da garantia de seus direitos, especialmente no que concerne ao direito à convivência familiar e comunitária.

1. Para conhecimento e análise do Serviço Social no âmbito da Justiça da Infância e da Juventude, remetemos o leitor às obras de Fávero (2005) e Colmán (2004). A primeira, centrada no período de 1948 a 1958, e a segunda, abrangendo o período de 1948 a 1988.

As adoções consentidas constituem uma modalidade legal de adoção; logo, sua concretização se faz no Poder Judiciário, após as devidas avaliações do assistente social e do psicólogo, manifestação do promotor público e deliberação do juiz de direito.

Essas adoções, também conhecidas como *adoções prontas, adoções por iniciativa própria* ou *adoções intuitu personae*, têm sido pouco estudadas e constituem certa controvérsia no Poder Judiciário. A maioria das Varas de Infância e Juventude as admite, apesar de as questionarem, o que pode dificultar uma ação profissional que, em princípio, seja destituída de juízo de valor. Ademais, essa postura de aceitar ou não tais adoções sem um conhecimento aprofundado sobre seus aspectos mais relevantes pode trazer implicações para o processamento e para a proposição de programas que atendam a essa modalidade de adoção, cuja demanda, nas Varas que a aceitam, é numericamente significativa.

Nesse sentido, avaliamos que, embora seja um assunto relativo ao nosso cotidiano profissional, nossas referências pessoais, sobretudo as raízes culturais em um lugar que privilegiava a solidariedade de parentes e amigos para o cuidado de crianças, tiveram um papel importante para a observação mais cuidadosa sobre tais adoções.

Trabalhando como assistente social de Varas de Infância e Juventude constatávamos que, com certa freqüência, apareciam os pais biológicos ou, mais comumente, apenas a mãe de uma criança, juntamente com um casal, referindo que a criança já estava sob os cuidados dele e que desejavam regularizar a situação por meio da adoção. Observávamos, igualmente, que essa situação tendia a causar preocupações em nossos colegas assistentes sociais e psicólogos que, por vezes, demonstravam certa resistência para o atendimento do caso, provavelmente em decorrência das incertezas e inquietudes que implicam a ação relativa a fenômenos ainda pouco estudados, como é o caso em questão.

Em relação a esses casos, nos sentíamos desafiadas a conhecer sua dinâmica. Freqüentemente, fazíamo-nos as seguintes indagações: esses pais, em algum momento, buscaram alternativas para o destino dessa criança? Por que os pais desejavam entregar seu filho para terceiros e por que tinham escolhido este casal e não outro? Ou, ainda, por que não entregaram a criança ao Estado, através das Varas de Infância e Juventude, conforme esperado?

Possivelmente essa nossa atitude não só indagativa, mas também acolhedora, com relação aos pais biológicos e aos possíveis pais substitutos se dava, entre outros aspectos, pelo fato de estarmos apenas há alguns poucos anos como assistente social do Tribunal de Justiça e não havermos vivenciado — e ainda conhecermos precariamente — as adoções de crianças que se realizavam de forma pouco recomendável e sem a participação direta e efetiva do Poder Judiciário, as chamadas adoções à brasileira, presentes em nossa realidade sobretudo até a implementação do Estatuto da Criança e do Adolescente.

A esse aspecto somam-se dois outros que estão relacionados às nossas crenças e vivências pessoais. O primeiro deles refere-se a peculiaridades da cultura nordestina, da qual somos originárias, em que era comum a prática de crianças residirem com outras famílias em prol de seu bem-estar ou para suprir a falta de filhos para um casal, sem que isso constituísse um problema para a criança ou para as demais partes envolvidas — prática semelhante ao que Fonseca (2002) denomina *circulação de crianças*. O outro aspecto está relacionado à noção de maternidade como uma opção da mulher, o que nos possibilita ouvir, sem prejulgamentos, a mãe que entrega seu filho para ser criado por terceiros.

Nesses casos, nossa principal preocupação era avaliar se os condicionantes socioeconômicos e os demais fatores presentes nessa atitude poderiam ser, de alguma forma, superados, a fim de assegurar a permanência da criança em sua família de origem. Na impossibilidade disso, dialogávamos com a mãe ou com os pais biológicos para avaliar se estavam conscientes de seu ato. Além disso, buscávamos entender as razões para a escolha daquele casal (ou pessoa) que substituiria a mãe (ou pais) biológica(os) e que, na maioria das vezes, já estava(m) com a criança havia certo tempo.

Foi a partir da perspectiva de atenção à família biológica que nos propusemos a realizar uma investigação de maior profundidade sobre as adoções por consentimento da família de origem, sob a ótica dos pais biológicos — ou da mãe biológica, o que é o mais comum nesses casos — visando conhecer as razões e a dinâmica presentes nessa problemática.

Partimos do suposto de que salvaguardar o direito da criança de permanecer com sua própria família é dever do Estado, por meio de implementação de políticas de proteção à criança, ao adolescente e à família. Consideramos também que, na sociedade contemporânea, excetuando-se os casos de violação aos cuidados fundamentais a uma criança, é na sua família de origem que ela tende a encontrar melhores condições para seu desenvolvimento como indivíduo.

Portanto, nossa perspectiva de investigação sobre adoção é pensar a respeito de uma das formas de assegurar à criança o direito de convivência familiar, esgotadas as possibilidades de essa convivência ocorrer na própria família de origem, sem desconsiderar as situações nas quais, por motivos alheios à falta de infra-estrutura social, a família biológica não quer ou não pode assumir os cuidados e a proteção da criança.

Devemos ressaltar ainda que as investigações sobre adoção se fazem necessárias pelo fato de ser uma prática corrente, complexa, carregada de mitos e, por vezes, pouco compreendida em sua dinâmica.

Os dados da pesquisa nos levaram a centrar a análise no desenraizamento pessoal e social de sujeitos que viveram a situação de interrupção do vínculo com o filho. Ao tomar formas diversas, essa questão central pode estar encoberta por outros aspectos mais chamativos ou mais familiares aos olhos do investigador e, principalmente, daqueles que trabalham no dia-a-dia com o fenômeno das adoções consentidas pelos pais biológicos.

Para melhor compreensão da adoção em seus aspectos gerais, apresentamos a seguir sua conceituação, um pouco de sua história e as legislações brasileiras a elas relativas. Posteriormente, expomos um rápido panorama dos estudos mais significativos realizados sobre a temática, a partir do qual vemos que poucos focalizam a família biológica.

Adoção: conceito e legislações

Em termos jurídicos, a adoção é geralmente concebida como um ato solene pelo qual alguém assume como filho pessoa que geralmente lhe é estranha. Contudo, preferimos usar uma definição um pouco mais abrangente e mais condizente com o que propõe o Estatuto da Criança e do Adolescente:

> Podemos definir a adoção como inserção num ambiente familiar, de forma definitiva e com aquisição de vínculo jurídico próprio de filiação, segundo as normas legais em vigor, de uma criança cujos pais morreram ou são desconhecidos, ou, não sendo esse o caso, não podem ou não querem assumir o desempenho das suas funções parentais, ou são pela autoridade competente, considerados indignos para tal. (Diniz, 1991: 67)

A centralidade da adoção está na satisfação dos interesses da criança; contudo, essa é uma concepção atual, pois, ao longo do tempo, e nas diversas culturas, ela assumiu diferentes feições. Faremos uma breve síntese da adoção desde os seus primórdios, apenas com o intuito de explicitar sua existência desde a Antiguidade.[2] Essa breve síntese, juntamente com a análise que a sucede das legislações brasileiras a respeito do assunto, possibilita compreender que a adoção constitui uma realidade que se transforma ao longo do tempo e que ganha contornos de acordo com as circunstâncias socioeconômicas e políticas de cada momento histórico.

Granato (2003) informa que, na Antiguidade, havia a associação entre adoção e religião, inclusive porque a propagação desta se dava através das gerações. Nessa obra, a autora registra que, pela adoção, garantia-se àqueles que não tiveram filhos biológicos os ritos fúnebres, celebração cultuada como necessária à tranqüilidade dos mortos.

Acrescenta a referida autora que o *Código de Hamurabi* é considerado a primeira codificação jurídica de que a humanidade tem notícia. Hamurabi foi rei da Babilônia no período de 1750 a 1685 a.C. e, nesse Código que recebe seu nome, existem 282 dispositivos, entre os quais nove se referem à adoção.

Assim, é possível verificar, desde a Antiguidade, registros sobre questões relativas à adoção, além da preocupação em assegurar alguns

---

2. Para uma leitura mais detalhada sobre a perspectiva histórica da adoção e sua inserção nas diferentes culturas, ver: Meed (1979), Costa (1988), Fonseca (2002), Weber (2002) e Granato (2003), entre outros, a partir dos quais esse breve histórico foi elaborado.

direitos a ambas as partes. Porém, conforme consta do *Código de Hamurabi*, a punição aos filhos adotivos que questionavam ou rejeitavam sua condição tendia a ser mais cruel do que aquela definida para os pais que não levavam a bom termo a adoção realizada. Possivelmente isso fosse decorrência do fato de as crianças apenas terem adquirido alguns direitos no final da Idade Média e início da Modernidade.

A *Bíblia* e as Leis de Manu (séculos II a. C. a II d.C.), por exemplo, também indicam a existência de adoção na Antiguidade. Na Idade Média, essa prática esmaeceu, e somente no século XVII recomeçam as referências à adoção nos Códigos Jurídicos. O primeiro deles é o código promulgado por Christian V, na Dinamarca, no ano de 1683.

Após esse período, temos, na Alemanha, o Código Prussiano (também conhecido como Código de Frederico) e o Códex Maximilianus da Bavária, em 1756. Na França, pelo Decreto-lei de 29/7/1939, introduz-se a figura da legitimação adotiva, na qual o adotando era desligado de sua família de origem. No direito romano, a aquisição do pátrio poder pelo adotante e o direito à sucessão constituíam os principais efeitos da adoção, medidas não aceitas pelos portugueses. Em Portugal, o Código Civil de 1867 não acolheu o instituto da adoção, sendo essa restaurada no Código Civil de 1966, nas formas de adoção plena e de adoção restrita (Granato, 2003: 34-41).

No Brasil, a adoção é, hoje, regulada pelo Estatuto da Criança e do Adolescente — ECA — Lei nº 8.069, de 13/7/1990, com base no artigo nº 227 da Constituição da República Federativa do Brasil, de 1988. O novo Código Civil — Lei nº 10.406, de 10/1/2002, em vigor desde janeiro de 2003, também trata de adoção e, dessa forma, atualmente, podem ser aplicadas ambas as leis à adoção de pessoas menores de 18 anos (Granato, 2003).

Todavia, antes dessas duas últimas legislações, houve quatro outras leis que trataram da questão, a primeira de 1916. Entre elas, existem algumas diferenças importantes, conforme podemos observar pelo quadro constante do Anexo 1. A idade mínima do adotante, o tipo de filiação, a permanência da adoção e as condições para a herança são aspectos que foram se modificando de acordo com a conquista de alguns direitos individuais e sociais.

Além das legislações já referidas, está em tramitação no Congresso Nacional propostas de alterações relativas à adoção,[3] que têm sido objeto de muita polêmica, dado o entendimento de que tendem a ferir princípios assegurados pelo Estatuto da Criança e do Adolescente (doravante ECA).

Embora o foco de nosso trabalho não seja discutir a adoção do ponto de vista legal, queremos ressaltar alguns aspectos que nos parecem dignos de atenção, tendo em vista as implicações, no plano social, para a temática em pauta.

Ressaltamos que o ECA (Lei nº 8.069, de 13/7/1990), quinta legislação sobre adoção, estabelece que a permanência é irrevogável, que a filiação é substitutiva e que, na herança, os direitos são iguais para filhos adotivos e consangüíneos, além de introduzir dispositivos para a efetivação de adoções unilaterais. Por ser essa legislação, que embasa as questões legais pertinentes ao presente estudo, transcrevemos, no Anexo 2, seus dispositivos relativos à adoção.

No que se refere às adoções por consentimento da família de origem — objeto deste nosso estudo, entendemos que seu embasamento se dá pelos artigos 43 e 45, bem como pelo parágrafo 1º do artigo 46 do referido Estatuto.[4] As adoções unilaterais, que também ocorrem por consentimento do pai ou da mãe biológica (e, em alguns casos, de ambos), são objeto do parágrafo 1º do artigo 41. Cabe salientar que o ECA é a primeira legislação a tratar expressamente de adoções unilaterais.

Nesse Estatuto, é clara a intenção de direcionar os benefícios da adoção ao adotando. Além disso, é importante observar a consolidação da igualdade em termos de *status* jurídico entre filhos consangüíneos e adotivos que havia se iniciado com a Legitimação Adotiva, em 1965 (é com essa lei que a permanência da adoção passa a ser irrevogável). O Estatuto apresenta uma diferença fundamental em relação ao Código de

3. Entre os projetos de lei que tratam da adoção destacamos, os de nºs 1.756/03 e 6.222/05.

4. O artigo 43 define que a adoção deve apresentar vantagens para o adotando e se basear em legítimos motivos; o 45 diz que a adoção depende do consentimento dos pais ou de seu representante legal; e o parágrafo 1º do artigo 46 refere-se ao estágio de convivência e define que o mesmo poderá ser dispensado se a criança já estiver na companhia do adotante por um período suficiente para se avaliar a convivência e a constituição do vínculo.

Menores de 1979: neste, a concepção norteadora era a de proteger crianças e adolescentes em "situação irregular"; naquele, a concepção é a de proteção integral à criança e ao adolescente.

É importante ressaltar que o ECA — considerado de vanguarda no panorama internacional — foi elaborado sob a coordenação do Fórum Nacional de Entidades Não- Governamentais de Defesa das Crianças e Adolescentes, com a participação do Fórum Nacional de Dirigentes Estaduais e Políticas Públicas para a Criança e o Adolescente e da Frente Parlamentar pelos Direitos da Criança. Esse dispositivo incorpora a concepção presente no texto constitucional de 1988, no qual a criança e o adolescente são vistos como sujeitos de direito, pessoas em condições peculiares de desenvolvimento e de prioridade absoluta (Vargas, 1998). É também a partir dessa legislação que a adoção se centra nos interesses do adotado e não do adotante, como ocorria nas legislações anteriores. Deve-se ressaltar, aliás, que o ECA é posterior à Convenção das Nações Unidas sobre os Direitos das Crianças, ocorrida em 1989.

Nas duas primeiras legislações, as crianças poderiam ser assumidas pelo adotante sem que a paternidade biológica fosse declarada. Da mesma forma, assumia-se "por caridade" crianças deixadas à porta (hábito que perdurou por muito tempo, inclusive depois de existirem as rodas de expostos[5]), órfãos e abrigados. Tal procedimento atendia, possivelmente, a situações advindas das relações entre senhores e suas escravas, ex-escravas, serviçais da casa e práticas de adultério, comuns naquele momento histórico. Dessa forma, a legislação possibilitava que os filhos "bastardos" fossem legalmente protegidos por seus pais, sendo preservadas, ao mesmo tempo, as regras morais da família patriarcal.

Claro que tais adoções não conferiam à criança adotada o mesmo *status* jurídico do filho legítimo, já que sua permanência era revogável, a filiação era aditiva e o direito à herança só se dava na ausência de filhos legítimos ou, havendo filhos legítimos posteriores ao adotivo, este só teria direito à metade do que teria direito o filho legítimo. A marca da desigualdade entre filhos adotivos e legítimos estava, então, embasada legalmente.

---

5. Sobre esse aspecto, ver Marcilio (1999).

Somente a partir de 1965, filhos adotivos começam, legalmente, a ser igualados aos legítimos, o que talvez nos dê elementos para compreendermos o fato de, até hoje, haver preconceitos em relação às crianças adotivas: os pais tendem a esconder o fato e até as escolas, espaço formador por excelência, têm dificuldade de tratar a questão com espontaneidade.

A isso se soma a ocorrência, principalmente até a implementação do ECA, das chamadas "adoções à brasileira", através das quais filhos biológicos de determinados pais são registrados como filhos legítimos de outros pais, como se estes fossem seus pais biológicos.[6] Por essa prática ser considerada crime, a revelação sobre a origem da criança não poderia ser feita, sob pena de responsabilização criminal dos envolvidos. É também por meio dessa legitimação adotiva que, pela primeira vez, se estabelece o rompimento da relação de parentesco com a família de origem da criança.

Observamos, entretanto, que a discriminação presente nas adoções vai se dissipando à medida que outras discriminações, como as relativas à mulher, vão perdendo terreno, ou seja, à medida que as legislações expressam um conteúdo mais democrático, como reflexo das conquistas sociais que igualam as pessoas e as consideram sujeitos de direitos (homem, mulher, criança, adolescente, negro, branco, amarelo e outros), as leis sobre adoção igualam filhos adotivos a legítimos. Isso começa a ocorrer com a Legitimação Adotiva, em 1965, e consolida-se, em 1990, com o ECA.

Partindo desse raciocínio, é interessante observar que o Código de Menores, de 1979 (promulgado durante o regime militar), define a permanência de adoção como irrevogável somente para crianças até 7 anos de idade e revogável para aquelas a partir dessa idade e até 18 anos, ocorrendo o mesmo com a filiação (substitutiva e aditiva, respectivamente) e a herança (integral e diferenciada, respectivamente).

Embora o referido Código avance no que diz respeito à adoção de crianças com mais de 7 anos de idade, define tratamento desigual para

---

6. Sobre "adoção à brasileira", ver Abreu (2002), no capítulo os "Mistérios da adoção no Brasil" e Weber (2002), no capítulo "Entre a cruz e a caldeirinha".

elas. De fato, o Código de 1979 as situa da mesma forma que as duas primeiras legislações no que se refere à permanência, filiação e herança. Por essa lei, cortavam-se os laços de parentesco com a família biológica da criança somente nos casos de adoção plena.[7] É também nesse Código de 1979 que se aborda, pela primeira vez, na legislação, a adoção por estrangeiros.

A última legislação a tratar de adoção é o novo Código Civil — Lei nº 10.406, de 10 de janeiro de 2002. Embora posterior ao ECA, os profissionais do campo do direito tendem pelo entendimento de que ambas as leis são aplicáveis à adoção, posto que não há referência expressa à revogação do ECA e também porque o Estatuto contém importantes disposições que não são repetidas no Código Civil (Granato, 2003).

Dos dispositivos comuns às duas últimas legislações, a diferença diz respeito à idade mínima do adotante (21 anos, no ECA, e 18 anos, no novo Código Civil), o que é conseqüência de fato de a maioridade ter sido antecipada para 18 anos de idade. O ECA trata das adoções de pessoas até a maioridade; o novo Código Civil trata de adoções sem restrição de idade e define, no parágrafo único do artigo 1.623, que as adoções de pessoas maiores de 18 anos dependerá também de "assistência do Poder Público e de sentença constitutiva".

No cotidiano, observamos que a igualdade entre filhos legítimos e adotivos, preconizada pelo ECA, ainda necessita de sedimentação. As concepções da população brasileira sobre adoção, em termos dominantes, carecem de desenvolvimento para acompanhar os avanços da lei, que incorporou o pensamento sobre a questão de setores mais avançados.

Na prática, constatamos que, de um lado, os pais adotivos tendem a postergar a revelação à criança sobre sua origem; de outro lado, a co-

---

7. Na adoção plena, a permanência da criança com os adotantes é irrevogável, a filiação é substitutiva e os direitos dos filhos adotivos são iguais aos dos biológicos. Na adoção simples (extinta com o ECA), a permanência poderia ser revogada por vontade do adotando após cessar a menoridade ou em decorrência de situações nas quais a lei admitia a deserdação; a filiação era aditiva — havia a transferência do pátrio poder (hoje, poder familiar) dos pais biológicos para os adotivos, mas os direitos e deveres do adotado e da família biológica não se extinguiam. Quanto aos direitos, o filho adotivo só herdava integralmente se fosse filho único; se não o fosse, teria direito à metade do que coubesse ao filho legítimo (Granato, 2003).

munidade (parentes, vizinhos, entre outros) costuma enfatizar que aquela criança é adotada, denotando, assim, pouca espontaneidade no trato da questão e sinalizando as ambigüidades presentes nas situações de adoção. A transmissão à criança de sua história pré-adotiva, aspecto que deveria ser inerente à revelação da filiação adotiva, tende a ser ainda menos incorporada às experiências de adoção, motivo pelo qual as adoções abertas[8] permanecem excluídas do discurso oficial sobre adoção.

Conforme vimos, a adoção existe desde sempre, mas foi se configurando em formas e demandas diversas de acordo com o momento histórico, de modo que sua concepção e as próprias ambigüidades nela presentes estão associadas às idéias subjacentes aos demais conceitos socioculturais, sobretudo aqueles relativos à família e a outros vínculos sociais. Ademais, apesar de avanços em alguns setores sociais e nos planos teórico e legal, a noção de criança e de adolescente como sujeitos de direito ainda carece de maior sedimentação no plano da realidade cotidiana.

Feitas essas considerações sobre as legislações brasileiras relativas à adoção, apresentamos um breve panorama sobre os estudos que investigam essa temática. Podemos observar neles uma maior preocupação em analisar os aspectos concernentes à criança e à família adotiva. Desse modo, a outra ponta desse triângulo, a família biológica, tem merecido menos atenção.

Os estudos sobre adoção

Excetuando-se os da área jurídica, os estudos sobre adoção ganharam maior dimensão a partir da última década. Entretanto, estudos específicos e mais aprofundados relativos às adoções realizadas por consentimento da família biológica constituem ainda uma lacuna.

Nessa linha, mais especificamente sobre transferências parcial e revogável de criança entre famílias, Fonseca (2002) apresenta uma

8. A definição e outras reflexões sobre adoção aberta constam nas pp. 235, do capítulo V e das considerações finais.

cuidadosa investigação antropológica, realizada em vilas populares de Porto Alegre, na qual aborda acordos e conflitos, além de outros aspectos, entre famílias que tiveram a experiência, de ambos os lados, do que ela denomina de *circulação de crianças*.[9]

Indagamo-nos, inicialmente, se as adoções por consentimento da família de origem são decorrência da prática ou da cultura de buscar, na rede pessoal e social, alternativas de proteção à criança. É possível que essa prática, antes informal e de domínio das famílias envolvidas, tenha se transformado, a partir da implementação do ECA e da conseqüente exigência de responsável legal por parte de escolas e unidades de saúde, em situações formais e legalizadas pelo Poder Judiciário mediante guarda, tutela ou adoção, procedimentos normatizados no referido documento legal.

Também numa perspectiva antropológica, Costa (1988) apresenta uma densa investigação sobre adoção em camadas médias brasileiras, abordando suas representações e práticas e realiza uma importante análise sobre a prática de intermediação para a efetivação das adoções, sobretudo na cidade de Curitiba (PR).

Esse estudo, bem como o de Abreu (2002), nos aponta as inúmeras questões presentes nessas intermediações, nas quais, por vezes, havia interesses econômicos por parte dos intermediários que, quase sempre, classificavam tais interesses como auxílio para prestação de assistência aos mais necessitados. Ambos os estudos relatam também a posição do Poder Judiciário, antes menos atento a essas intermediações e, posteriormente, movimentando-se na direção de assumir todas as etapas de um processo de adoção.

---

9. Fonseca (2002) utiliza o termo *circulação de crianças* para designar o trânsito de crianças entre a casa de seus pais, avós, madrinhas e vizinhas (transferência parcial e temporária dos direitos e deveres paternos). Essa prática ocorre informalmente e deixa de fora a participação do Estado para sua regulamentação. Na concepção da autora, à circulação de criança associam-se componentes afetivos, isto é, as crianças transitam entre várias "mães", que desejam o seu bem-estar. Sarti (1996: 57) também trabalha com essa noção e define a *circulação de crianças* como sendo "um padrão legítimo de relação com os filhos e que pode ser interpretado como um padrão cultural que permite uma solução conciliatória entre o valor da maternidade e as dificuldades concretas de criar os filhos, levando as mães a não se desligarem deles, mas manterem o vínculo através de uma circulação temporária".

É possível que a dificuldade dos operadores da justiça em aceitar e trabalhar com as adoções por consentimento da família de origem — realizadas seguindo todos os procedimentos definidos na Lei nº 8.069/90 — tenha como uma de suas razões os processos de intermediação praticados segundo o relato de Costa (1988) e de Abreu (2002), que, pela própria ambigüidade em que se realizavam, passaram a ser encarados como "alvo e fonte de temor, perigo e poder" (Costa, 1988: 121).

Em uma perspectiva psicológica, destacamos os estudos de Vargas (1998 e 2000) e o de Paiva (2004). O primeiro (1998) aborda as adoções tardias; o segundo (2000) se refere à problemática das intermediações na adoção, mas centra sua análise na prática da adoção pela ótica daqueles que a realizam. O estudo de Paiva (2004) analisa a adoção no Tribunal de Justiça do Estado de São Paulo, salientando, por exemplo, os procedimentos para a realização da adoção na instituição. A autora faz ainda uma rápida menção às famílias biológicas.

Os aspectos jurídicos relativos à adoção, normatizados pelo ECA e pelo novo Código Civil, foram analisados por Granato (2003). Nessa obra, a autora refere-se à adoção por consentimento da família de origem, para ela adoção *intuitu personae*, demarcando sua freqüência, a ausência de estudos sobre a questão e o fato de ser um tema "angustiante e perturbador" para quem trabalha com adoção. Para Granato (2003: 134), essa modalidade de adoção "mantém íntima relação com a 'adoção à brasileira'".

Do ponto de vista social, destacamos os estudos de Fávero (2000 e 2001) e o de Silveira (2005). Os dois primeiros avaliam os condicionantes socioeconômicos e as questões familiares inerentes a tal procedimento e relacionam a carência socioeconômica, o abandono, a negligência e a violência doméstica como principais motivos de entrega ou retirada de crianças de suas famílias biológicas. Já Silveira (2005) trata da adoção de crianças negras.

Questões relativas à origem, ao segredo e à revelação na adoção têm merecido a atenção de quase todos os estudiosos do assunto. Costa (1988), Schettini Filho (1998 e 1999), Ladvocat (2002), Weber (2002) e Hamad (2002), entre outros, têm contribuído para essa discussão, havendo entre eles concordância quanto à importância de revelar à criança sua condição adotiva. As reflexões estão direcionadas para a forma mais apropriada de fazer tal revelação, pois, ao que parece, não existe um momento e um jeito certo que possam ser generalizados.

A noção de que não é saudável para a criança manter-se em segredo sua condição de filiação adotiva já é de domínio público e, salvo exceções, os operadores do campo da adoção trabalham sob essa ótica. A revelação à criança sobre sua filiação adotiva também já está generalizada entre as famílias adotivas. Entretanto, nossa observação é de que o mesmo não ocorre com a transmissão à criança de sua história pré-adotiva. A prática de os pais adotivos oferecerem à criança informações claras e espontâneas sobre sua família biológica, ou de possibilitarem o contato direto com suas origens, parece ser ainda raramente cultivada no Brasil.

A tendência é que as adoções, sobretudo aquelas realizadas através do Cadastro de Pretendentes à Adoção — CPA —[10] sejam fechadas, isto é, sem nenhum contato entre as duas famílias, o que, a nosso ver, contribui para a manutenção do distanciamento da criança da sua história pré-adotiva. Essa discussão sobre a vivência de processos abertos ou fechados, na adoção, começa a merecer a atenção de alguns estudiosos desse campo, e entre eles destacamos os franceses Dolto e Hamad (1998) e, no Brasil, Motta (2001) e Oliveira (2002).

Motta (2001), além de sinalizar a perspectiva de adoções abertas, conforme já nos referimos, apresentou uma discussão que parece ser a mais aprofundada sobre entrega ou abandono de crianças. A autora põe em discussão a dificuldade da mãe, pressionada no âmbito familiar, social e institucional, a tomar decisões mais bem refletidas quanto ao destino de seu filho, uma vez que tais pressões, via de regra, têm direções opostas e defendem a importância de a mãe biológica poder decidir sobre a entrega ou não de seu filho.

Oliveira (2002) também analisa as adoções abertas e apresenta seus aspectos positivos e as críticas mais correntes a ela. Entre os tantos ou-

10. O procedimento para cadastro de pretendentes à adoção — CPA — está normatizado pelos Provimentos n°s 05/2005 e 26/2005, da Corregedoria Geral da Justiça do Estado de São Paulo (vide Anexo 2).

tros aspectos abordados nessa tese, a autora refere-se ainda às adoções *intuitu personae*, indicando sobretudo os aspectos legais.

Encontramos dois outros estudos que contribuem diretamente para nossas reflexões, embora ambos tenham sido realizados fora do Brasil. O primeiro é o de Fernandes (1989), cuja pesquisa é localizada em uma grande maternidade de Portugal, na década de 80. Nele, a autora disserta sobre o consentimento das mães para a adoção de seus recém-nascidos, abordando aspectos relativos ao abandono como fenômeno e como problema, à maternidade e à ação do Serviço Social nessas adoções. A análise realizada sobre a relação que se estabelece entre os profissionais da instituição e as mães que informam sobre sua decisão quanto à entrega do filho nos parece muito oportuna para pensarmos como essas relações ocorrem nas Varas de Infância e Juventude quando chega uma mãe disposta a entregar seu filho para adoção.

O segundo é o de Giberti, Gore e Taborda (1997), realizado na Argentina, que buscou conhecer as características de um conjunto de mulheres que, na década de 80, entregaram seus filhos para adoção. Para analisar esse fenômeno, as autoras discutem a questão do infanticídio e do abandono na história da humanidade, a concepção de maternidade, aspectos éticos, morais e sociais presentes nesse processo e a omissão masculina frente à responsabilidade parental. O imaginário presente na mídia ao tratar a questão, bem como a atuação dos profissionais com a mãe que entrega seu filho, é também abordado nessa obra.

Os estudos que direcionam sua atenção para a família biológica põem em relevo a questão abandono *versus* entrega. A situação de entrega é, via de regra, associada a um processo de decisão no qual a mãe ou os pais, por razões diversas, se declaram, ou se aceitam, impossibilitados de criar o filho. O abandono, por sua vez, estaria socialmente associado a situações nas quais os pais ou responsáveis não fazem essa "autoavaliação" acerca de suas condições para assumir os cuidados e a proteção da criança. Assim, a participação da mãe ou dos pais, na entrega, seria mais ativa, além de estar revestida de uma preocupação com o bem-estar da criança, aspecto que, aparentemente, não ocorreria nas situações de abandono da criança.

Contudo, deve se avaliar com criticidade as situações de abandono, pois nem sempre eles se configuram como tal. Basta lembrar que um dos problemas importantes na sistemática de acolhimento institucional infanto-juvenil é, justamente, a atenção à família, com o objetivo de promover a reintegração da criança e do adolescente a seu meio sociofamiliar. Não raro, essas instituições regulamentam visitas mensais e não disponibilizam meios para as famílias com maiores dificuldades efetivá-las.

De fato, até o momento, os Poderes Executivo e Judiciário não implementaram políticas para efetivamente reverter esse quadro, em que pese alguns esforços nesse sentido, como o Plano Nacional de Promoção, Proteção e Defesa do Direito de Crianças e Adolescentes à Convivência Familiar e Comunitária aprovado recentemente pelos Conselho Nacional de Assistência Social e Conselho Nacional dos Direitos da Criança e do Adolescente.

O deslocamento da noção de *abandono* para a de *entrega* está no cerne das adoções por consentimento da família de origem, posto que, conforme constatamos em nossa pesquisa, as mães (ou pais) que entregaram filhos em adoção participaram ativamente desse processo e evidenciaram importante preocupação com o bem-estar da criança. Por essa razão, usaremos, neste estudo, o termo entrega. Eventualmente, empregaremos também o termo *doação* com o mesmo significado de *entrega*.

Ademais, adentramos uma outra questão, que é a de adoções abertas. Trabalhar com adoção possibilitando a entrega da criança pela mãe (ou pais) biológica aos pais adotivos implica uma mudança de mentalidade dos operadores desse campo e a criação, pelo Poder Judiciário, de mecanismos que possibilitem o contato entre as duas famílias.

Estamos denominando adoções abertas esses processos de adoção nos quais as famílias de origem e adotiva têm conhecimento uma da outra, inclusive porque a entrega da criança é feita diretamente pela mãe ou pais biológicos aos adotivos, podendo ou não haver contatos posteriores à concretização da adoção.

Entendemos que, se conhecermos melhor essas adoções, poderemos pensar também em mecanismos, na esfera do Poder Judiciário, para a realização da adoção aberta, em bases satisfatórias para a criança e as famílias biológica e adotiva. Isso poderia implicar o deslocamento gradativo da escolha de pais adotivos da rede social pessoal da família de origem para aqueles cadastrados como pretendentes à adoção nas Varas de Infância e Juventude, haja vista ser essa uma das preocupações dos operadores do campo da adoção em relação às adoções por consentimento da família de origem.

As análises e proposições contidas nesta obra, como as imediatamente mencionadas, resultam de aproximações com a temática, quer do ponto de vista interventivo, quer do ponto de vista investigativo. A intervenção realizada em duas unidades do Tribunal de Justiça do Estado de São Paulo nos colocou em contato com a temática a partir do ponto de vista institucional; a investigação quanti-qualitativa realizada neste estudo nos possibilitou aproximações com um universo mais abrangente, pois acessamos uma quantidade significativa de processos de adoção tramitados na Comarca da Capital do referido Tribunal, e também com o aprofundamento da questão, haja vista o trabalho realizado a partir de relatos orais colhidos, bem como com os genogramas construídos com sujeitos que viveram a experiência de entregar um filho em adoção. A densidade desta pesquisa impulsionou a organização de sua discussão em um capítulo exclusivo.

Em que pese nosso empenho em realizar o estudo com a seriedade e o zelo que a matéria exige, o fato de não dispormos de outros trabalhos acadêmicos em profundidade nesse campo das adoções por consentimento da família de origem certamente implicou limitações para seu alcance.

Há também de se considerar a intencionalidade da pesquisadora, que, para a análise dos dados, ancorou-se na perspectiva histórico-social de leitura da realidade,[11] por entendê-la como mais condizente para se pensar as transformações da vida social e a defesa dos direitos humanos que, nesse caso, se expressa na defesa da garantia do direito à convivência familiar e comunitária.

A organização da obra em cinco capítulos, seguidos de considerações finais, se justifica visto que de seu tema central subjazem subtemas

11. Nesta perspectiva de análise, considera-se a realidade investigada (o objeto) como uma construção sócio-histórica, articulada à prática da sociedade, e nela se reflete, portanto, as transformações que se processam no contexto social, econômico e político.

de significativa profundidade, os quais exigiram capítulos específicos, conforme detalharemos a seguir. Além disso, para desvelar o movimento entre o empírico e o teórico, optamos por compô-los de maneira a contemplar os dois planos nos diversos capítulos.

Dessa forma, no primeiro capítulo, centramos a discussão sobre a pesquisa, salientando o movimento nela presente, aliás, nada linear, posto que fazer pesquisa no Brasil é uma aventura e o é mais ainda no Tribunal de Justiça do Estado de São Paulo, em razão de sua falta de infraestrutura e de tradição em investigação de caráter acadêmico. Dificuldades compensadas, em nosso caso, pela dedicação e pela boa vontade de algumas autoridades judiciárias e servidores da referida instituição. Consta também do capítulo I a contextualização dos sujeitos da pesquisa qualitativa e as considerações sobre a escolha metodológica, assim como uma síntese de todos os passos da pesquisa quanti-qualitativa, a fim de aclarar o movimento nela contido, em vista de seus múltiplos contornos.

No segundo capítulo, expomos um panorama das adoções por consentimento da família de origem, com base em dados quantitativos, articulando-os, em alguns aspectos, com os qualitativos e analisando sucintamente os vários aspectos presentes na modalidade de adoção ora investigada. Para melhor compreensão, destacamos o perfil das crianças entregues em adoção e o de suas mães e pais, tecendo considerações sobre suas especificidades. Alguns dados deste capítulo são usados também para subsidiar análises de capítulos subseqüentes.

Consideramos importante trabalhar também com dados quantitativos, inclusive para contextualizar os qualitativos, uma vez que entendemos serem os relatos orais e os genogramas, para mencionar os instrumentos por nós utilizados, reveladores dos significados que envolvem o fenômeno em estudo, mas, de forma complementar para o ajuste de nossas lentes analíticas, são os números que nos oferecem a extensão que tal fenômeno assume na instituição onde locamos a pesquisa.

Desse modo, à análise a partir da perspectiva quantitativa, agregamos dados qualitativos para compor a reflexão sobre família, um dos aspectos fundamentais desta problemática. Assim sendo, no terceiro capítulo enfocamos o contexto familiar nas adoções em estudo, salientando as concepções, estruturas, organizações e funções de família emergentes no discurso dos sujeitos pesquisados e dos estudiosos sobre o tema.

No quarto capítulo, focalizamos o processo de enraizamento/desenraizamento pessoal social em que vive a população em foco, as políticas de proteção social à família e as redes sociais pessoais dos sujeitos da pesquisa, visto serem aspectos que emergem como significativos na temática em estudo. O nível de acessibilidade a tais políticas e redes, nas situações de maior vulnerabilidade social, define, em grande medida, as condições para a permanência ou para o esfacelamento sociofamiliar.

Após examinar os contextos socioeconômicos, culturais e familiares dos sujeitos que entregaram filhos em adoção, bem como os aspectos sociais determinantes para tanto, concentramo-nos na análise das particularidades dessa questão, buscando apreender as vivências e dinâmicas de cada um deles nesse processo. Assim, no quinto capítulo, abordamos pontos relativos às suas experiências anteriores sobre adoção/doação de crianças, aos conflitos vividos na gravidez, às razões que os impingiram a tomar a atitude de entregar um filho em adoção, ao percurso desse processo, incluindo a vivência de adoções abertas, e aos sentimentos nele presentes.

Esse "mergulho" nos contextos geral e particular do fenômeno das adoções consentidas nos trouxe duas convicções. A primeira é a de que essas mães e pais que entregam filhos em adoção estão, via de regra, vivendo processos de desenraizamento pessoal e social; a segunda é a de que tais adoções, ao menos as realizadas pelo universo investigado, constituem processos de adoções abertas. Esses dois tópicos — e mais alguns outros relativos às particularidades dessa modalidade de adoção — compõem nossas considerações finais.

Nessas considerações, chamamos a atenção ainda, em nome e em decorrência de nossa vivência como assistente social do campo da justiça da infância e da juventude, para a discussão de alguns aspectos que estão diretamente relacionados à prática do Serviço Social, no Poder Judiciário, em relação ao fenômeno da adoção, sobretudo as realizadas por consentimento da família de origem.

Capítulo I

A pesquisa: percurso, sujeitos e metodologia

> Tem umas pessoas que entende, mas tem umas pessoas que não entendem, né? É. Tem umas que entende, mas tem umas que não entende. Porque tem delas que fica dizendo:
>
> — O que é que leva uma mãe ter um filho e entregar para outra pessoa criar?
>
> Mas eu tenho meus motivos, né? Eu tenho meus motivos. Por isso que eu entreguei. (Janete)

1.1 O percurso

Esta pesquisa sobre adoção por consentimento da família de origem representa uma tentativa de preenchimento da lacuna existente nos estudos sobre adoção, que tendem a focalizar a criança e a família adotiva. Emergiu de nossa prática em Varas de Infância e Juventude, onde observávamos que, entre as adoções, as consentidas pelos pais eram relevantes, quer por sua freqüência, quer pelas questões que nos ensejavam e pelas incertezas que nos causavam.

Inicialmente, para nos aproximarmos melhor dessa realidade, fizemos um levantamento estatístico a partir de dados coletados pelo Serviço Social de uma das Varas da comarca de São Paulo. Fomos, então, avaliar, com base nos pedidos de adoção formulados,[1] suas características e incidência.

Tomamos um período de cinco anos — de 1996 a 2000 — e verificamos a recorrência das adoções consentidas no conjunto das adoções efetivadas. Constatamos que mais da metade do total dos pedidos de adoção formalizados no período supracitado caracterizavam esse tipo de adoção. Isso nos fez depreender tratar-se de prática regular e freqüente, pelo menos nos cinco anos pesquisados.

Para entendermos melhor o que caracterizava tais adoções, pesquisamos as que foram realizadas em 2000, o último ano de nosso levantamento estatístico. Nessa etapa da pesquisa, trabalhamos com as adoções já sentenciadas, ou seja, com as adoções deferidas juridicamente.

Esse levantamento das adoções cujas sentenças haviam sido deferidas foi realizado no Cartório da Vara de Infância e Juventude, com base no Livro de Registro de Sentenças e no Livro de Registro de Feitos. No primeiro livro, constam todas as sentenças expedidas na Vara, entre as quais as de adoção; no segundo, constam os feitos (autos) de todas as naturezas (adoção, abrigamento, pedido de providências, alvarás, cadastro de pretendentes à adoção, autorização de viagem, entre outros) protocolados naquela Vara.

Para a realização desse levantamento, feito manualmente, pois o Tribunal de Justiça do Estado de São Paulo não dispunha até então de sistema de informatização de tais informações, obtivemos a autorização expressa do então juiz daquela Vara de Infância e Juventude.[2] Posterior-

---

1. A formulação do pedido de adoção é feita pelo casal ou indivíduo adotante, geralmente no momento em que os assistentes sociais e psicólogos avaliam como satisfatório o processo de adaptação da criança a essa família substituta. Trata-se de um documento dirigido ao juiz da Vara de Infância e Juventude, assinado pelo(s) pretendente(s) à adoção, no qual se oficializa o pedido de adoção e se indica o novo sobrenome da criança/adolescente, bem como sua ascendência materna e paterna. A partir disso, considerando as avaliações sociais e psicológicas e após ouvir o Ministério Público, o juiz defere ou indefere a adoção. No caso de deferimento, expede-se a sentença de adoção e o mandado para anulação do assento de nascimento da criança/adolescente e efetivação de um outro com os novos dados de identificação da criança/adolescente.

2. Os processos de infância e juventude constituem segredo de justiça, motivo pelo qual só podem ser pesquisados mediante autorização expressa da autoridade judicial competente.

mente, contamos com a colaboração de um funcionário do Cartório para a consulta em outros registros com a finalidade de obter informações relativas ao arquivamento do processo (data, número da pasta de arquivo etc.).

Realizada essa etapa, de posse da identificação de todos os processos de adoção sentenciados no ano 2000 e de seus respectivos dados de arquivamento, solicitamos autorização dos, à época, Presidente e Corregedor do Tribunal de Justiça do Estado de São Paulo para a realização da pesquisa no Arquivo Central da referida instituição (situado no bairro do Ipiranga, em São Paulo), pois os processos[3] em análise haviam sido arquivados após a conclusão dos procedimentos da adoção.

Pelo levantamento feito em Cartório, não foi possível distinguir as adoções por consentimento da família de origem das demais adoções, o que exigiu a análise de todos os processos de adoção[4] visando selecionar aqueles que caracterizavam o tipo que queríamos pesquisar.

1.1.1 A pesquisa nos autos

Para orientar a pesquisa nos autos, elaboramos um instrumental (questionário) agrupando dados relativos a criança/adolescente, à família biológica e à família adotiva. Nessa etapa, objetivávamos coletar dados desse universo — adoções realizadas no ano 2000 numa das Varas de Infância e Juventude da Comarca da Capital —, com os quais pudéssemos traçar um panorama sobre as crianças ou adolescentes,

3. Os termos *processos* e *autos* são, aqui, usados indistintamente para designar o conjunto de documentos, informações, pareceres técnicos, manifestações do Ministério Público e determinações judiciais, organizados em uma pasta, com identificação da criança/adolescente e com atribuição de um número pelo Tribunal de Justiça do Estado de São Paulo.

4. Para a concretização de uma adoção, é necessário que se efetive a perda/extinção do poder familiar em relação aos filhos menores de 18 anos. Conforme o Estatuto da Criança e do Adolescente e o novo Código Civil Brasileiro, a perda do poder familiar pode se dar por: morte dos pais; decisão judicial em decorrência de abuso de autoridade, castigo imoderado, abandono e prática de atos contrários à moral e aos bons costumes; ou decisão voluntária dos pais (ou de um deles), que abrem mão de seu poder familiar visando à adoção do filho por terceiros. Nas adoções por consentimento da família de origem, a extinção do poder familiar se dá sempre por decisão voluntária da mãe (pais) e, eventualmente, em decorrência da morte dela (deles).

suas famílias de origem e aquelas que viriam a se tornar suas famílias substitutas.

O Arquivo Central do Tribunal de Justiça do Estado de São Paulo teve certa dificuldade em disponibilizar os autos para nosso estudo, em decorrência de sua ainda precária infra-estrutura, uma vez que só parte do acervo estava devidamente informatizada. Fato é que dos autos que comporiam nosso universo de pesquisa pudemos pesquisar somente 73,53%, pois os demais, naquele momento, não nos foram disponibilizados devido a dificuldades em sua localização.

Essa pesquisa nos autos indicou que as adoções deferidas se caracterizavam como:

- Adoções por Consentimento da Família de Origem — CFO — correspondem a 53,70% do total das adoções e são realizadas por iniciativa das famílias biológica e adotiva; o processo judicial é instaurado a partir de requerimento das famílias[5] e, na maioria absoluta dos casos, a criança/adolescente já está sob a guarda de fato dos requerentes à adoção.
- Adoções Unilaterais — AU — correspondem a 29,63% do total das adoções e são realizadas também por iniciativa da família; porém diferem das anteriores porque, nesses casos, a criança ou adolescente é filho de um dos cônjuges. Essas adoções geralmente acontecem nos casos em que um dos pais biológicos faleceu e o outro contraiu segundas núpcias, ou quando a criança estava registrada apenas em nome da mãe, que veio a casar-se posteriormente. O processo judicial é instaurado a partir da solicitação do postulante à adoção.
- Adoções por Cadastro de Postulantes à Adoção — CPA (brasileiros) — correspondem a 7,40% do total das adoções e são realizadas por postulantes cadastrados nas Varas de Infância e Juven-

5. Após a instauração desses processos, em todos os casos foram realizados estudos avaliativos — pelo Serviço Social e pela Psicologia —, manifestação da Promotoria da Infância e da Juventude e decisão final por parte do MM. juiz da Infância e da Juventude. Portanto, embora configurassem adoções consentidas pelos pais biológicos, foram submetidas à apreciação da autoridade judiciária, nos moldes determinados pela legislação vigente, e deferidas após terem sido consideradas vantajosas para os adotandos.

tude, cujo processo judicial, na maioria das vezes, foi instaurado quando do abrigamento ou de outro evento relativo a criança ou adolescente. Nestes casos, a criança está geralmente abrigada.

- Adoções por Cadastro de Postulantes à Adoção — CPA (estrangeiros) — correspondem a 3,70% do total das adoções e são realizadas nos mesmos moldes do CPA (brasileiros); porém, com postulantes residentes fora do país. São as adoções internacionais.
- Outras Adoções — OA — correspondem a 5,57% do total das adoções e referem-se àquelas nas quais a criança ou o adolescente estava abrigado e os postulantes à adoção não estavam cadastrados na Vara de Infância e Juventude; todavia, por ter ocorrido a vinculação entre ambos, o postulante requereu à autoridade judicial a adoção dessa criança/adolescente. Nos três casos existentes em nossa pesquisa, dois deles referiam-se a crianças com mais de 6 anos de idade; portanto, com maior dificuldade de serem adotadas por meio do Cadastro de Postulantes à Adoção — CPA (brasileiros).[6]

As adoções por consentimento da família de origem e as adoções unilateriais, ambas desencadeadas pela própria família, somavam 83,33% do total das adoções pesquisadas. As demais, nas quais todo processo — desde seu início — é realizado pelo Poder Judiciário, somam apenas 16,67%. Trata-se de um dado estatístico que pode nos revelar um traço cultural, uma vez que nos remete a pensar na possibilidade de ainda não estar sedimentada entre nós, brasileiros, a prática de se buscar o Estado, por meio do Poder Judiciário, para refletir e agir quando se deseja realizar uma adoção.

Os dados nos fazem observar também que os percentuais de pedidos de adoção consentida, formulados no período de 1996 a 2000, e de adoções efetivamente realizadas nessa modalidade no ano 2000 são praticamente iguais: 51,19% e 53,70%, respectivamente.

---

6. Estamos nos referindo ao CPA (brasileiros), pois os postulantes estrangeiros geralmente adotam crianças maiores, inclusive porque as adoções internacionais constituem um recurso a ser utilizado apenas após esgotadas as possibilidades de a criança permanecer no país de origem.

Verificamos, por exemplo, que no conjunto de tais adoções, a transferência de filiação se deu, majoritariamente, com crianças de até 3 anos de idade e registradas apenas em nome da mãe. Percebemos também a escassez de registro nos documentos dos autos de dados relativos a trabalho, grau de instrução, religião, renda e inclusão dessas famílias em programas assistenciais, o que dificultou a análise do significado desses fatores na dinâmica das adoções por consentimento da família de origem. Contudo, o conjunto de informações constantes nos relatórios de estudos sociais e demais documentos possibilitam inferir tratar-se de famílias pertencentes aos segmentos populares.[7]

Concluída essa pesquisa nos autos, tínhamos, então, um panorama geral das adoções, o que nos possibilitava fazer algumas conjecturas sobre a temática. Passaríamos, então, para a próxima etapa que seria um estudo qualitativo com algumas dessas mães (ou pais quando se tratasse de criança/adolescente em cujo registro de nascimento constasse o nome de ambos). Entretanto, enfrentamos dificuldades que, naquele momento, se mostraram intransponíveis.

1.1.2 As dificuldades encontradas para prosseguimento do estudo

A primeira dificuldade percebida é que apenas uma parcela muita pequena dessas mães biológicas tinha residência fixa e exclusiva. Na maioria dos casos, havia a informação de que elas estavam temporariamente residindo nesse ou naquele endereço, com outros familiares ou com terceiros. Portanto, possivelmente teríamos problemas para localizá-las, pois os dados constantes nos processos datavam de 1999/2000 e estávamos fazendo essa parte da pesquisa em 2003.

Outra dificuldade que determinou a inviabilidade do estudo qualitativo com essas mães refere-se à forma de contatá-las. Por se tratar de processos que correm em segredo de justiça, a pesquisadora não poderia comunicar-se diretamente com elas, mesmo estando a pesquisa devidamente autorizada. A condição *sine qua non* para a realização do con-

7. Uma discussão mais detalhada sobre as questões captadas nessa etapa de nossa pesquisa encontra-se em Gueiros (2004).

tato era a de que os profissionais da Vara de Infância e Juventude (da qual são oriundos os processos) fizessem uma intermediação inicial com as mães (pais) para verificação de sua disponibilidade para ser participante da pesquisa e para solicitar autorização de repasse dos dados de sua localização para a pesquisadora. Entretanto, não foi possível contar com a colaboração da equipe de assistentes sociais a qual dirigimos nossa solicitação, pois, conforme justificativa apresentada, estava sobrecarregada de trabalho e com outras questões prioritárias para aquele momento.

Frente a essa inviabilidade, pensamos em algumas outras possibilidades para a continuidade do estudo, dentre as quais se destacaram duas:

- continuar o estudo com base nos dados constantes dos autos e fazer uma análise aprofundada de todos os aspectos neles constantes, inclusive quanto à ausência de dados que seriam fundamentais constar nos relatórios e documentos, considerando a problemática em foco;
- reiniciar a pesquisa, tomando por base processos ainda em andamento, o que facilitaria a localização das mães, e situá-la em uma Vara de Infância e Juventude cuja equipe técnica concordasse previamente em fazer o contato inicial com as mães (ou pais) selecionadas para o estudo qualitativo.

Embora a segunda possibilidade significasse um trabalho muito maior, uma vez que teríamos de solicitar novas autorizações, fazer um novo levantamento de processos de adoção, pesquisá-los, para depois chegarmos ao estudo qualitativo, optamos por ela, porque um de nossos interesses era justamente dar voz a essas mães (ou pais) que entregam seus filhos para serem adotados por terceiros por elas escolhidos.

O interesse em dar voz a essas mães biológicas emergiu de nossa observação como assistente social do Poder Judiciário, posto que o atendimento a elas fazia parte de nosso fazer profissional e, por vezes, era notório o desconforto dos profissionais quando recebíamos um caso de adoção por consentimento da família de origem, comumente chamado de adoção pronta, adoção *intuitu personae* ou "kit adoção". Isso nos remetia a pensar em uma provável precariedade de escuta e atenção a essas pessoas.

Nesse sentido, a pesquisa já realizada nos autos nos mostrou que os estudos sociais e psicológicos, via de regra, apresentavam poucos dados sobre a família de origem das crianças que são entregues em adoção, o que reforçou nossa hipótese. Supomos que isso seja reflexo de uma postura ainda pouco confortável e flexível por parte de assistentes sociais, psicólogos judiciários e demais operadores da justiça, no que se refere a tal modalidade de adoção.

Certamente muitas questões estão presentes nesse desconforto para atendimento a essas mães biológicas, como, por exemplo, a própria concepção de maternidade. Recentemente, o grupo de estudos adoção, do Tribunal de Justiça do Estado de São Paulo, formado por assistentes sociais e psicólogos, apresentou algumas reflexões sobre essa temática, apontando a tendência de se minimizar a participação das mães biológicas nos procedimentos relativos à doação/adoção da criança (ver Mendes, 2004).

No referido texto, o grupo de profissionais salienta que a participação da mãe biológica não se dá igualmente nas diferentes Varas de Infância e Juventude e que os procedimentos mais comuns são os seguintes: "a mãe é ouvida nos setores técnicos, com audiência no mesmo dia, ou agendamento posterior"; ou "o atendimento nos setores técnicos e a audiência são agendados se a mãe estiver com endereço fixo e correto. Caso contrário, a genitora é atendida e encaminhada para audiência no mesmo dia"; ou ainda "o atendimento é feito em cartório, com audiência agendada, sendo que a mãe não é entrevistada nos setores técnicos" (Mendes, 2004: 7). Como justificativa para isso, o grupo elencou a tentativa de agilização dos trâmites legais e fatores de natureza subjetiva, como crenças e valores pessoais.

A dificuldade para escutar a mãe biológica parece atravessar fronteiras geográficas, pois em estudo realizado na Argentina, Gilberti, Gore e Taborda (1997: 72) também depararam com essa questão e afirmam que:

> Acerca de las mujeres que entregan a sus hijos y acerca de sus famílias se conece poco por que se las escucha poco y se les pregunta mal. Muchas veces la pregunta es um juicio negativo antecipado. No concemos qué piensan y sienten porque no nos vinculamos com ellas sino mediante estereótipos que nos permiten encasillarlas y nos protegen de la

información que sobre otras experiências vitales, distintas de las nuestras, podrían proporcionarnos.

Na tentativa de avançarmos no entendimento dessa questão, de desvendar, de adentrar um pouco mais no que pensam e sentem essas mães biológicas que decidem entregar seus filhos em adoção é que assumimos reiniciar o estudo em outra Vara de Infância e Juventude; dessa vez pesquisando processos que ainda estivessem em andamento, o que entendíamos ser facilitador para o contato com os nossos sujeitos de pesquisa.

Em que pese a impossibilidade de termos continuado o estudo com o nosso universo inicial, salientamos a importância da investigação realizada até então, posto que nos possibilitou uma maior problematização da temática, a reflexão e a definição de formas de viabilização do estudo qualitativo.

Não obstante o esforço e a boa vontade da maioria dos funcionários, realizar pesquisa no Tribunal de Justiça do Estado de São Paulo tende a ser especialmente difícil e moroso, em decorrência da precariedade da infra-estrutura, notadamente no que se refere ao sistema de informatização. Como pesquisadora e funcionária da instituição, vivenciamos os dois lados da situação e, por vezes, colocando-nos também no lugar daqueles que são seus usuários, pudemos observar quão necessárias e urgentes são as modificações que tragam maior presteza e satisfação a seus trabalhadores e usuários.

O Poder Judiciário não tem tradição de pesquisa; talvez por isso, e também pelo fato de muitos de seus processos correrem em segredo de justiça, seja difícil realizar estudos que demandem pesquisas em seus acervos. Já na década de 90, Sadek e Arantes (1994: 36) discutiam a escassez de estudos das ciências sociais no Judiciário e asseveravam que:

> A lacuna de trabalhos teóricos e empíricos sobre o Judiciário certamente não se explica pela sua menor importância nem pela ausência de críticas à instituição. Ela provavelmente tem a ver com aquilo que Slotnick[8] (1) denomina "esquizofrenia" deste campo de estudos. Os estudiosos do

8. Slotnick, 1991.

Judiciário, além de possuírem perspectiva multidisciplinar, vivem abundantes tensões internas, resultantes da falta de consenso sobre a especificidade de seu trabalho. Além disso, a legitimidade e as credenciais do cientista político são colocadas em questão uma vez que é obrigado a trabalhar com o conceito de legalidade, reinterpretando noções típicas e reservadas ao saber jurídico [...]

Além dessa lacuna, observamos também a insuficiência de debates sobre as questões do Judiciário e sobe o estímulo ao aprimoramento de seus profissionais, mormente daqueles da área técnica (Psicologia e Serviço Social). Contudo, de 2001 até o presente momento tem havido um empenho dessas categorias profissionais, por meio de sua associação de classe, a Associação dos Assistentes Sociais e Psicólogos do Tribunal de Justiça do Estado de São Paulo (AASPTJ-SP), em parceria com outras entidades, para pesquisar, debater, propor e implementar ações[9] relativas à infância, à juventude e à família.

A essas iniciativas soma-se o fato de que alguns assistentes sociais e psicólogos vêm empreendendo esforços pessoais na implementação de estudos acadêmicos sobre temáticas de seu fazer profissional. O conjunto dessas ações visa, inclusive, à incrementação da necessária interlocução com outros setores da sociedade comprometidos com o debate e com a defesa dos direitos da criança, do adolescente e da família. Conscientes disso, reiniciamos a pesquisa em outra Vara de Infância e Juventude.

1.1.3 O recomeço da pesquisa e os procedimentos metodológicos

Por entendermos que as informações quantitativas e qualitativas são complementares em uma pesquisa, considerando que as primeiras nos indicam a extensão do fenômeno e as segundas nos apontam sua

9. Dentre essas ações destacamos: as pesquisas "O Serviço Social e a Psicologia no Judiciário: construindo saberes, conquistando direitos" (2005) e "Por uma Política de Abrigos em Defesa de Direitos das Crianças e dos Adolescentes na Cidade de São Paulo" (2004); o "Projeto de Formação, Capacitação e Atualização — Viver em Família: Direito da Criança", com a participação oficial do TJSP; o Guia "Quero voltar para casa: o trabalho em rede e a garantia do direito à convivência familiar e comunitária para crianças e adolescentes que vivem em abrigos" (2007) e o debate sobre o "Projeto de Lei nº 1.756/03 – Lei Nacional de Adoção" (que à época estava em tramitação no Congresso Nacional).

intensidade, decidimos trabalhar com as duas formas de coleta e análise de dados, mesmo diante das dificuldades mencionadas.

Frente à opção de reiniciarmos o estudo de forma a termos também acesso à mãe (ou pais) que entrega seu filho em adoção, fizemos uma sondagem inicial para avaliarmos em que Vara de Infância e Juventude[10] o magistrado e os assistentes sociais[11] estavam dispostos a contribuir com a realização da pesquisa.

Obtivemos a concordância dos assistentes sociais de mais de uma Vara, mas escolhemos aquela com a qual tínhamos proximidade relacional com um número maior de profissionais. Após esse aval informal do Serviço Social, solicitamos permissão à autoridade judicial que, prontamente, oficializou sua autorização para realização do estudo.

A seguir, planejamos com a direção do Cartório a viabilização da pesquisa nos autos e com a chefia do Serviço Social a seleção dos casos e o contato preliminar com as mães biológicas que seriam entrevistadas.[12]

Como já tínhamos acumulado informações e reflexões a partir da investigação anterior, pudemos trabalhar paralelamente com a pesquisa nos autos (coleta de informações quantitativas) e com as entrevistas com as mães biológicas (coleta de informações qualitativas). Todavia, para fins de uma melhor compreensão do movimento da pesquisa, discutiremos inicialmente o trabalho realizado a partir dos autos.

1.1.3.1 A coleta de dados quantitativos

Estávamos nos últimos meses do ano de 2004, o que nos fez optar por trabalhar com os processos de adoção iniciados nesse ano. Para

---

10. Na comarca de São Paulo, existem onze Varas de Infância e Juventude divididas regionalmente: Central (centro), Santana (Norte), Santo Amaro (Sul), Ipiranga (Sul), Jabaquara (Sul), Itaquera (Leste), São Miguel Paulista (Leste), Penha (Leste), Tatuapé (Leste), Lapa (Oeste) e Pinheiros (Oeste).

11. A equipe técnica das Varas de Infância e Juventude é composta por assistentes sociais e psicólogos; contudo, por ser a diretora uma assistente social, a tendência foi buscar primeiramente a parceria com seus pares. Ressaltamos, entretanto, a disponibilidade de colaboração também de alguns psicólogos da Vara selecionada para campo desta pesquisa.

12. Agradecemos a presteza com que o MM. juiz autorizou a realização da pesquisa e aos assistentes sociais e cartorários pela inestimável colaboração.

fazer o devido levantamento, baseamo-nos numa listagem de adoções nacionais[13] fornecida pelo Cartório da referida Vara de Infância e Juventude[14] e no respectivo Livro de Registro de Feitos, no qual estavam registrados os feitos (processos) de todas as naturezas (adoção, abrigamento, precatórias, pedido de providências, alvarás e outros). Aqueles relativos à adoção estavam especificados por: adoção nacional, adoção unilateral e adoção internacional. Concluído o levantamento, que abrangeu o período de janeiro a dezembro de 2004, obtivemos o seguinte quadro:

Quadro 1: Total de processos de adoções iniciados entre janeiro e dezembro de 2004, conforme Livro de Registro de Feitos[15]

Total geral	Adoções Nacionais	Adoções Unilaterais	Adoções Internacionais
92	61	29	2
100%	66.30%	31.52%	2.18%

Com esse levantamento, foi obtida também a identificação de cada um dos processos (número e nome da criança/adolescente), o que seria

13. Após a verificação no Livro de Registro de Feitos, constatamos que, nesta listagem de adoções nacionais, constavam todas as adoções realizadas, excetuando-se as unilaterais e as internacionais.

14. Essa Vara de Infância e Juventude, criada em 8 de dezembro de 1983, conforme informado pelo Controle de Movimento Judiciário de Primeiro Grau do Tribunal de Justiça do Estado de São Paulo, atende aos moradores dos bairros de Anhangüera (99%), Barra Funda (30%), Brasilândia (100%), Freguesia do Ó (100%), Jaraguá (100%), Lapa (99%), Perus (100%), Pirituba (100%), São Domingos (100%) e Vila Leopoldina (100%). A população do conjunto desses bairros estava estimada em 1.016.237 habitantes, conforme dados fornecidos pelo referido serviço, organizados com base no Censo Populacional do ano de 2000, do IBGE.

15. Ainda de acordo com dados fornecidos em abril de 2005 pelo Controle do Movimento Judiciário de Primeiro Grau do Tribunal de Justiça do Estado de São Paulo, no ano de 2004, em dez das onze Varas de Infância e Juventude da Comarca de São Paulo (os dados relativos à Vara de Itaquera não foram fornecidos), foram realizadas 918 adoções, 35 das quais por estrangeiros. Na Vara em que realizamos este estudo, o referido serviço informou terem sido efetivadas (sentenciadas) 93 adoções, três das quais por estrangeiros.

necessário para sua localização. Como não era de nosso interesse investigar as adoções unilaterais[16] e as internacionais,[17] excluímos de nosso *corpus* esses processos e consultamos somente os identificados como adoções nacionais.

Para essa consulta, apresentávamos uma listagem contendo número e demais itens identificadores dos processos ao diretor do Cartório que os colocava a nossa disposição. Nosso trabalho com os autos foi feito no próprio cartório, pois sua retirada só pode se dar para realização de procedimentos judiciais no Setor Técnico, na Promotoria de Justiça ou no gabinete do juiz. A saída dos autos para tais procedimentos implica a indisponibilidade em cartório pelo prazo normatizado para tanto, motivo pelo qual deixamos de consultar alguns processos.

Dos 61 processos identificados como adoção nacional,[18] dezessete (27,86%) deixaram de ser consultados: cinco porque não estavam disponíveis em cartório e doze porque já tinham sido arquivados. O arquivamento de processos do TJSP é centralizado e, para ter acesso a eles é necessária permissão oficial da autoridade judicial competente. Por esse motivo, e por não constituir um número tão significativo, não realizamos a consulta nos processos já arquivados.

Dos 44 (72,14%) processos de adoção nacional consultados, 35 (79,54%) foram considerados processos de adoção por consentimento da família de origem, dos quais três (8,57%) foram indicados para permanecerem por enquanto somente como Termo de Guarda e Responsabilidade em decorrência de avaliações desfavoráveis, naquele momento, à adoção. Dos outros 32 casos, cinco das famílias substitutas escolhidas pelas famílias de origem já tinham cadastro (um deles ainda estava

16. A caracterização de adoções unilaterais encontra-se no item 1.1.1 deste capítulo.

17. As adoções internacionais são realizadas por pretendentes à adoção residentes fora do país. A tendência é restringir esse tipo de adoção, pois o entendimento, inclusive do ECA, é de ser melhor para a criança/adolescente a permanência em seu país de origem, partilhando da mesma língua e cultura de sua família de origem.

18. Deixamos de computar aqui um dos processos que constava no Livro de Registro de Feitos como adoção nacional, porque se tratava de adoção feita em 1995 e o processo em referência (2004) dizia respeito a pedido de providências (abrigamento da criança por denúncia de maus-tratos por parte da mãe adotiva).

em andamento) na Vara de Infância e Juventude como pretendentes à adoção.

Somando-se os 44 processos de adoção nacional consultados com os 29 especificados no Livro de Registro de Feitos como adoções unilaterais, temos 73 processos de adoção realizada por brasileiros que puderam ser efetivamente definidos quanto à sua modalidade de adoção. Dentre esses, 35 processos foram iniciados como adoção por consentimento da família de origem, o que constitui 47,9% de adoções nessa modalidade, no ano de 2004, na Vara de Infância e Juventude em referência. De acordo com os demais levantamentos realizados na primeira Vara de Infância e Juventude a que tivemos acesso, citados no início deste capítulo, esse percentual está na média desse tipo de adoção.

Identificados os autos de nosso interesse, ou seja, aqueles configurados como adoção por consentimento da família de origem, procedemos à análise, orientando-nos por um instrumental com questões que possibilitavam compor o perfil socioeconômico e cultural dessas famílias, identificar as razões alegadas para doação da criança e apreender a teia de relações que ligavam as famílias biológicas e adotivas, entre outros aspectos.

A obtenção desses dados e sua posterior análise são importantes para iluminar um pouco melhor o fenômeno das adoções que se realizam a partir da entrega de um filho pela mãe ou pelos pais. Aprofundar o conhecimento sobre essa problemática, parece-nos crucial dada sua recorrência e complexidade.

A análise do conjunto dos dados pesquisados consta do Capítulo II. Destacamos que esta pesquisa focaliza as famílias de origem (biológicas), motivo pelo qual sobre as famílias adotivas indicaremos somente o estado civil e a renda familiar do(s) adotante(s).

1.1.3.2 A coleta de dados qualitativos

Nessa etapa da pesquisa fizemos coleta de relatos orais e elaboração de genogramas.[19] A seleção das mães e do pai com os quais fizemos

19. Sobre esses instrumentais, ver pp. 69 a 74.

entrevistas para realizar a parte qualitativa desse estudo foi feita por assistentes sociais[20] da Vara de Infância e Juventude que acolheu nossa pesquisa. Nossos sujeitos de pesquisa fazem parte do conjunto das adoções pertencentes ao universo quantitativo já referido.

Essa seleção foi aleatória, uma vez que foi feita com aqueles casos cujo atendimento no Serviço Social havia sido mais recente ou que ainda seriam atendidos nesse setor entre outubro de 2004 e março de 2005, período em que permanecemos em contato constante com a Vara de Infância e Juventude, seja para discutir a pesquisa e seus critérios com os colegas assistentes sociais e psicólogos, seja para realizar a pesquisa nos autos.

No referido período foram selecionados oito casos; em dois deles a criança estava registrada em nome da mãe e do pai, nos demais, na certidão de nascimento do adotando constava somente o nome da mãe biológica. Desses oito casos, não foi possível fazer o contato inicial com três, por diferentes motivos. Em um deles, não se pôde contatar a mãe a partir dos dados de localização que ela havia fornecido quando da entrevista realizada com os profissionais da Vara (imediatamente antes de outubro de 2004); em outro, a mãe não compareceu à entrevista agendada no Serviço Social e os adotantes informaram que ela estava recolhida em presídio do interior do estado de São Paulo; no terceiro caso, não houve comparecimento à entrevista agendada nem informação sobre a ausência.

Nos demais cinco casos houve o contato inicial do assistente social com a mãe (em um deles com ambos os pais) e a concordância deles em participar da pesquisa. Em um dos casos, o contato inicial foi feito somente com a mãe, sendo que na entrevista com ela, soubemos que o pai havia assumido a paternidade da criança. O contato com o pai foi feito, então, através da mãe da criança, que é sua namorada.

Esse processo de seleção e indicação dos casos foi realizado da seguinte forma: o assistente social que havia entrevistado a mãe ou os pais

20. Embora no decorrer do processo a solicitação de indicação de casos tenha sido feita tanto para assistentes sociais quanto para psicólogos, e ambos tenham se disponibilizado a participar, os contatos com as mães e o pai selecionados para as entrevistas foram efetivados pelos assistentes sociais.

biológicos os informava sobre a pesquisa, esclarecendo, sucintamente, seus objetivos e referências (basicamente, vinculação à instituição de ensino e nível da pós-graduação). Após a concordância e a autorização oral dos pais biológicos, os dados de localização eram entregues à pesquisadora, que fazia um contato preliminar (geralmente por telefone), visando apresentar-se e oferecer outros esclarecimentos que se fizessem necessários, além de verificar, mais uma vez, a disponibilidade da mãe ou dos pais para as entrevistas. Quando havia concordância, era, então, agendada a primeira entrevista em local e horário definidos pelos entrevistados.

Apenas em um dos cinco casos houve interesse ou concordância na realização da entrevista na própria residência; tratava-se de um casal com residência exclusiva, com dois outros filhos pequenos. Com esse casal fizemos três entrevistas e todas na residência deles. Nos demais, a opção foi realizar a entrevista em local definido pela pesquisadora, pois as mães alegaram, ora a falta de privacidade no seu domicílio, em virtude da presença de filhos maiores ou de outros parentes, ora o temor de irmos até suas residências por considerarem-nas situadas em locais muito distantes e de pouca segurança.

Em um dos casos, embora tivesse havido a concordância inicial da mãe biológica para participação, tanto com o assistente social da Vara de Infância e Juventude quanto com a pesquisadora, as entrevistas não se realizaram, uma vez que a mãe as marcou e desmarcou seguidas vezes e, por fim, disse que telefonaria no dia seguinte para novo agendamento de horário, o que não ocorreu. De nossa parte, decidimos não mais procurá-la, pois entendemos que esse seu movimento sinalizava a dificuldade em falar de algo que, possivelmente, quisesse esquecer ou que talvez implicasse ainda muito sofrimento e custos sociais e emocionais.

O pai, cujo contato inicial foi realizado por intermédio da mãe da criança, não aceitou participar da pesquisa. Alegou não ter nada de especial para dizer, conforme nos foi relatado por ela. Assim, das sete pessoas que foram convidadas a participar, somente cinco (quatro mães e um pai) efetivaram as entrevistas.

Com esses cinco sujeitos fizemos a primeira entrevista e deixamos combinada uma segunda, com data e local a serem posteriormente definidos. No entanto, com duas das mães foi bastante difícil realizar a segunda entrevista, porque dependíamos da comunicação delas conosco. Em ambos os casos, tentamos seguidamente a comunicação via cartas, telegramas ou recados telefônicos por terceiros indicados por elas, mas não obtivemos resposta. Devido ao fato de elas não haverem franqueado a possibilidade de realizarmos as entrevistas em suas residências, consideramos não ser oportuno as procurarmos em suas residências. Somente no mês de maio, quando já estávamos encerrando a pesquisa, é que elas voltaram a se comunicar conosco e foi possível, então, realizar as segundas entrevistas.

Visando obter, de forma mais objetiva, dados socioeconômicos e culturais desses sujeitos, preenchíamos, no primeiro encontro, o mesmo instrumental utilizado para captação dos dados quantitativos, aos quais já nos referimos. No segundo ou terceiro encontro, construíamos com cada um deles o seu genograma (vide Capítulo III).

O primeiro contato com essas mães/pai causava-nos sempre alguma inquietação. Havia o temor da não confirmação de disponibilidade para participação na pesquisa e a preocupação em estabelecermos, desde o início, uma qualidade de comunicação que propiciasse um vínculo favorecedor para o trabalho que seria realizado.

Além disso, não nos conhecíamos e precisaríamos nos encontrar em um espaço público, já que em três dos casos faríamos as entrevistas na PUCSP. Como nenhuma delas conhecia essa universidade, optamos por nos encontrar em algum lugar que fosse do domínio delas e de lá iríamos para o local da entrevista. Tínhamos, então, que encontrar uma forma de nos reconhecermos em meio a tantas outras pessoas.

A expectativa para o encontro com a primeira entrevistada nos levou a nos indagar sobre como essa mãe estaria se sentindo, uma vez que falaria sobre algo tão pessoal com alguém cujo contato havia se dado até então somente por telefone; ademais, o combinado era que a levaríamos de carro do local do encontro até a PUCSP, o que implicava um nível imediato de confiança mútua, algo pouco comum em uma metrópole como São Paulo.

Para nossa surpresa, com a primeira entrevistada e com as demais, a apreensão inicial logo se dissipou e pudemos compor o ambiente para a entrevista com certo conforto. Para tanto, geralmente, antes de iniciarmos o trabalho, nos sentávamos num das lanchonetes da universidade e tomávamos um café, nos apresentávamos melhor e continuávamos a conversa sobre amenidades ou sobre o que a entrevistada quisesse, conforme já vinha ocorrendo durante o trajeto de um local a outro.

Nesse percurso (antes e depois da entrevista), processava-se um diálogo, por vezes, riquíssimo, o que talvez ocorresse até por ser um momento mais informal e sem gravador. Numa das vezes, experimentamos ligar o gravador, mas observamos que, para acurar o vínculo entre os dois sujeitos da pesquisa (entrevistador e entrevistado), esse momento mais informal e sem instrumentos intermediários se fazia necessário. Dessa forma, optamos por registrar posteriormente o conteúdo desses momentos em um diário de campo.

Os relatos desses sujeitos, após a devida autorização, foram gravados e depois transcritos. Quando da análise do material coletado, considerando os objetivos deste estudo, os critérios estabelecidos e as habilidades da pesquisadora, as falas foram cortadas, agrupadas, destacadas, o que "imprime a marca do interventor", como diz Velho (1989: 19-20):

> É importante frisar que mesmo quando apresento resumos de histórias de vida, produto de entrevistas gravadas ou anotadas, não estou, em nenhum momento, transcrevendo direta e simplesmente gravações ou copiando anotações. De fato, estou produzindo um texto que é de minha responsabilidade enquanto autor. Os cortes que faço, os indivíduos que privilegio, tudo isso delineia o âmbito de arbitrariedade em que se move o pesquisador-autor [...].

Nesse sentido, ressaltamos que as interpretações dos depoimentos apresentados tinham, entre outros aspectos, a preocupação de evidenciar a sociabilidade, o contexto sociofamiliar e a participação da esfera pública na estrutura de vida desses sujeitos.

As quatro mães e um pai que compuseram o universo da parte qualitativa da pesquisa serão apresentados no item subseqüente deste capítulo. Aqueles cujas informações foram coletadas nos autos e que compõem o universo quantitativo constarão do Capítulo II.

1.2 Os sujeitos da pesquisa qualitativa

A apresentação de cada um dos sujeitos[21] obedecerá a ordem de realização da primeira entrevista. Descreveremos sucintamente nossos contatos, desde o inicial, realizado, na maioria dos casos, por telefone. Nesse espaço, centraremos-nos no próprio sujeito e na sua família atual; a família de origem será abordada quando da apresentação dos genogramas.

Caso nº 1 — Joana

O primeiro caso que nos foi indicado é de uma mãe de 33 anos, a quem chamaremos Joana. A criança entregue em adoção, uma menina, chamaremos de Vivi. Joana é uma mulher de pele branca, de estatura média, franzina, de traços faciais finos; estudou até a quinta série e é evangélica. Estampa no rosto o sofrimento. Demorava a pronunciar as palavras, como se fosse doloroso fazê-lo. Nosso primeiro contato pessoal foi precedido de certa apreensão (acreditamos que também por parte dela), mas essa sensação logo se dissipou e ela começou a falar de seus outros filhos, que estão abrigados, temática recorrente durante as entrevistas.

Natural da área rural de Santa Cruz do Rio Pardo (SP), Joana foi criada dos 7 aos 18 anos por uma tia que residia em outra cidade próxima à sua; estudava e ajudava a tia a cuidar da casa e de um restaurante da família. Voltou a morar com a mãe, mas não deu certo. Casou (informalmente) logo depois e permaneceu na mesma cidade, trabalhando com o marido e outros familiares na fabricação de tijolos (olaria).

Com esse companheiro, permaneceu por doze anos e teve seis filhos (15, 13, 10, 9, 7 e 3 anos), dos quais somente o de 9 anos é do sexo feminino. Após o nascimento do terceiro filho, em 1996, Joana e seu companheiro vieram tentar a vida nesta Capital, onde ele já havia morado e trabalhado na área da construção civil. Enquanto casada, Joana cuidava da casa e dos filhos e tinha atividades eventuais. Em decorrência

21. Para resguardar o sigilo sobre a identidade de cada entrevistado, os nomes foram alterados. A escolha do pseudônimo foi aleatória e não obedeceu a qualquer critério.

de violência conjugal, motivada, segundo ela, pelo alcoolismo do companheiro, separaram-se há quatro anos.

O último evento de violência do marido para com ela resultou na abrupta separação conjugal e no abrigamento dos filhos. Após a separação conjugal e a institucionalização das crianças, ela permaneceu, por cerca de um ano, residindo com uma de suas irmãs casadas, que também morava em São Paulo. Depois, ficava ora aqui, ora em cidade da região de Campinas (SP), onde tem parentes de seu ex-marido. Nunca mais viu o ex-companheiro e ele desvinculou-se completamente dos filhos.

Nessa região, teve serviços esporádicos até conseguir trabalho fixo, cuidando de uma senhora idosa, razão pela qual lá permaneceu por dois anos. Nos últimos meses, em conseqüência de problemas de saúde associados à gravidez, Joana afastou-se do trabalho e voltou a morar com a irmã de São Paulo, onde manteve-se até o nascimento da criança e a realização dos procedimentos legais da adoção. Entregou a filha logo após sair da maternidade, devido à não-aceitação paterna e ao fato de já ter seis filhos abrigados. Retornou à cidade anterior e está trabalhando como diarista. Contudo, no momento da primeira entrevista, Joana estava sem trabalho e sem renda.

Joana relatou que seu sétimo filho, uma menina, foi entregue em adoção para um casal cuja mulher era cliente do salão de beleza onde trabalhava sua irmã. Essa criança é fruto de um namoro de quase um ano, interrompido por ele ao saber da gravidez. Apesar de suas tentativas, o pai biológico não assumiu a paternidade da criança. Seus outros seis filhos permanecem abrigados em São Paulo e ela os visita mensalmente, conforme regras estabelecidas pela entidade que os abriga.

Seu projeto é construir uma casa, com ajuda da prefeitura, no terreno adquirido na cidade onde está morando. Feito isso, quer reassumir a guarda dos filhos. Para o momento imediato, quer transferi-los para um abrigo da cidade onde ora reside, a fim de facilitar as visitas e poder estar mais constantemente com eles. Não deseja ter outros filhos.

Ao final da primeira entrevista, Joana assumiu o compromisso de entrar em contato conosco para a realização de uma segunda entrevista, de preferência no final de janeiro ou início de fevereiro de 2005; contudo, só o fez cinco meses após, devido a alguns problemas. Justificou que, logo após a primeira entrevista, reassumiu suas atividades na casa da senhora com a qual trabalhara antes do nascimento da filha entregue em adoção, mas essa senhora faleceu em seguida e, então, viu-se novamente sem trabalho e sem renda. Assim, ficou sem condições de visitar os filhos e não pôde atender ao nosso e a outros compromissos assumidos anteriormente.

Com o intuito de localizá-la, nesse intervalo de cinco meses fizemos vários contatos com sua irmã que morava em São Paulo (e que também havia se mudado para a terra natal do marido), mas ela dizia não ter como se comunicar com Joana. Justificava que ultimamente era raro falar com ela, pois como não havia telefone, nem sabia seu endereço, ficava, então, na dependência de Joana telefonar-lhe; porém, dada a sua saída de São Paulo e ao fato de só dispor naquele momento de um celular, o contato ficava mais difícil. Dessa forma, tivemos de aguardar sua comunicação espontânea para a realização da segunda entrevista.

Inicialmente, Joana manifestou o desejo de receber o conteúdo das entrevistas, gravado e transcrito, para, um dia, apresentar à filha, caso houvesse interesse por parte dela. Quando conseguimos realizar a segunda entrevista, reafirmou seu interesse e disse haver combinado com os pais adotivos que uma cópia desse material seria entregue de imediato a eles, para facilitar a apresentação à filha no momento oportuno. Solicitou, então, que lhe entregássemos duas cópias: uma para ficar com ela e outra para os pais adotivos de Vivi.

No último contato, Joana mostrava-se mais tranqüila. O fato de ter retirado os filhos do abrigo para passarem com ela as festas de Natal e Ano Novo e de os pais adotivos de Vivi, acompanhados do bebê e de outros familiares, terem vindo visitá-los no Natal pareceu tê-la deixado muito satisfeita. Ademais, informou que a família adotiva de Vivi a tem levado para visitar os irmãos no abrigo, o que atende ao seu desejo de manutenção do vínculo entre os irmãos.

Caso nº 2 — Ana e Emílio

O segundo caso que nos foi indicado é de um casal cuja mulher — a quem chamaremos Ana — tem 22 anos, e o marido — por nós nomeado como Emílio — tem 28 anos, ambos nascidos no Maranhão: ela em São José das Verdades e ele em Olho D'Água das Cunhãs.

Casados há sete anos, sem vínculo legalizado, tiveram três filhos (5 anos, 2 anos, 5 meses). Os dois mais velhos, um menino e uma menina, a quem chamaremos de Igor e Íris, nasceram no Maranhão; o último, uma menina, a quem chamaremos de Vitória, nasceu em São Paulo, em outubro de 2004, e foi entregue em adoção para um casal cuja mulher era colega de trabalho de Emílio.

Emílio definiu-se como sendo branco, tem aproximadamente 1,70 metro de altura, é magro, tem traços faciais finos; estudou até a 5ª série e é de formação católica. Provedor exclusivo da família, trabalhava na manutenção de uma academia de esportes e tem uma renda mensal de R$ 550,00, equivalente a 2,11 salários mínimos vigentes. Bem falante, apresentou uma postura firme, porém reflexiva, ao tratar de suas questões de vida. Denotou criticidade, sensibilidade e carinho ao se referir à mulher e aos filhos.

Antes de vir para São Paulo, já havia migrado de sua cidade natal para outra de maior porte, no Maranhão. Lá, trabalhou em supermercado e, após a demissão, já casado, tentou sobreviver como comerciante, mas não obteve êxito. Em São Paulo, onde já residiam alguns de seus irmãos, após sete meses de desemprego, fazendo apenas algumas serviços esporádicos, ingressou no trabalho já mencionado, onde também reside, pois lhe foi cedida uma pequena casa de madeirite, localizada nos fundos da academia.

Além do desejo de ver seus filhos em melhor situação que ele, em termos de saúde, condições de desenvolvimento e de estudo, até com diploma, se possível, Emílio planeja acumular algum capital e retornar ao Maranhão, onde afirma ter amigos e ser melhor de viver. Ressente-se da vida recolhida e sem amizades que leva aqui em São Paulo. Avalia que tem talento para o comércio e seu sonho é ter seu próprio negócio, preferencialmente no ramo da alimentação, que entende ter mais oportunidade de êxito por ser de primeira necessidade.

Ana, sua mulher, definiu-se como morena clara, é do tipo *mignon*; estudou até a quinta série, é de formação católica e nunca trabalhou fora de casa. Seu tom de voz era quase sempre baixo e sem intensidade. Por vezes tivemos de apurar o ouvido para poder escutá-la. Mostrou-se afetiva com os filhos e com o marido e pareceu ter nele o apoio exclusivo para a sobrevivência em São Paulo.

Mudou-se, aos 13/14 anos, para a casa de um tio residente em cidade de porte um pouco maior, no próprio estado do Maranhão, com a finalidade de estudar. Aos 15 anos, foi visitar o pai que estava em tratamento em outra cidade, também de maior tamanho do que a originária, e lá, no prazo de três meses, conheceu, namorou e casou com Emílio, fixando, então, residência nesse local. No final de 2003, já com dois filhos, veio para São Paulo, onde o marido já estava residindo e trabalhando; logo depois de sua chegada, engravidou do terceiro filho, o qual foi entregue em adoção.

Entre os projetos de Ana, destaca-se a permanência em São Paulo, a vinda da mãe e da irmã mais nova para cá, pois diz sentir muita saudade delas, e a formalização do vínculo conjugal com Emílio, incluindo vestido de noiva e álbum de casamento. Para os filhos, deseja estudo e melhores condições de vida. Para si, deseja também trabalhar fora para ter rendimento e ajudar na manutenção da família. Relata que quase não tem amizades em São Paulo, mas também pouco as tinha no Maranhão. Desta forma, não se ressente muito disso.

Com esse casal realizamos três entrevistas, todas na casa deles. Como já havíamos nos falado por telefone algumas vezes e o encontro seria na residência do casal, portanto, um local privado e familiar para eles, vivenciamos nosso primeiro contato pessoal sem tanta apreensão. Eles nos receberam bem, estavam aparentemente tranqüilos e, como duas das irmãs do marido estavam lá visitando-os, fizemos apenas uma primeira parte da entrevista, com questões gerais e relativas à trajetória de ambos. Eventualmente, as irmãs eram chamadas para esclarecer pontos da história familiar dele.

A primeira e a segunda entrevistas foram realizadas com marido e mulher juntos. Na terceira oportunidade, consideramos importante entrevistá-los separadamente para melhor avaliar a interpretação da mãe e do pai sobre as questões em pauta. Entretanto, no início da entrevista com o pai, um de seus irmãos e Ana estiveram presentes. Quando sozinho, ele seguiu a mesma postura, na qual se salientava a permanência da vinculação afetiva à filha entregue em adoção e a criticidade quanto à sua condição de vida.

No momento exclusivo com a mãe, sua fala foi carregada de mais emoção e incertezas, se comparada às da entrevista conjunta. Embora ambos os pais tenham demonstrado seus sentimentos e inquietudes em relação à entrega da filha, Ana, quando sozinha, o fez numa dimensão maior do que o pai e do que já havia demonstrado quando na presença dele.

Emílio e Ana manifestaram interesse em guardar consigo o conteúdo das entrevistas, gravado e transcrito, com a finalidade de, oportunamente, entregá-lo à Vitória, se houver interesse por parte dela e de seus pais adotivos. Eles têm tido notícias da filha e saber que ela está sendo bem cuidada deixa-os mais tranqüilos, conforme nos relataram.

Caso nº 3 — Beatriz

O terceiro caso que nos foi indicado é o da mãe cujas entrevistas não chegaram a se realizar, conforme mencionado. Portanto, não será objeto de descrição e análise, embora tenhamos obtidos os dados por meio da consulta aos autos.

Caso nº 4 — Janete

O quarto caso indicado é o de uma mãe que será aqui tratada por Janete. Natural de Lagoa dos Gatos (PE), tem 44 anos, definiu-se como sendo de cor "canela", de estatura mediana e de formas mais arredondadas. Guarda ainda o linguajar de sua terra natal; é simpática e discorre sobre suas questões com simplicidade. É separada, católica e sabe apenas assinar o nome.

De origem camponesa, aos 13 anos "casou fugida" e foi residir numa pequena cidade de seu estado, Pernambuco. Manteve-se casada por dezenove anos e teve três filhos (16, 14 e 11 anos), o primeiro é do sexo masculino. Logo após o nascimento do terceiro, separou-se e voltou a morar com o pai. Quatro anos depois, com a filha mais nova, veio para

São Paulo, onde já residiam alguns de seus irmãos, em busca de trabalho e melhores condições de vida.

Em São Paulo, trabalhou como faxineira em uma empresa e como empregada doméstica, casou novamente e teve mais três filhos (7, 5 e 2,6 anos), o último do sexo masculino. Contou que o segundo companheiro desapareceu para fugir de delitos cometidos e, desde então, não mantém qualquer contato com ela e com os filhos.

Seu sétimo filho, fruto de um namoro de poucos meses, é uma menina a quem chamaremos de Carol. Ela foi entregue em adoção para um casal freqüentador da mesma igreja de uma vizinha de Janete, que os apresentou nos últimos meses de sua gravidez. Segundo seu relato, o namorado teria ido embora para a Bahia, seu estado natal, e nem ficou sabendo de sua gravidez, tampouco do nascimento da criança. Acrescentou que, quando da gravidez, achava já ter entrado na menopausa, motivo pelo qual não usava métodos contraceptivos.

Janete relatou que nenhum dos pais de seus filhos paga pensão, o que a faz assumi-los sozinha. A precariedade socioeconômica em que vive, aliada à dependência de terceiros para o cuidado das crianças, uma vez que, atualmente, permanece de segunda a sábado na casa da patroa, motivou sua decisão de não assumir os cuidados da última filha. Do namorado atual, não quer ter filhos.

Nos últimos meses de gravidez, interrompeu suas atividades e, dessa forma, ficou sem trabalho e sem renda, vivendo da ajuda de familiares e da igreja da qual é freqüentadora. No momento de nossa primeira entrevista, aguardava para a semana seguinte o reinício de seu trabalho como doméstica.

Seu sonho é fazer o acabamento da casa que conseguiu construir na periferia da cidade, com o que ganhou de seus trabalhos como faxineira de uma empresa, diarista e doméstica e com a colaboração, na mão-de-obra, de seu segundo companheiro, que era pedreiro. Deseja também ter um pequeno comércio ou, ao menos, um trabalho no qual o horário seja compatível com seu retorno diário para casa, a fim de poder cuidar melhor dos filhos. Um outro desejo que ela manifestou foi o de ver seus filhos com formação universitária, embora ache que propiciar a eles escolarização de nível superior seja quase impossível.

Relata que da última vez que foi à sua terra natal, há cerca de dois anos, sentiu vontade de ficar morando lá, mas não conseguiu emprego que lhe permitisse custear as despesas básicas dos filhos. Acha que, em São Paulo, tem melhores condições de trabalho e parece satisfeita com as relações que estabelece na vizinhança e nas duas igrejas (uma católica e outra evangélica) que costuma freqüentar.

Janete foi a única entrevistada cujo contato inicial foi feito pessoalmente, pois o caso nos foi indicado em um momento que tanto ela como a pesquisadora estavam na Vara de Infância e Juventude, *loco* da pesquisa. Assim, quando nos encontramos para a primeira entrevista, em um lugar público, não houve maiores apreensões, pois já nos conhecíamos pessoalmente e ela já sabia o objetivo da pesquisa e a forma de realização das entrevistas. Durante a primeira entrevista, falou do assunto com certa tranqüilidade.

A segunda entrevista com Janete foi realizada quase quatro meses após a primeira, pois o telefone que ela havia nos fornecido para contato havia sido desligado e ela não respondia a nossas correspondências solicitando que nos contatasse para marcação da segunda entrevista. Quando o fez, justificou que estava viajando com a patroa, motivo pelo qual não havia recebido as cartas.

Nessa entrevista, Janete parecia bem, embora um pouco insatisfeita pelo fato de permanecer de segunda a sábado no emprego, portanto, longe de seus filhos. Quanto a Carol, disse estar tranqüila, pois tem tido notícias dela e espera que os pais adotivos a tragam para visitá-la quando do primeiro aniversário, conforme prometido por eles. Saber que a filha está sendo bem cuidada foi apontado por Janete como algo que alivia a dor pela entrega da filha.

Caso nº 5 — Elza

No quinto caso nos foi indicada apenas a mãe, mas posteriormente verificamos tratar-se de situação na qual ambos os pais assumiram a maternidade/paternidade da criança. O pai, entretanto, não aceitou dar entrevista, alegando não ter nada a acrescentar, conforme já explicitado.

Essa mãe, a quem chamaremos de Elza, nasceu na área rural do município de Campo Formoso (BA), tem 37 anos, estatura média, é parda, católica e estudou até a 3ª série do ensino fundamental. Apesar de uma bronquite crônica, é ágil e falante.

Ainda adolescente, passou a criar um sobrinho, cujos pais, separados quando da gravidez, não assumiram a criação dele. Por imposição de sua mãe, que, na época, não aceitou esse neto, Elza e o filho adotivo mudaram-se da casa da família para outra casa no mesmo sítio e depois, para a casa de uma tia, numa cidade vizinha. Após o falecimento da tia, há vinte anos, decidiu vir para uma cidade do litoral de São Paulo, onde residia o irmão gêmeo de seu pai.

Aos 18 anos e acompanhada dessa criança, que tinha 5 anos, Elza ficou poucos meses nessa cidade litorânea e mudou-se para a Capital paulista, pois havia sido convidada a trabalhar como empregada doméstica em casa cuja patroa havia lhe assegurado moradia também para a criança. Permaneceu quase vinte anos nessa casa e o vínculo empregatício só se desfez porque a patroa mudou-se com a família para outro estado.

Em São Paulo, Elza casou, teve duas filhas (12 e 6 anos) e separou-se amigavelmente após dez anos de união. Recebia pensão do ex-marido e, com os três filhos, residia em casa de aluguel na periferia da Zona Oeste desta Capital.

Do relacionamento atual, teve, em dezembro de 2003, sua última filha, a quem chamaremos de Gabi. Disse que a gravidez não foi planejada, não queria aceitá-la e só não abortou por interferência de sua patroa. Justifica sua atitude com o fato de não querer mais filhos e de não se sentir com paciência e disposição para estar com crianças pequenas, além do que, após ter se separado do marido, não deseja mais casar, tampouco ter outros filhos.

Gabi, logo após o nascimento, foi entregue em adoção para uma tia paterna. Não obstante a entrega da filha, Elza a amamentou durante os primeiros meses, razão pela qual ia cotidianamente à casa dos pais adotivos da criança. Mesmo após o desmame, costumava visitar Gabi com certa freqüência.

Após o nascimento e entrega da criança em adoção, Elza passou a fazer planos de retornar à Bahia, não sabe se definitivamente, porque tem dúvidas quanto à readaptação lá, mas, pelo menos, por certo período. Recentemente, antes do início do ano letivo, mandou as duas filhas para a companhia da avó materna, enquanto resolvia algumas questões em São Paulo, inclusive relativas aos procedimentos jurídicos de adoção da filha entregue. O filho mais velho, adoção não legalizada, permanece com ela e deverá ficar em São Paulo, após seu regresso ao estado natal.

Além de seu retorno ao sítio da família, Elza não tem ou não expressou outros projetos. Deixou claro que não faz parte de seus planos casar-se com seu atual namorado. Relatou ter tido depressão por ocasião da gravidez e do nascimento da última filha, mas nunca fez tratamento. Afirmou ter poucas amizades por aqui e avaliou que as de seu lugar de origem são mais verdadeiras e mais desprovidas de interesses.

Elza é falante, envolvente, crítica e parece ser muito determinada. A primeira entrevista foi marcada por um relato que expressou sentimentos de culpa pelo fato de ter rejeitado a última gravidez. Avalia a entrega da criança como reflexo disso e considera que assim foi melhor para a filha.

Na segunda entrevista, realizada um mês após a primeira, Elza parecia mais tranqüila. Esclareceu que tem diminuído a freqüência de visitas a Gabi para que ela não se ressinta com seu afastamento repentino e prolongado, posto que brevemente irá para a Bahia, sem prazo para retorno. Aparentemente, resolveu bem as questões em geral presentes em adoções intrafamiliares.

Elza foi a única entrevistada que não se interessou em receber, gravado ou transcrito, o conteúdo de seu relato. Não deixou claro o motivo para tanto, mas levantamos duas hipóteses igualmente plausíveis: a primeira é que, por se tratar de adoção intrafamiliar e por ela ter convivido até agora com a criança que já tem 1,6 ano, com os pais adotivos e com a família extensa deles, estaria assegurada a transmissão da história da adoção a Gabi; a segunda refere-se a seus sentimentos durante a gravidez e no momento imediato ao parto, aspectos relatados com detalhes nas duas entrevistas realizadas. Assim, é possível que Elza não queira que a filha tenha acesso a esses relatos, de forma a evitar possíveis sofrimentos para a criança.

Realizada a apresentação dos sujeitos da pesquisa e o contexto em que este estudo se realizou, discutiremos, a escolha metodológica, que inclui procedimentos de avaliação tanto da extensão do fenômeno das adoções por consentimento da família de origem quanto de sua intensidade.

1.3 A escolha metodológica

Com o intuito de conhecer a recorrência da adoção consentida pela família de origem no Poder Judiciário, espaço legalmente definido para recepcionar, avaliar e definir essas e quaisquer outras adoções, queríamos, a partir dos sujeitos diretamente nelas envolvidos, avaliar quais são as determinações sociais presentes nesses processos e o que pensam e sentem ao se definirem pela entrega do(a) filho(a) em adoção, sabendo que isso implica a transferência definitiva e irrevogável de sua filiação. Para tanto, entendíamos a necessidade de trabalharmos com a complementação entre dados quantitativos e qualitativos.

Para captar a incidência da medida, ou seja, sua extensão, fizemos, inicialmente, levantamentos estatísticos e consultas em processos de adoção em duas unidades do Poder Judiciário desta Capital, da população que entrega, legalmente, filho(s) para que terceiros assumam sua paternidade.

A fim de apreender sua intensidade, utilizamo-nos de relatos orais de mães/pai que vivem a experiência de adoção consentida, privilegiando sua trajetória e aspectos socioculturais. Como recurso para facilitar e aprofundar essa investigação, notadamente no que se refere às recorrências e diferenças entre as famílias atuais e de origem, utilizamos também o genograma.

Nossa preocupação em lidar com a complementação entre dados quantitativos (extensão) e qualitativos (intensidade) justifica-se antes de tudo por não termos encontrado estudos acadêmicos sobre essa temática e, portanto, termos de apresentar um panorama geral sobre suas questões. Ademais, entendemos que aliar dados quantitativos a informações de caráter qualitativo pode favorecer sua confiabilidade e consistência, bem como proporcionar uma melhor compreensão do fenômeno.

A relevância da associação desses dois tipos de dados é justificada por Demo (2004) ao reportá-las à extensão e à intensidade dos fenômenos pesquisados. A extensão, mais facilmente ordenável e mensurável, é obtida a partir de dados objetivados do objeto em estudo. A intensidade, obtida a partir de dados construídos no diálogo com o sujeito e a realidade em questão, "volta-se para dimensões do fenômeno marcadas pela *profundidade*, pelo *envolvimento* e pela *participação*, sem que seja, no entanto, possível extrair daí a idéia de que extensão se reduza a coisas superficiais, distantes ou inertes" (Demo, 2004: 15).

A intensidade, que é vista como sendo própria de fenômenos complexos,[22] apresenta também como marcas a processualidade e a perfectibilidade. Tais marcas levam à politicidade que seria intrínseca a fenômenos intensos e qualitativos, conforme defende o autor ora citado.

Na busca de esclarecer o leitor sobre o que conceitua como intensidade, Demo (2004: 21-2) sugere, entre outros aspectos, que:

> [...] ao contrário do que é extenso, o intenso é profundo, envolvente e participativo; é profundo porque não se realiza apenas na superfície, perpassando o todo até suas dobras mais íntimas; é envolvente porque energiza a dinâmica das conexões entre as partes, fazendo com que expressem um todo; é participativo porque transforma objetos em sujeitos, à medida que reconhece em cada parte a autonomia para fazer o todo e dele divergir;
>
> [...] a perfectibilidade da realidade indica que em sua dimensão intensa surgem horizontes novos e inovadores, ideologicamente sempre questionáveis, mas preferíveis se comparados a épocas anteriores [...];
>
> [...] a intensidade por ser profunda, envolvente e participativa, fere todas as cordas humanas, não apenas a racionalidade ou expressões extensas; inevitavelmente toca o plano da subjetividade, pela qual, sendo todos igualmente formados no mesmo processo evolucionário, somos também absolutamente individuais (Damásio, 1999[23] e Katz, 1999[24]);

---

22. Demo (2004: 16) define *complexidade* como sendo um "todo múltiplo e ambíguo, marcado por dinâmicas contrárias cuja energia causa resultados que ultrapassam a origem".

23. Damasio, 1999.

24. Katz, 1999.

> [...] a intensidade aponta para a politicidade da realidade, em particular da realidade humana, que encontra uma de suas qualidades mais visíveis na capacidade de criar, de negociar e de refazer potencialidades e oportunidades [...]

Para o autor em referência, trabalhar nessa perspectiva significa falar de exemplaridade, e não de representatividade. Nesse sentido, a politicidade é, provavelmente, o aspecto de maior importância na busca do pesquisador para captar o que há de exemplar nos casos selecionados para a construção de informações qualitativas. Contudo, talvez seja também o que requeira maior investimento na sua apreensão, pois significa fazer ilações coerentes e consistentes entre vida pessoal e fatos sociais e históricos.

Conforme citado, para captar a extensão do fenômeno das adoções por consentimento da família de origem, trabalhamos com levantamentos estatísticos e consultas aos processos judiciais relativos a essa medida legal. E, para adentrar a intensidade desse fenômeno, escolhemos trabalhar com narrativas orais de alguns sujeitos que o vivenciaram.

Usaremos o termo genérico *relatos* ou *narrativas orais* pela própria dificuldade em classificá-los como depoimento, história de vida ou história oral. Embora alguns autores façam especificações sobre cada uma dessas terminologias, conforme podemos verificar a seguir, entendemos que os relatos ou as narrativas orais contemplam toda essa classificação. Mesmo a história oral que, em princípio, estaria mais voltada para fenômenos amplos, está presente no relato da vida pessoal, pois se imbrica com fatos históricos e sociais e os constituem, ao mesmo tempo em que são constituídos por eles.

Todavia, parece haver entre os autores a concordância de que tais formas de apreensão da realidade possibilitam ir além do discurso oficial e linear que, por vezes, caracteriza a discussão sobre fenômenos complexos de nossa realidade social.

Nesse sentido, ao discorrer sobre história e depoimentos pessoais e enfatizar a importância deles na pesquisa sociológica, a partir do momento em que se vislumbrou a implicação do coletivo na formulação de valores e opiniões pessoais, Queiroz (1991: 155) defende que:

> A história de vida permite justamente estudar o fato social de seu interior, na fonte. O que os homens pensam, sentem e fazem, constituindo fatos sociais tanto quanto, por exemplo, as técnicas que empregam em seus trabalhos, a história de vida os mostra ao vivo; ela permite uma abordagem interior de fatos que antes só eram observados do exterior.

Cientes disso, entendemos que, para compreender a imbricação entre a decisão pessoal quanto à transferência definitiva da filiação de seus filhos e os determinantes sociais presentes nessa atitude, seria necessário adotarmos uma postura a partir da qual pudéssemos estabelecer uma comunicação dialógica com nossos sujeitos de pesquisa, privilegiada nos relatos orais. Ademais, esses relatos nos permitiriam captar as tensões, a profundidade e a complexidade inerentes à problemática em estudo.

Na concepção de Queiroz (1991), toda história de vida deve se caracterizar como um depoimento pessoal do qual emergem sentimentos, valores, opiniões e atitudes daqueles que o relatam. Do contrário, passa a ser apenas um conjunto de informações cronológicas que não evidenciam a riqueza embutida no que está sendo apresentado como história pessoal. É mister que, assim sendo, a relação entre o pesquisador e o sujeito em questão ganhe significado especial.

Esse aspecto é fundamental nesse tipo de abordagem, porque se trata da relação entre sujeitos em situações diferentes, de etnias e meios socioculturais diversos, cada um com propósitos específicos, que precisam estabelecer uma qualidade de interação e comunicação rica e instigante.

Por maior que seja o esclarecimento do pesquisador quanto a seus propósitos, dificilmente haverá total abrangência das implicações da pesquisa, inclusive porque a interpretação posterior dos dados poderá assumir uma direção não pensada anteriormente; portanto, não comunicada ao narrador oral. Por outro lado, esse narrador também tem seus objetivos e interesses ao oferecer o seu relato, o que nem sempre é compreendido, sobretudo de imediato, pelo pesquisador.

Portelli (2001: 21) destaca o papel da relação social e pessoal entre os dois interlocutores e entende que o conteúdo que emerge do relato é fruto dessa relação, mas "também mostra que a forma da entrevista depende do grau de familiaridade do entrevistador em relação à realidade sob investigação".

Com o conhecimento de que já dispúnhamos sobre as adoções ora em estudo, depreendíamos que as experiências pessoais que levavam à entrega de um filho estavam articuladas com fatos sociais, culturais e históricos, mas precisávamos entender melhor a questão, o que acreditávamos ser possível por meio das narrativas desses sujeitos.

Nesse sentido, Queiroz (1991: 159) afirma que:

> Para o sociólogo desejoso de conhecer como se comporta a coletividade, os depoimentos e os fragmentos de história de vida têm grande interesse porque focalizam justamente o comportamento a conhecer, indicando a quantidade de material, se ele é coletivo ou não; depoimentos, opiniões e fragmentos de histórias de vida abundantes completar-se-ão uns aos outros, agindo também como correção e controle não só em relação uns aos outros como em relação às poucas histórias de vida que se obtiverem.

Portelli (2001) distingue a narrativa oral autobiográfica de outro texto autobiográfico, principalmente porque neste a decisão da iniciativa é da própria pessoa; no caso da entrevista, a base da autoridade é diferente, pois é o entrevistador que toma a iniciativa e, de alguma forma, atribui relevância ao entrevistado. Ainda nessa obra (Portelli, 2001: 18), o autor refere que: "O direito de falar, em particular sobre si mesmo, não é assumido automaticamente, especialmente entre os grupos socialmente menos favorecidos, para os quais os historiadores se endereçam mais freqüentemente".

Khoury (2001) entende a história oral como uma prática social ou como expressão dela. A pesquisa, por esse meio, possibilitaria, no entender dessa autora, apreender o significado das experiências vividas, a partir do ponto de vista do narrador, o que justifica nossa escolha metodológica, uma vez que queremos conhecer o fenômeno de entrega consentida de filhos para adoção pela ótica dos sujeitos que a praticam.

Nessa forma de pesquisa, a entrevista é considerada como um diálogo, o que favorece a apreensão do significado presente em cada narrativa e as nuances sociais e políticas da experiência do sujeito. Contudo, configurar esse conteúdo captado como questões de um sujeito social, transpondo as do indivíduo, é, certamente, um exercício que requer especial habilidade.

É preciso ter em mente a noção de processo. Esses sujeitos da pesquisa falam de um passado quando narram, por exemplo, sua trajetória de vida, e de um presente quando discorrem sobre o fato em si, sobre os pensamentos e sentimentos que acompanham o processo de decisão e de entrega do filho e de tudo que ocorre no momento posterior. Essa narrativa, ao mesmo tempo, propicia uma projeção de futuro. Não se trata, portanto, de um processo linear; seus relatos põem à mostra a mutabilidade de idéias e de sentimentos, as certezas e incertezas, o ir e vir de decisões delicadas e a recorrência de vivências.

As entrevistas foram realizadas a partir de questões orientadoras, logo, sem um roteiro previamente estruturado, de forma que as falas dos entrevistados faziam, quase sempre, esse movimento de vai e vem no tempo, de associações com múltiplos aspectos e de significações pessoais. Nesse contexto, o que é dito respeita a seleção daquele que fala e, conscientemente ou não, tende a obedecer a critérios próprios e a motivações pessoais que nem sempre são claras para o pesquisador.

Por vezes, foi difícil compreender todos os conteúdos e movimentos presentes nos percursos dos entrevistados, pois falar sobre alguns aspectos significava revivê-los e emocionar-se. Assim, em algumas oportunidades, os fatos eram apresentados de forma que, para uma terceira pessoa, ficava difícil compreender a cronologia, a seqüência de movimentos e os vários conteúdos presentes.

Esse movimento fluido no tempo e nos assuntos, comum aos relatos pessoais (Portelli, 2004), se, por um lado, torna o relato vivo, por outro, exige do pesquisador especial atenção a detalhes e à formulação de novas questões, sem interromper o fluxo do diálogo, de modo a aprofundar aspectos ou episódios para os quais o narrador não deu maior importância, mas que transparecem como significativos.

Dessa forma, é importante que a pesquisa seja realizada em mais de um encontro, visando o estabelecimento de uma vinculação maior entre as partes, de modo que ambos se familiarizem com o discurso do outro e construam uma relação de confiança mútua para que certos aspectos da problemática possam vir à tona.

As realidades expressas pelos cinco sujeitos desta pesquisa, nas quais estão contidas suas experiências pessoais, articuladas a dados históricos, sociais e culturais, revelam um cenário de múltiplos movimentos em prol do estabelecimento de condições viáveis para o cuidado e a proteção dos filhos; no entanto, sem êxito para uma inserção social suficiente para o cumprimento desse objetivo.

Para aprofundar alguns aspectos surgidos nas narrativas orais, especialmente no que se refere à recorrência de certas vivências familiares, utilizamos o genograma. Elaborado em conjunto com a família, esse instrumental tem a finalidade, entre outras, de pesquisar e identificar a reaparecimento de padrões relacionais, ou sua diferenciação, e "obter uma interpretação subjetiva da história familiar, construída por ela própria" (Vitale, 2004: 235).

A utilização clínica do genograma está diretamente associada às terapias de família e tem sido aplicada especialmente para a avaliação do lugar da família no ciclo de vida. McGoldrick e Gerson (1995: 144)[25] definem os genogramas como "retratos gráficos da história e do padrão familiar, mostrando a estrutura básica, a demografia, o funcionamento e os relacionamentos da família. Eles são uma taquigrafia utilizada para descrever os padrões familiares à primeira vista".

Em pesquisa, seu uso é menos comum ou talvez mais recente. Contudo, destacamos as obras de Freitas (1999) e Marques (2001): na primeira, esse instrumental é usado na análise de influências trigeracionais no processo de luto materno; na segunda, um estudo sobre trabalho infantil, família e identidade, o pesquisador utiliza-se do genograma como instrumento complementar para avaliação de aspectos intergeracionais do trabalho infantil.

No nosso caso, utilizamos o genograma em uma perspectiva investigativa com a finalidade de avaliar, sobretudo, aspectos relativos à estrutura básica e ao funcionamento da família (tamanho, separações, recasamentos e circulação ou adoção de crianças). Buscamos analisar as semelhanças ou diferenças intergeracionais nos aspectos mencionados,

25. Na tradução do texto de McGoldrick e Gerson (1995) foi utilizado o termo genetograma, mas no original os autores usam o termo *genogram*. Optamos, então, pelo uso do termo genograma.

em especial no que se refere à circulação/adoção de crianças nas famílias atuais e de origem dos sujeitos de nossa pesquisa.

Quando se utiliza o genograma, mormente para fins clínicos, as questões relativas à qualidade relacional são destacadas. Entretanto, quando da construção dos genogramas com os sujeitos da pesquisa, não fizemos com eles uma discussão mais aprofundada sobre esse aspecto, pois privilegiamos outros que, do ponto de vista sociocultural, assumiram maior relevância.

Observamos que, no processo de construção conjunta do genograma, cada um de nossos entrevistados rememorava vivências familiares e, aparentemente, juntava informações que estavam fragmentadas na memória. Tal procedimento possibilitou a observação de como cada um desses cinco sujeitos se relaciona com a família de origem. Alguns tinham clareza quanto a detalhes da vida dos pais e dos irmãos; outros lembravam com dificuldade até dados objetivos, como o nome de irmãos costumeiramente chamados por apelidos.

A maioria dos entrevistados teve dificuldade de precisar a idade dos irmãos; alguns informaram a idade aproximada, outros conseguiram somente relacioná-los na seqüência e, tomando por base seu próprio lugar na família, foram posicionando mais ou menos os irmãos.

Os casamentos e as separações que caracterizam a família de cada sujeito estão, no genograma, grafados todos do mesmo jeito, porque não foi possível coletar com precisão o dado relativo a uniões e separações formais e informais. Todavia, observou-se que existe certa prevalência de uniões e separações informais. A idade dos sobrinhos foi desconsiderada nos genogramas, pois essa informação era ainda menos precisa. Consta somente a quantidade de sobrinhos e o sexo de cada um deles. Em um dos casos, não foi possível obter esta última informação, visto tratar-se de uma meio-irmã com a qual a entrevistada tinha pouco contato, embora soubesse ter dela sete sobrinhos.

Para elaborar a legenda utilizada nos genogramas, conforme o Quadro 2, baseamo-nos em McGoldrick e Gerson (1995).

Feitas essas considerações sobre nossa escolha metodológica e para melhor aclarar nossa trajetória na pesquisa, sistematizamos a seguir o movimento realizado desde o início:

Quadro 2: Símbolos para descrição da associação e da estrutura familiar

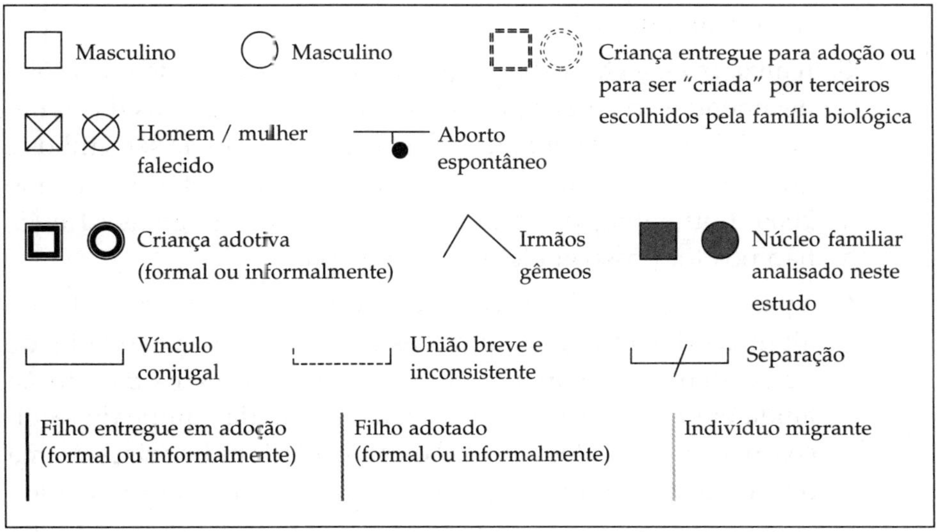

1. de nossa prática profissional com crianças e adolescentes no contexto jurídico, emergiram as indagações sobre o fenômeno da adoção, em particular sobre aquelas desencadeadas e realizadas com o consentimento da família de origem;
2. para avaliar se se tratava de demanda significativa e recorrente, fizemos um levantamento estatístico relativo aos pedidos de adoção formulados no período de 1996 a 2000, distinguindo entre eles os que se configuravam como adoções por consentimento da família de origem. Para esse levantamento utilizamos dados coletados pelo Serviço Social de uma Vara de Infância e Juventude desta Capital;
3. a fim de conhecer o universo sociocultural dessa demanda, após o devido aval da autoridade judicial e com a colaboração de funcionários da Vara de Infância e Juventude, identificamos no Cartório dessa Vara todos os processos de adoções deferidas no ano 2000;
4. de posse dos dados de identificação dos processos (autos) e após autorização da Presidência e da Corregedoria do TJSP, dirigimo-nos ao arquivo central da referida instituição para

realizar a pesquisa nos autos. Os passos 2, 3 e 4 ocorreram durante o ano de 2003;

5. realizada essa etapa da pesquisa, a ação seguinte de nosso planejamento seria a pesquisa qualitativa com algumas das famílias biológicas que tinham consentido a adoção de seus filhos e que faziam parte desse universo de adoções, deferidas no ano 2000. Entretanto, pelos motivos expostos às páginas 44 e 45, não nos foi possível efetivar essa etapa;
6. a partir do estudo já realizado até aquele momento e cientes de algumas das inúmeras questões presentes nessa modalidade de adoção, reiniciamos a pesquisa com processos de adoção ainda em andamento e com a colaboração da equipe de técnicos e cartorários, além do aval da autoridade judiciária, em uma outra Vara de Infância e Juventude da comarca de São Paulo;
7. como já havíamos acumulado certo conhecimento com as etapas anteriores da pesquisa, realizamos paralelamente a pesquisa qualitativa e quantitativa. Levantamos os dados quantitativos a partir de todos os processos de adoção iniciados no ano de 2004, aprofundando a análise naqueles relativos às consentidas pela família de origem. Para a pesquisa qualitativa, os assistentes sociais da Vara de Infância e Juventude selecionavam aleatoriamente os casos e, após um primeiro contato com as mães ou pais para informações sobre a pesquisa e o convite para dela participarem, nos era feita a indicação do caso e fornecidos dados para nosso primeiro contato com esses sujeitos;
8. após nosso contato inicial, no qual novamente era verificada a aceitação das mães (ou pais) quanto à participação na pesquisa, marcávamos a primeira entrevista e nela já deixávamos combinada(s) a(s) entrevista(s) subseqüente(s), necessitando apenas de um contato posterior para marcar dia, horário e local;
9. o conjunto das entrevistas foi realizado no período de dezembro de 2004 a maio de 2005. Envolveu efetivamente cinco sujeitos, totalizando aproximadamente onze horas de entrevistas, gravadas com a devida autorização dos participantes;

10. após a transcrição das gravações para análise e redação da tese que deu origem a este livro, o material gravado e transcrito foi entregue para os sujeitos que manifestaram interesse em guardá-lo consigo.

Nos capítulos subseqüentes, abordaremos a trajetória pessoal e familiar desses sujeitos e sua inserção social em termos de escolarização, moradia, rede de parentesco e de amizades e sua participação (ou não) no mercado de trabalho, além de suas questões e sentimentos sobre a entrega de um filho. Porém, para termos uma idéia do conjunto das adoções pesquisadas, faremos, no Capítulo II, a análise do contexto sociocultural das famílias biológicas, tomando por base tanto a investigação quantitativa quanto a qualitativa.

Capítulo II

Mães e pais que entregam filhos em adoção: contextualização sociocultural

> Fui criado já trabalhando, acho que eu não tive nem infância. Acho que as brincadeira, eu não tive brincadeira, não tive adolescência, sabe? Quero que ela tenha tudo isso, quero que ela tenha estudo, quero que, um dia, ela se forme em alguma coisa, futuramente. Tenha algum... Ser alguma coisa na vida, coisa que a gente não é. (Emílio)

O conhecimento já acumulado — quer pela prática profissional, quer pelos passos anteriores desta pesquisa — sobre as adoções por consentimento da família de origem indicaram ser esse um fenômeno quantitativamente significativo e recorrente ao longo dos anos nas Varas de Infância e Juventude da Comarca desta Capital.

A aproximação com a temática, já realizada até então, também havia sinalizado, entre outros aspectos, ser comum que as mães de crianças entregues em adoção sejam solteiras, separadas ou viúvas, isto é, não contem com a participação de um marido/companheiro em sua organização familiar.

Além disso, sabíamos que o trabalho constitui outro aspecto indicativo da vulnerabilidade social dessa população. As ocupações profissionais referidas são, quase sempre, emprego doméstico, atividade rural ou atividades eventuais, como diarista e outras. Em tais atividades, sabidamente, o trabalhador, na maioria das vezes, não conta com a proteção assegurada pelos direitos trabalhistas de um emprego formal com vínculo registrado em Carteira de Trabalho e Previdência Social.

A mesma situação de instabilidade se verificava no que se refere a condições de domicílio, pois na maioria dos casos essas mães ou pais não contavam com moradia exclusiva para si e os filhos.

Embora não possibilitassem generalizações, posto ser ainda um universo em investigação e pouco abrangente, tais observações nos remetiam a algumas conjecturas. Entre elas, destacamos a de que a população em foco estaria submetida a certa violência social, em decorrência, presumivelmente, da acentuada desigualdade social presente em nosso país.

Nesse sentido, Iamamoto (2004: 287) refere que:

> As desigualdades sociais condensadas na pobreza afetam as condições materiais e subjetivas de vida, os vínculos sociais, as formas de pertencimento, a moralidade e dignidade dos sujeitos que passam a enfrentar a violência social, da qual aquelas desigualdades são portadoras [...].

A partir desse panorama e cientes da problemática a ele inerente, realizamos a pesquisa, caracterizada, conforme já foi dito, como quanti-qualitativa, especificamente com os casos de adoção por consentimento da família de origem, iniciados em 2004, em uma das Varas de Infância e Juventude desta Capital.

Neste capítulo, abordamos aspectos socioculturais dessa população, com o intuito de contextualizá-la quanto à identificação dos filhos ora entregues em adoção e das mães e pais biológicos; quanto a trabalho e renda dessas famílias; finalmente, quanto a outros dados sociofamiliares importantes para essa contextualização, conforme veremos a seguir.

2.1 Perfil das crianças entregues em adoção

De acordo com os gráficos subseqüentes, as crianças cuja filiação estava sendo transferida, de forma definitiva, de suas famílias de origem para famílias substitutas, caracterizam-se por ser, majoritariamente, bebês (até 3 meses de idade), naturais de São Paulo, assumidas apenas pela mãe e pertencentes a um grupo familiar com dois ou três filhos.

Verificamos também que uma parcela dessas crianças veio de outros estados. Esse fato está associado à migração de pessoas da rede social dos pais, pois se trata de adotantes que são parentes e conhecidos da família biológica dos infantes, os quais, embora residam em São Paulo, adotaram crianças nascidas em sua cidade de origem.

Um outro dado relevante refere-se à ausência de informações quanto à etnia da criança, conforme veremos no Gráfico 3. Fazemos algumas conjecturas sobre a questão, associando-as a uma possível dificuldade dos operadores de justiça de trabalharem abertamente as questões raciais.

Esses e outros aspectos constam dos Gráficos 1 a 22, apresentados a seguir:

2.1.1 Faixa etária quando da entrega para a família adotiva

Gráfico 1
Distribuição das crianças por faixa etária

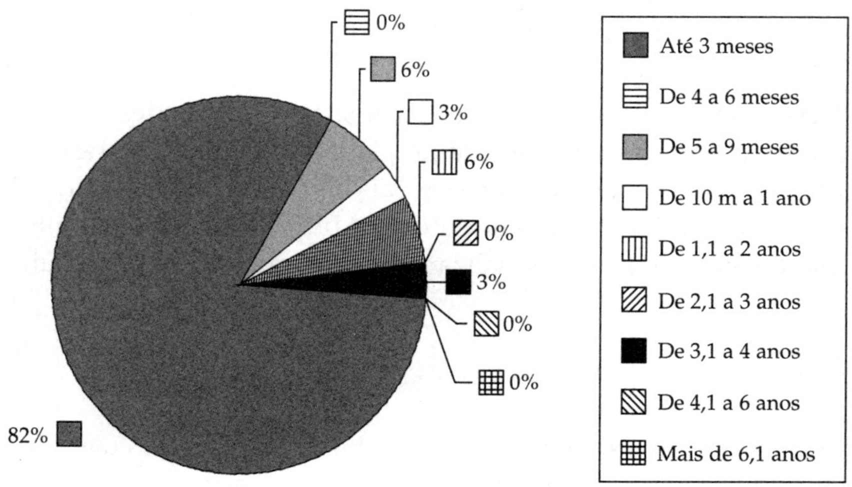

O Gráfico 1 demonstra haver absoluta predominância de adoção de crianças de até 3 meses de idade (82%), o que pode significar a tendência de famílias substitutas assumirem filhos adotivos desde o primeiro momento de vida. Contudo, no universo investigado, constatamos que, pela ótica do doador, conforme consta do Capítulo V, entregar o filho recém-nascido é menos doloroso do que entregar uma criança com a qual já se estabeleceu um vínculo maior. Com efeito, os sujeitos desta pesquisa afirmaram que provavelmente não teriam coragem de fazê-lo após meses de convivência com o filho.

Weber (2002), em pesquisa de abrangência nacional e sem especificação da modalidade de adoção, indica que 71,4% das crianças adotadas tinham até 3 meses de vida quando da adoção. Esse estudo indica também que somente 14,8% das crianças foram adotadas após 2 anos de idade.

Apesar de não podermos fazer comparação entre esses dois estudos, tendo em vista o fato de um ser nacional e abranger todos os tipos de adoção e o outro se restringir à cidade de São Paulo e tratar exclusivamente de adoções por consentimento da família de origem, é interessante observar que, nos dados da presente pesquisa, o percentual de crianças adotadas após 2 anos de idade é ainda menor, correspondendo a 3,12%.

É possível que esse índice esteja associado às explicações dadas pelos entrevistados, nas quais evidencia-se maior dificuldade em separar-se do filho após uma convivência mais duradoura, além da tendência de os pais adotivos (brasileiros) preferirem bebês. Ressaltamos ainda que, entre nossos sujeitos, as crianças foram entregues para a família substituta logo após a saída da maternidade, procedimento também informado na maioria dos autos consultados.

2.1.2 Sexo

O Gráfico 2 demonstra que o percentual de meninas e meninos em processo de adoção é praticamente igual. Isso difere um pouco tanto do imaginário corrente, que tende a afirmar certa preferência pela adoção de meninas, quanto do levantamento estatístico do período de 1995 a 1999 sobre o perfil de pretendentes à adoção, realizado pela Equipe Técnica da Vara Central de Infância e Juventude desta Capital (2000), o qual reafirma essa preferência. De fato, esse levantamento indicou que 35%

Gráfico 2
Distribuição das crianças por sexo

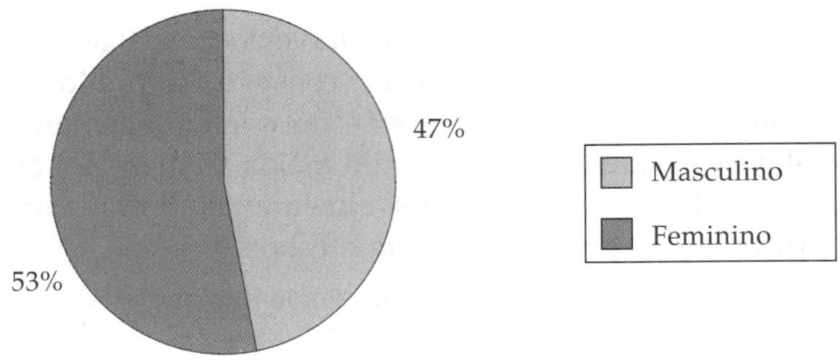

das famílias gostariam de adotar crianças do sexo feminino; 15% preferiam as do sexo masculino e 50% eram indiferentes quanto ao sexo da criança que pretendiam adotar. Por esses dados, verificamos que, quando os adotantes fazem questão de escolher o sexo do adotando, apresentam maior preferência por meninas.

Quando refletimos sobre esse dado à luz do que nos foi sinalizado pelos sujeitos desta pesquisa, podemos apontar que o fato de a família substituta ter sido escolhida antes do nascimento da criança, havendo, portanto, uma pré-vinculação entre adotante e adotando, ser menino ou menina perde importância para os pais substitutos. Nesses casos, a tendência parece ser a mesma da situação de uma filiação biológica. Pode haver o desejo por parte dos pais (ou de um deles) de que o filho esperado seja do sexo masculino ou feminino, mas isso não costuma mais se constituir num problema.

2.1.3 Cor da pele

É interessante observar que o dado relativo à cor da pele[1] das crianças não é, em 84% dos casos, informado nos autos. Ressaltemos que,

1. As Varas de Infância e Juventude trabalham costumeiramente com a seguinte caracterização de cor de pele: branca, parda clara, parda escura, preta e amarela (para descendentes de orientais) ou mestiça (para descendentes de indígenas).

Gráfico 3
Distribuição das crianças por cor da pele

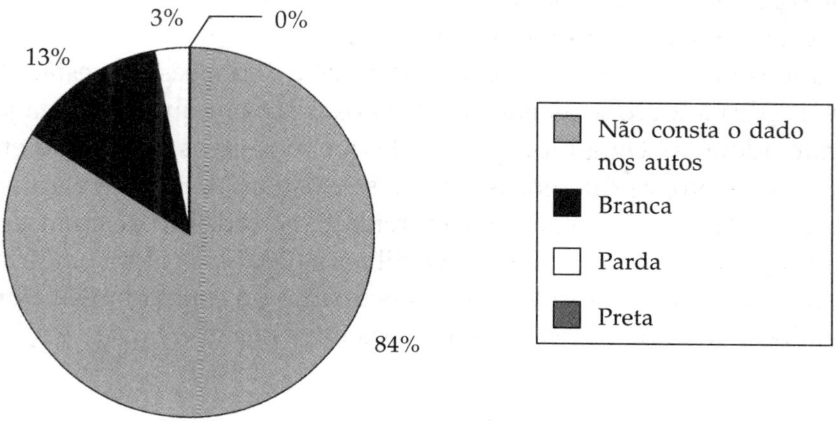

desde a vigência da Lei nº 6.015, de 31 de dezembro de 1973, deixou de haver a exigência da informação sobre a cor da pele da criança nos assentos de nascimento. No entanto, sua inexistência nos estudos sociais e psicológicos nos chama a atenção, posto ser, nesses casos, um importante dado de identificação. Qual seria o significado dessa ausência? Não registrar a cor da pele seria uma forma de tangenciar o preconceito racial?

Dos nossos cinco sujeitos, quando perguntados sobre a cor da pele do filho que havia sido entregue em adoção, apenas um deles respondeu tratar-se de criança de cor de pele parda; os demais definiram que o filho tem a pele de cor branca.

Se nessas adoções, ou ao menos nos processos pesquisados, a ausência da cor da pele da criança é uma constante, no cadastro de crianças disponíveis para adoção, na avaliação de Silveira (2005), essa tendência se inverte. No seu entender, a descrição dos caracteres raciais da criança é minuciosa,[2] o que não ocorre, na mesma medida, com os pretendentes à adoção, ou seja, com os futuros pais adotivos.

2. O referido estudo, realizado nos primeiros anos deste século, com base em dados de Varas de Infância e Juventude desta Capital, indicou que 68% das crianças constantes no cadastro para adoção eram de cor de pele preta ou parda; 29% de cor de pele branca; e 3,2% mestiças (Silveira, 2005: 109).

Em nossa pesquisa não consta nenhuma criança de cor de pele preta, e as pardas aparecem em um índice inferior às brancas. Será, então, que o percentual daquelas cuja cor da pele não foi informada corresponde justamente ou majoritariamente às crianças negras? E o que significa essa informação estar detalhada nos casos de crianças que estão disponíveis para adoção, mas não constar nos casos em que a criança já está sendo adotada? Uma hipótese é a de que, nos casos de adoção em desenvolvimento, as diferenças raciais, se existiam, foram de alguma forma aceitas pela família adotiva; entretanto, no cadastro de crianças para adoção, a questão racial, conforme Silveira (2005) se coloca em primeiro plano, o que pode ser reflexo da preocupação dos operadores da prática de adoção, no que se refere às adoções inter-raciais.

2.1.4 Naturalidade

Gráfico 4
Distribuição das crianças por naturalidade

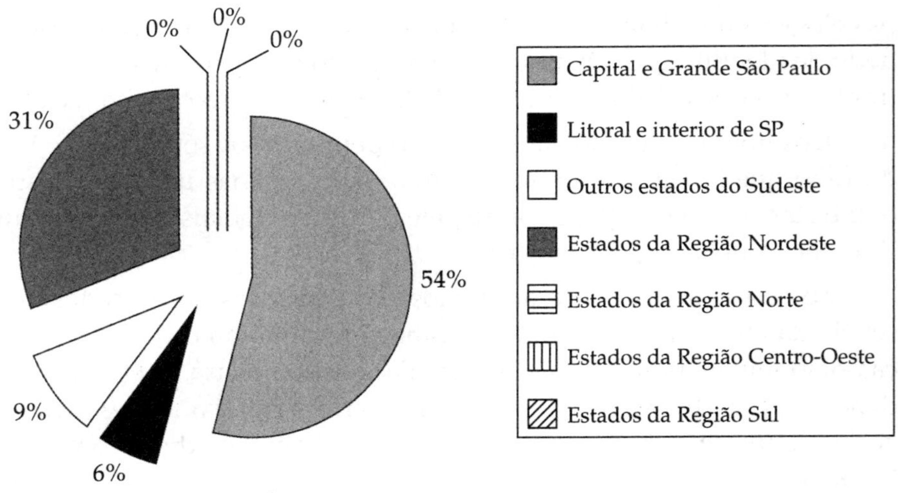

O Gráfico 4 nos mostra que, dos 46% de crianças adotadas por consentimento da família de origem que nasceram fora da região metropolitana da grande São Paulo, 31% delas vieram da Região Nordeste. Conforme informações constantes nos autos, é relativamente comum que famílias nordestinas residentes há certo tempo em São Paulo informem aos parentes que permaneceram no Nordeste sobre o desejo de adotarem uma criança. Assim, frente à gestação não planejada de uma vizinha, amiga ou conhecida, os familiares fazem a intermediação entre pais biológicos e os pretendentes à adoção.

Ocasionalmente, ocorre de esse movimento ser inverso, ou seja, a mãe, quando se descobre grávida e se define sem condições de assumir a criança, busca parentes, amigos ou conhecidos residentes em São Paulo para entregar a criança.

Uma outra forma constatada nos autos para a ocorrência dessa migração de crianças para São Paulo se dá com pessoas do Nordeste que residem nesta Capital e que vão passar férias em sua terra natal. Por vezes, acontece de chegarem lá e, ao se depararem com a situação de uma conhecida ou vizinha de parentes seus planejando entregar para adoção o filho em gestação, decidem sensibilizados, assumir a criança. Entretanto, na maioria absoluta dos casos já havia um desejo prévio de adoção, seja porque não tinham filhos, seja porque seus filhos já estavam crescidos e desejavam ter mais uma criança na família.

Aqueles com os quais fizemos as entrevistas entregaram os filhos para casais residentes nesta Capital, inclusive na própria zona oeste, onde residiam na ocasião.

2.1.5 Filiação originária

Verificamos pelo gráfico seguinte que 71% das crianças que foram entregues para adoção haviam sido assumidas somente pela mãe. A ausência paterna desponta como um dos fatores importantes para a inviabilidade da permanência das crianças com suas famílias de origem.

A explicação mais simples desse fenômeno é a de que, nessas circunstâncias, a criança conta somente com o ramo materno da rede sociofamiliar, o qual nem sempre pode assumir mais uma criança. Alie-se a isso o fato de que as mães, quando têm trabalho remunerado, em geral desenvolvem atividades em situações precárias, quase sempre como empregadas domésticas ou diaristas, o que inviabiliza dispor do tempo necessário para o cuidado de seu filho.

Gráfico 5
Distribuição das crianças por filiação originária

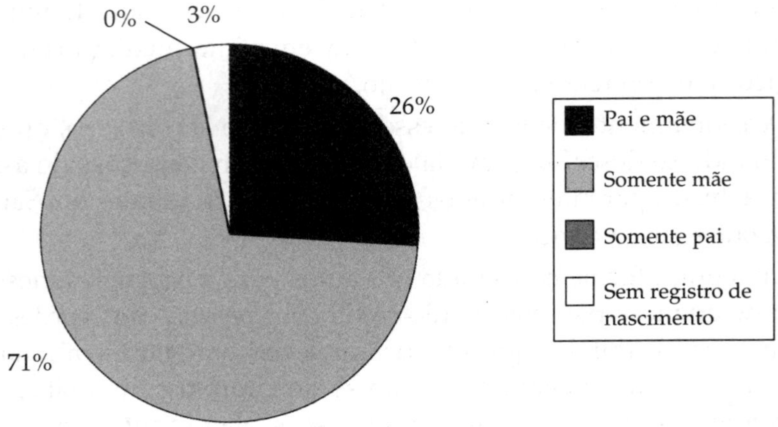

É preciso também considerar que, embora o arranjo familiar do tipo monoparental — um dos pais e seus descendentes — seja uma realidade cada vez mais presente nas famílias brasileiras, a sociedade parece ainda não assumi-lo efetivamente. O Estado, por meio da Constituição de 1998 e da Política Nacional de Assistência Social, por exemplo, regulou tal arranjo, todavia não desenvolveu políticas que protejam efetivamente a mãe, ou o pai, e seus filhos de forma a não atingirem um nível de vulnerabilidade social que os obrigue a romper o vínculo com os filhos na tentativa de protegê-los da miséria e de suas conseqüências.

Contudo, há de se considerar que o fato de a criança contar com ambos os pais, por si só, pode não assegurar sua convivência na família originária, haja vista que em 26% dos casos pesquisados, a criança (ao menos formalmente) havia sido assumida pelo pai e pela mãe. No universo da pesquisa qualitativa, 50% das crianças tinham sido registradas por ambos os pais, mas por diferentes fatores não puderam permanecer sob seus cuidados.

Nossos dados não apresentam nenhuma criança registrada somente em nome do pai, embora isso exista, ainda que seja raro.

2.1.6 Filiação após a adoção

Gráfico 6
Distribuição das crianças por filiação após a adoção

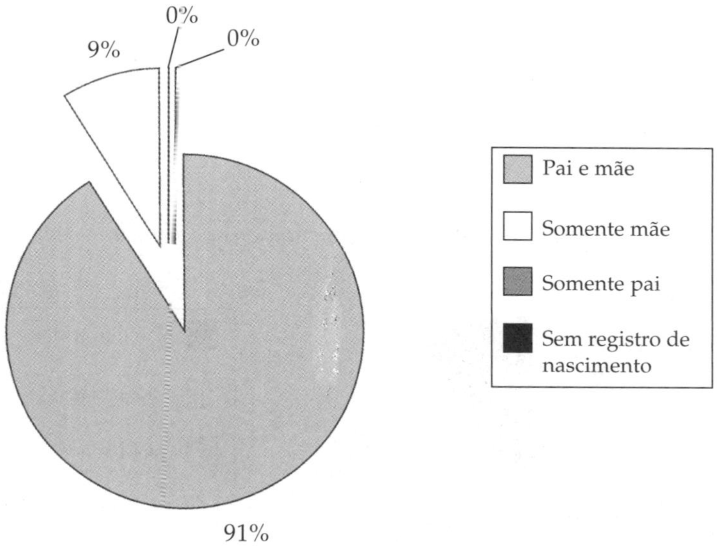

O Gráfico 6 indica que a situação da criança quanto à filiação se inverte após a adoção. Dentre as questões presentes nesse aspecto, destacamos o fato de que, no Brasil, a adoção ainda é, majoritariamente, uma ação realizada por casal.

Por um lado, isso pode significar uma segurança maior para a criança, pois ela poderá contar com os ramos materno e paterno da rede sociofamiliar, caso a adoção tenha sido discutida e assumida pela família ampliada, mas, por outro, pode retratar a tendência de ainda se privilegiarem as famílias que respondem ao arranjo clássico: pai, mãe e filhos.

Remetendo-nos novamente ao estudo de Weber (2002), verificamos que 88,5% dos adotantes brasileiros eram casados quando da adoção da criança, configurando, portanto, a mesma tendência encontrada por nós. Nos casos que integraram nossa pesquisa qualitativa, essa situação se repete: todas as crianças foram adotadas por casais.

Uma indagação que nos parece necessária é sobre o significado de efetivamente estar decrescendo o número de famílias que respondem ao arranjo nuclear completo, embora a sociedade, inclusive as instituições públicas, continue lidando precariamente com as demais formas de arranjos e organizações familiares.

2.1.7 Situação fraternal

Gráfico 7

Distribuição das crianças por número de irmãos

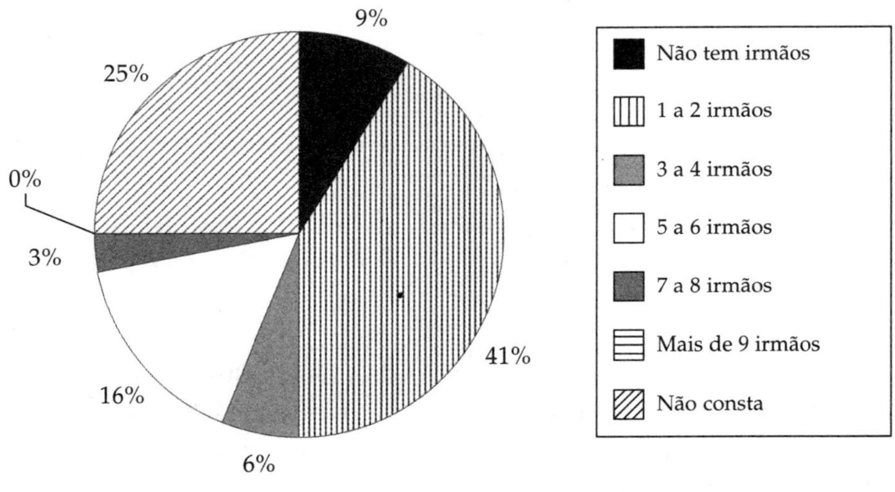

Observamos, pelo Gráfico 7, que somente 9% das crianças não têm irmãos. Seriam, então, filho único ou primeiro filho daquela mãe. Em 66% dos casos a criança tem irmãos; portanto, além da separação parental, a adoção para ela significa também o rompimento dos vínculos fraternos.

Entre nossos sujeitos, todos tinham outros filhos além daquele entregue para adoção, e havia entre os pais biológicos a expectativa de que os adotantes propiciassem condições para que a criança adotada, em um futuro próximo, estabelecesse laços com os irmãos. Para alguns pais biológicos, esse aspecto fez parte do que foi combinado e aceito pela família adotante.

No conjunto dos casos analisados, observamos que 29,4% das meninas receberam o nome de Vitória. É provável que isso indique que venceram o "fio da navalha" pela qual passaram: serem cuidadas pela mãe biológica até o nascimento ou abortadas nos primeiros meses de vida uterina. Essa hipótese se justifica pelo fato de as mães, pelo menos as do estudo qualitativo, terem vivido o conflito da gravidez e não praticado o aborto em virtude de questões morais e religiosas ou por interferência de terceiros que tinham ascendência sobre elas.

Pelo que consta nos autos e pelos relatos de nossos sujeitos, ficou evidente que a entrega de uma criança por seus pais a terceiros por eles de alguma forma escolhidos representa, quase sempre, preocupação de que essa criança possa ter condições razoáveis de sobrevivência e possibilidades de transpor o ciclo de miserabilidade em que vive a família de origem. Assim, presume-se que essa atitude dos pais ou da mãe não pode ser, necessariamente, associada à falta de amor à criança, à negligência ou ao abandono.

Feita essa contextualização das crianças adotadas com o consentimento de sua família de origem, apresentamos, a seguir, aspectos sociais e culturais dessas famílias, o que, provavelmente, nos dará subsídios para entender melhor esse fenômeno.

2.2 Perfil das mães e dos pais que entregaram filhos em adoção

Para conhecer a realidade social, econômica e cultural dessa população, buscamos levantar dados relativos a identificação, residência, instrução formal, trabalho e renda familiar. Entendemos que o conjunto desses aspectos constitui um panorama geral da situação em que vivem essas famílias e indica as determinações sociais implicadas no fenômeno da adoção, sobretudo na modalidade focalizada neste estudo.

Objetivando uma melhor visualização desse panorama, dividiremos a questão em três subitens. No primeiro deles apresentaremos dados relativos à identificação; no segundo, abordaremos o trabalho e a renda; no terceiro, destacaremos alguns outros dados sociofamiliares importantes para a contextualização dessas famílias.

Deve-se ressaltar que em 31,25% dos casos a mãe ou os pais foram ou seriam ouvidos por carta precatória, ou seja, nos fóruns de seus locais de moradia. Em alguns desses locais, o Poder Judiciário não conta em seu quadro funcional com assistentes sociais e psicólogos para realizarem os estudos sociais e psicológicos e, portanto, a escuta da mãe restringe-se à audiência judicial, o que explica, em parte, a ausência de dados relativos a alguns dos aspectos aqui elencados.

2.2.1 Identificação das mães e dos pais biológicos

Neste item, buscamos conhecer essa população nos aspectos que a identificam como indivíduos e na sua inserção social imediata. Como podemos ver na seqüência, a análise está um pouco prejudicada porque nos autos deixaram de constar informações importantes para uma discussão mais precisa e aprofundada das questões em pauta, como cor da pele, escolaridade, religião, entre outras.

2.2.1.1 Faixa etária

O Gráfico 8 demonstra uma prevalência de mães nas faixas etárias de 19 a 21 anos, 22 a 24 anos e de 25 a 27 anos, que, somadas, constituem um percentual de 59,3%. A seguir, com 18,8%, vêm aquelas que têm entre 30 e 35 anos. As que têm até 18 anos de idade somam 9,4%, e as que têm 36 anos ou mais atingem um percentual de 6,2%. Em 3,1% dos casos, as mães tinham de 28 a 30 anos, e esse mesmo percentual era de mães cuja idade não constava nos autos.

No que se refere aos pais, o dado relativo à idade deixou de constar nos autos em 62,5% dos casos. Nos demais, eles estão situados nas faixas etárias de 28 a 30 anos e de 31 a 35 anos. É interessante observar que, mesmo quando a criança estava registrada em nome da mãe e do pai, os dados dele são inexistentes na maioria dos casos, pois assim como a idade, outros aspectos também não estão registrados nos autos.

Gráfico 8
Distribuição de mães e pais por faixa etária

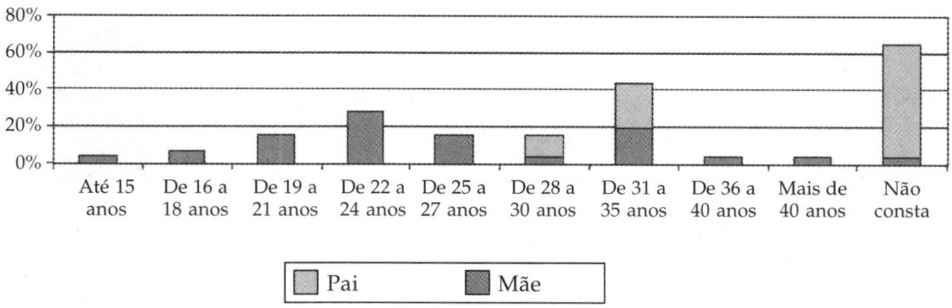

No universo de nossa pesquisa qualitativa havia crianças registradas em nome da mãe e do pai, mas um dos pais não compareceu às entrevistas com assistentes sociais e psicólogos do Poder Judiciário e não aceitou o convite para nos dar entrevistas.

Além disso, é importante acrescentar que a entrega de filhos parece não estar associada à gravidez na adolescência, pois somente em 9,4% dos casos as mães tinham até 18 anos. Todavia, a maioria das mães é jovem, tem até 27 anos, faixa etária na qual é mais provável ainda não se ter tido oportunidade de desenvolvimento profissional e social, sobretudo nas camadas populares. O nascimento de um filho nessas circunstâncias tende a aumentar o risco de maior vulnerabilidade pessoal e social.

2.2.1.2 Cor da pele

Verificamos que em 53,1% de mães e 87,5% de pais, o dado relativo à cor da pele não consta nos autos. Novamente, levantamos a hipótese de que talvez esteja havendo uma dificuldade de abordar as questões raciais nos processos de adoção. Dos casos informados, constatamos um percentual de 18,8% de mães pardas e 12,5% de pretas, que, somadas, atingem um índice de 31,3% de mães afrodescendentes do total geral dos processos pesquisados. Desse total, apenas 15,6% de mães foram

Gráfico 9
Distribuição de mães e pais por cor da pele

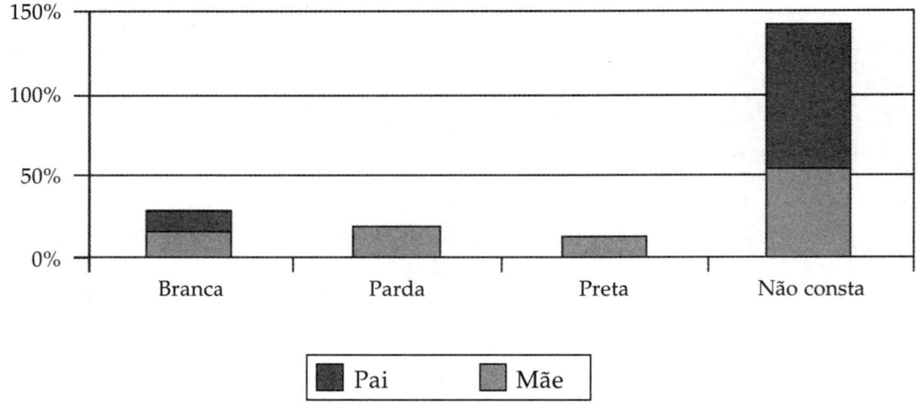

classificadas como brancas. Se tomarmos somente o universo em que esse dado está registrado nos autos, percebemos que 66,67% são afrodescendentes e 33,33% são brancas. Em relação aos pais, nos casos em que existia essa informação, a definição é que 100,0% deles são brancos.

Em nossa pesquisa qualitativa, dois dos cinco entrevistados se definiram como brancos, um como sendo moreno, outro como pardo e outro como "cor de canela". Para elaboração do gráfico, incluímos a denominação "moreno" e "cor de canela" como pardos. Assim, a maioria desses sujeitos tem a cor de pele parda.

Dessa forma, considerando somente os casos em que tal informação foi efetivamente obtida, há uma predominância de afrodescendentes (pardos e pretos) entre os sujeitos das adoções por consentimento da família de origem.

2.2.1.3 *Naturalidade*

O Gráfico 10 mostra que, entre as mães, quase metade (47%) é originária de estados do Nordeste; 19% são nascidas nesta Capital ou na Grande São Paulo; se acrescermos a esse grupo as mães naturais do

Gráfico 10
Distribuição de mães e pais por naturalidade

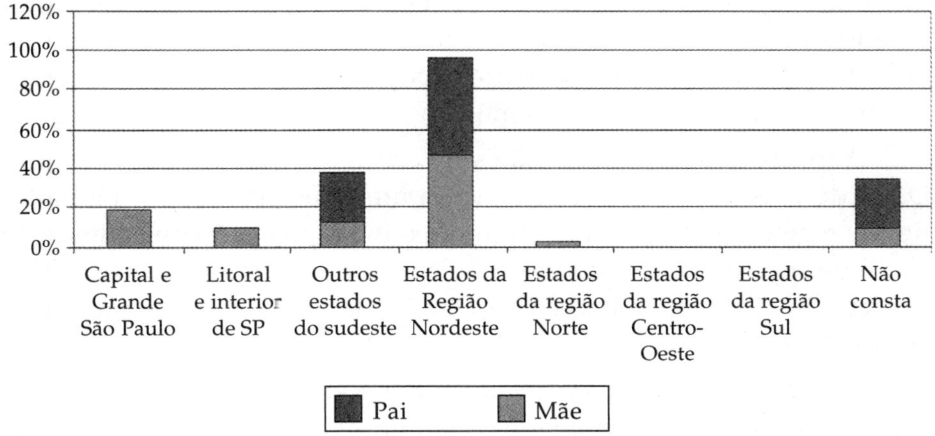

litoral ou do interior do estado, teremos, então, 28% de mães do estado de São Paulo.

Para fazermos uma comparação entre regiões, somando-se as mães naturais do estado de São Paulo com as dos demais estados do Sudeste, obteremos nesta região um percentual de 40,5%, índice menor do que o da região Nordeste. Ressaltemos que, dos 47% de mães naturais de estados do Nordeste, 26% permanecem residindo nessa região. Os filhos, entretanto, vieram para São Paulo na condição de adotivos.

Embora dados do Instituto Brasileiro de Geografia e Estatística indiquem que, da população urbana do estado de São Paulo, o maior percentual de migrantes é da Região Nordeste,[3] é desproporcional a relação entre o índice de migrantes e o de indivíduos que entregaram filhos em

3. Da população do estado de São Paulo fazem parte: 12,84% habitantes vindos da Região Nordeste; 5,62% de outros estados da Região Sudeste; 3,22% da Região Sul; 0,52% da Região Centro-Oeste; 0,17% da Região Norte; 0,87% de estrangeiros; e 0,01% que não declararam a procedência, além de 71,12% nascidos no próprio estado de São Paulo.

Disponível em: <www.sidra.ibge.gov.br/bda/tabela/protabl.asp?z=p&o=15&i=P>. Acesso em: 1º maio 2005.

adoção, nas várias regiões brasileiras. Em outras palavras, é possível concluir que, no universo pesquisado, cujo local dos procedimentos legais da adoção é São Paulo, existe, proporcionalmente, um maior índice de adoções por consentimento da família de origem entre nordestinos. Supomos que isso esteja associado a condições socioeconômicas e a aspectos culturais, conforme veremos nos capítulos subseqüentes.

A inexistência de mães e pais oriundos das regiões Sul e Centro-Oeste do país pode estar relacionada a um índice menor de migrantes dessas regiões em São Paulo. Outra possibilidade é a de que a inserção social deles se deu em melhores condições, pois, como veremos adiante, a migração é um fenômeno da sociedade moderna, e nem sempre está associada a maior vulnerabilidade social.

A migração nos parece um dos fatores importantes no fenômeno das adoções por consentimento da família de origem e sua discussão será aprofundada no Capítulo IV.

2.2.1.4 Estado civil

Gráfico 11

Distribuição de mães e pais por estado civil

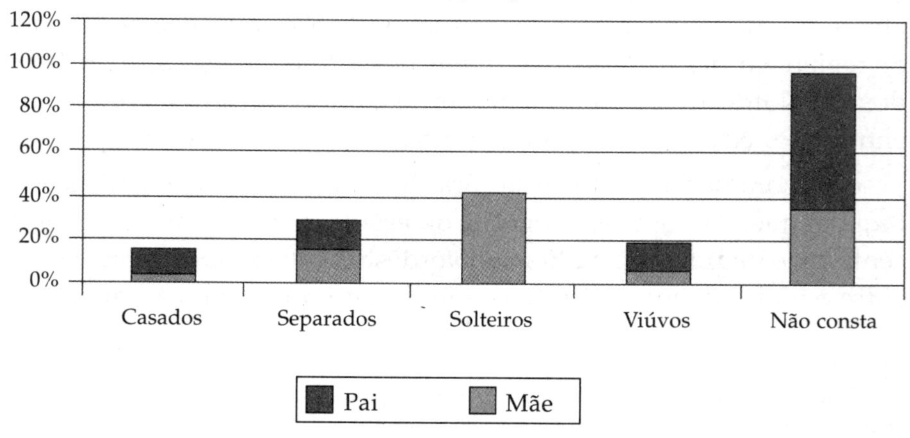

Desponta, no Gráfico 11, o fato de somente 3,1% das mães terem vínculo conjugal, o que provavelmente constitui um dos fatores para a entrega da criança, pois assumir sozinha o encargo de prover e cuidar da prole pode ser impossível para muitas dessas mulheres. Alie-se a isso o fato de que a maioria delas não tem trabalho ou o tem de forma precária, conforme veremos nos gráficos subseqüentes.

As demais mães estavam distribuídas entre solteiras (40,6%); separadas (15,6%); viúvas (6,2%). Em 34,5% dos casos não constava esse dado nos autos. Quanto aos pais, essa informação constava somente em 37,5% dos casos, sendo casados, separados e viúvos em percentuais iguais (12,5%).

Das mães entrevistadas, apenas uma era casada, mas não havia legalizado o vínculo. Uma outra mantinha uma relação duradoura com o pai da criança entregue em adoção; no entanto, não vivia às expensas dele, embora ele oferecesse alguma contribuição financeira quando necessário. O único pai entrevistado é marido de uma das mães entrevistadas.

O estado civil está sendo considerado como a condição de fato, não necessariamente legalizada, pois da análise dos autos depreendemos que os casamentos e separações formais e informais estavam anotados indistintamente.

Se cruzarmos o índice de crianças registradas em nome do pai e da mãe, constante no Gráfico 5, com o de mães casadas, verificamos que este índice é muito menor do que aquele, de onde se deduz que uma parte dos pais assumiu a paternidade, mas não constituiu parceria conjugal com a mãe da criança. Não foi possível obter o dado relativo à vinculação parental dessas crianças em cujos assentos de nascimento constam ambos os pais. Porém depreendemos, pelas demais informações constantes nos autos, que os pais não as assumiram efetivamente, seja por falta de condições socioeconômicas, seja pelo não-planejamento desse filho, seja ainda pela própria tendência de os filhos ficarem sob a responsabilidade exclusiva da mãe, nos casos de nascimento fora do casamento.

2.2.1.5 Grau de instrução

A avaliação sobre o grau de instrução formal de mães e pais biológicos ficou prejudicada porque esse dado deixou de constar nos autos em 65,62% de mães e 87,5% de pais. Todavia, nos casos em que a infor-

Gráfico 12
Distribuição de mães e pais por grau de instrução

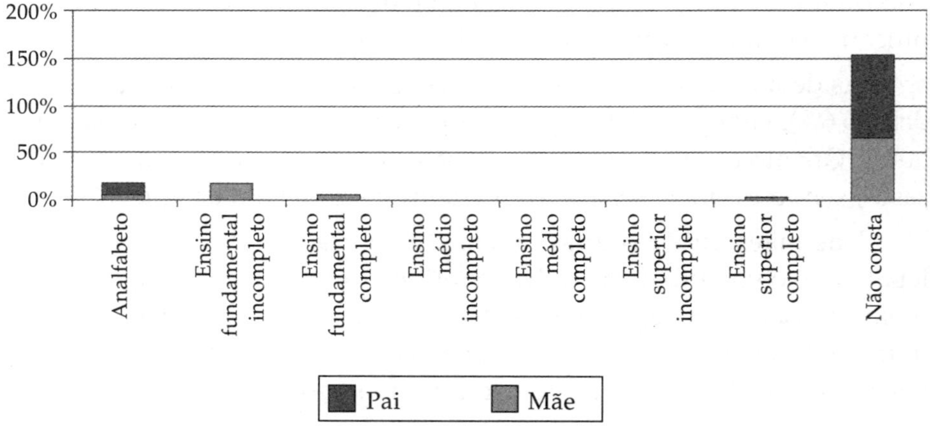

mação está registrada, é observável um percentual de 6,3% de analfabetismo; 19% de ensino fundamental incompleto; 6,3% de ensino fundamental completo; e 3,1% de ensino superior completo. Em que pese ser mais constante a não-informação desse dado, deduzimos, pelos demais dados constantes nos autos, que os casos de mães e pais que completaram o ensino médio ou superior e entregam seus filhos em adoção são raros.

No universo da pesquisa qualitativa, tivemos uma mãe analfabeta — sabe tão somente assinar o próprio nome —, três com ensino fundamental incompleto e um pai com ensino fundamental incompleto. A mãe que aceitou participar desta pesquisa, mas que não efetivou as entrevistas, conforme relatado no Capítulo I, possui ensino superior completo.

Esse panorama nos parece coerente, uma vez que está claro que a precariedade socioeconômica da família é um dos fatores determinantes nas adoções. Os indivíduos com instrução de nível médio e superior provêm, geralmente, de famílias que detêm alguma infra-estrutura e, malgrado as incertezas do mercado de trabalho, têm melhores condições de empregabilidade e de acesso a bens e serviços. Desta forma, mesmo que rejeitem o filho, o mais provável é que a família extensa o assuma, sem necessitar, portanto, de arranjos extrafamiliares para o cuidado e a proteção da criança.

2.2.1.6 Religião

Gráfico 13

Distribuição de mães e pais por religião

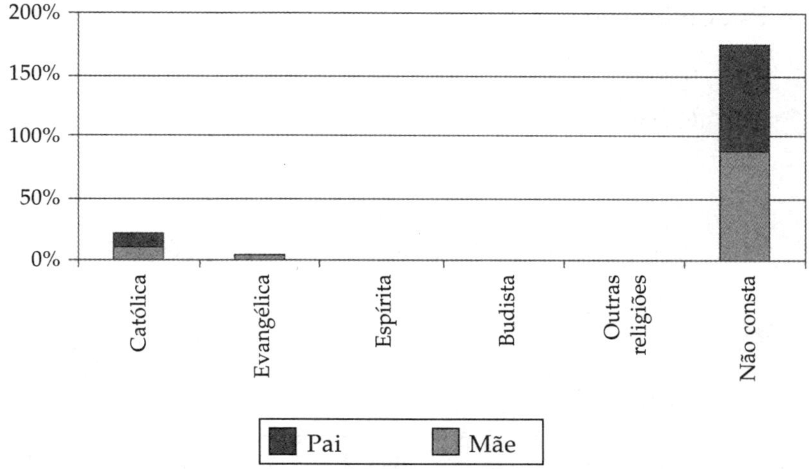

O Gráfico 13 apresenta uma outra informação cuja avaliação ficou prejudicada, porque em 87,5% dos casos de mães e de pais, os relatórios sociais e psicológicos e demais documentos constantes dos autos não apresentavam dados sobre religião.

Entre os sujeitos da pesquisa qualitativa, um definiu-se como evangélico e quatro como católicos, sendo que um deles informou, posteriormente, que freqüentava também a igreja evangélica.

A partir das informações obtidas, podemos avaliar que as religiões católicas e evangélicas são as mais presentes nessa população. Além disso, a freqüência concomitante a mais de uma religião também foi evidenciada. Dados do Instituto Brasileiro de Geografia e Estatística referentes ao Censo 2000 indicam que, na população urbana brasileira, a religião católica apostólica romana é predominante; na seqüência, vem a evangélica nas suas várias vertentes; e os que se declararam sem religião superam os espíritas, espiritualistas, umbandistas, judeus, budistas e praticantes do candomblé.[4]

Em que pese a ausência de tais informações nos estudos sociais e psicológicos, a religião é uma referência significativa na inserção e orientação social do indivíduo. As discussões atuais sobre sexualidade, planejamento familiar e bioética, por exemplo, indicam a influência da religião em decisões do poder público relativas a esses aspectos, não obstante o Estado brasileiro ser laico.

2.2.1.7 Local de residência

Gráfico 14

Distribuição de mães e pais por local de residência

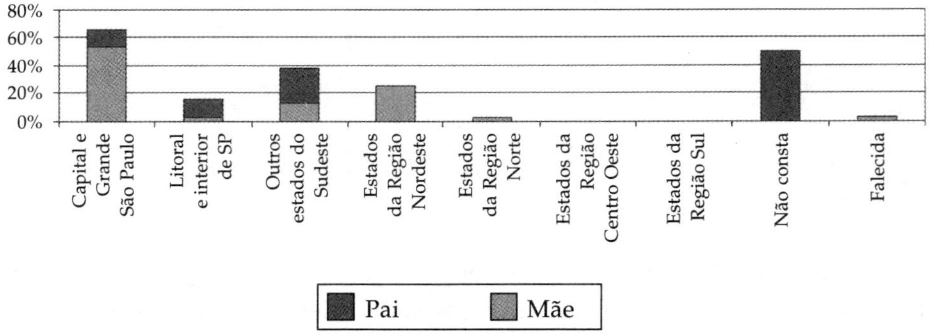

Apuramos que a maioria (53,2%) das mães reside na Capital e na Grande São Paulo. Em seguida, vêm aquelas que residem na Região Nordeste (25%) e em outros estados do Sudeste (12,5%). Nos demais casos, os percentuais estão igualmente distribuídos, isto é, 3,1%.[5]

4. Disponível em: <www.ibge.gov.br/home/estatistica/populacao/censo2000/populacao/religiao_censo2000.pdf >. Acesso em: 20 jun. 2005.

5. Uma das mães faleceu quando do nascimento da criança entregue em adoção. Portanto, não está contabilizada.

Quanto aos pais, em 50% dos casos não consta essa informação nos autos. Nos demais, estão igualmente distribuídos entre a Capital e Grande São Paulo, outros estados do Sudeste e Região Nordeste.

Com relação aos sujeitos que ofereceram seus relatos orais, quando da entrega da criança, todos residiam em São Paulo, mas, após a primeira entrevista, um deles mudou-se para o interior de São Paulo e outro se mudará em breve para a Bahia.

Do conjunto de dados deste item, não obstante o elevado índice de ausência dessa informação nos autos, podemos dizer, grosso modo, que o perfil de mães e pais das adoções por consentimento da família de origem tem a seguinte caracterização:

- predominância de mães na faixa etária entre 19 e 27 anos; solteiras ou separadas; de origem nordestina, seguidas daquelas nascidas no estado de São Paulo e residentes nessa mesma localidade;
- dos casos informados, o percentual de mães afrodescendentes (pardas e negras) é o dobro de brancas; há também predominância daquelas que têm escolarização equivalente ao ensino fundamental incompleto; e as únicas religiões informadas são a católica e a evangélica, sendo a católica a mais citada;
- os dados sobre os pais são os mais escassos, mesmo aqueles relativos à idade, estado civil e naturalidade, que, no caso das mães, foram majoritariamente informados. Observamos que os poucos pais cujos dados constavam dos autos, têm 28 anos ou mais, são brancos, casados, católicos e de origem nordestina.

2.2.2 Condição de trabalho e de renda das mães e dos pais biológicos

Neste item, buscamos abordar a inserção das famílias ora em estudo no mercado de trabalho e sua situação quanto à renda familiar. Embora em muitos casos as informações estejam incompletas, é possível ter uma noção de suas condições nesses dois aspectos.

2.2.2.1 Tipo de trabalho

O gráfico seguinte nos mostra que, entre as mães cuja informação sobre trabalho constava nos autos, o emprego doméstico é o mais constante. É sabido que essa atividade profissional é, na maioria das vezes, ainda realizada sem registro em carteira de trabalho e Previdência Social. Estatísticas do IBGE informam que, no país, somente 27% dos empregados domésticos são registrados,[6] o que significa que os demais 73% não contam com nenhuma proteção ou direitos trabalhistas, como férias, décimo terceiro salário e Fundo de Garantia por Tempo de Serviço.

Gráfico 15

Distribuição de mães e pais por tipo de trabalho

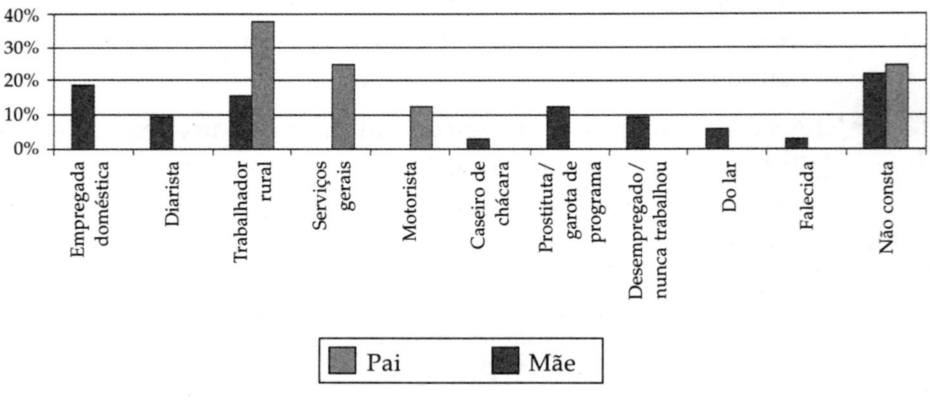

Contrariamente aos demais aspectos, constam informações sobre trabalho dos pais em 75% dos casos. É provável que isso esteja associado ao fato de o homem/pai ainda estar presente no imaginário social como sendo o provedor da família. O Gráfico 15 nos mostra que 37,5% dos pais que trabalham o fazem na condição de rurícula. A seguir vêm aqueles classificados como serviços gerais — auxiliar de lavanderia e

6. Fonte: *Folha de S.Paulo*, de 1º de maio de 2005. Caderno "Dinheiro", p. B13, matéria da reportagem local, intitulada "Hoje, somente 27 em cada 100 registrados".

manutenção de academia de esportes —, que somam 25%, e os demais como motorista.

Na condição de lavradores, também estão 15,6% das mães, o que nos leva a pensar sobre o quanto o trabalhador rural está socialmente vulnerabilizado, pois não consegue sequer encontrar auxílio na comunidade para cuidar da sua prole. Uma das mães rurículas se definiu como professora, o que talvez constitua aquela situação na qual o(a) trabalhador(a) rural assume também a tarefa de alfabetizar a população, muitas vezes até sem a devida infra-estrutura do Estado.

Nos demais casos, as mães eram empregadas domésticas ou diaristas que, somadas, constituem um percentual de 28,3%; do lar, 6,3%; caseira de chácara, 3%; desempregadas/nunca trabalharam, 9,3%; não consta o tipo de trabalho, 22%; prostitutas ou garotas de programa, 12,5%,[7] e em 3% dos casos a mãe faleceu quando do nascimento da criança entregue para adoção.

Por esse panorama sobre o trabalho, observamos quão difícil é a situação dessas mães para assumirem seus filhos. Entendemos que o emprego doméstico, por exemplo, por ser uma atividade que demanda uma disponibilidade maior em termos de horário de trabalho, dificulta a permanência dos filhos com essas mães, caso a mãe/trabalhadora não possa contar com o auxílio de terceiros para o cuidado das crianças. Da mesma forma, aquelas que não têm trabalho e renda somente poderiam assumir o cuidado e a proteção dos filhos se contassem com a inclusão em programas assistenciais ou com a solidariedade da família e dos vizinhos, o que nem sempre ocorre, conforme veremos adiante.

Entre os sujeitos participantes da pesquisa qualitativa havia uma mãe do lar que desejava trabalhar, mas nunca o havia feito por não contar com creche para deixar os filhos enquanto estivesse no serviço. Três outras mães eram empregadas domésticas: uma delas estava desempregada porque a patroa havia se mudado de São Paulo, e ela própria planejava retornar à sua terra natal em breve; as outras duas haviam saído

7. Nos autos, a categoria prostituta ou garota de programa, em alguns casos, estava expressamente informada; em outros, havia elementos nos registros que levavam o leitor a inferir sobre tal atividade.

do trabalho por ocasião do final da gravidez, mas, quando do término da pesquisa, já tinham reassumido suas atividades. O único pai entrevistado trabalhava na manutenção de uma academia de esportes.

2.2.2.2 Renda familiar

Gráfico 16

Distribuição de mães e pais por renda familiar

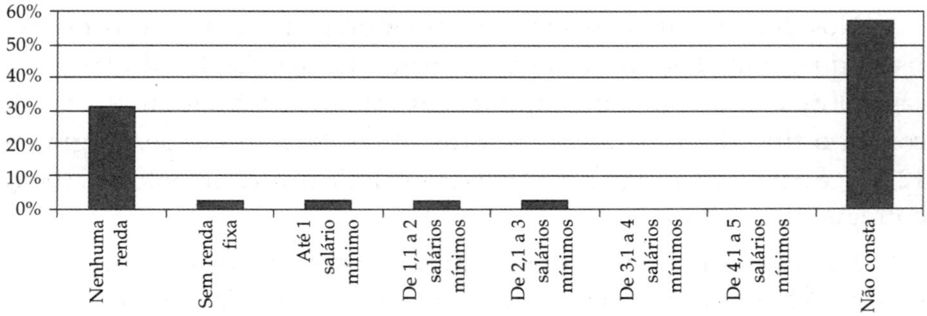

No que se refere à renda familiar, verificamos que em 56,3% dos casos esse dado não consta nos autos. Nos demais, há predominância das famílias sem nenhuma renda, 31,3%. Supomos que a não-existência dessa informação pode estar associada à não-existência de renda, o que implica termos 87,6% de famílias sem renda alguma. Entre aquelas que informaram renda, o teto é de até três salários mínimos.[8]

Entre os entrevistados, no momento da entrega da criança, somente um tinha renda, a qual correspondia a pouco mais de dois salários mínimos. Posteriormente, duas mães passaram a trabalhar, sem vínculo formal, e a renda não atingia dois salários mínimos.

Sem trabalho e sem renda ou, em alguns poucos casos, com uma renda de no máximo três salários mínimos, provavelmente a permanência de crianças em suas famílias de origem está ameaçada e, assim,

8. O salário mínimo considerado é de R$ 260,00, vigente no período de maio de 2004 a abril de 2005.

permanecerá caso não sejam implementadas políticas sociais que ofereçam, de fato, proteção a essas famílias.

Em contrapartida, verificamos que das famílias que adotaram as crianças cujas mães e pais fazem parte deste estudo quanti-qualitativo, 31% têm renda entre dois e cinco salários mínimos. Nos demais casos, 16% estão na faixa de seis a dez salários mínimos; e 25% têm renda igual ou maior que onze salários mínimos, sendo que, desses, dois terços recebem mais de quinze salários mínimos. Em 28% dos casos não estava explícita a renda familiar, mas, pelo teor das demais informações, fica evidente a existência de renda.

Dessa forma, deduzimos que o fenômeno da adoção atravessa camadas sociais. Fonseca (2002), a propósito do debate sobre circulação de crianças, afirma que a mãe substituta geralmente está em melhores condições socioeconômicas do que a mãe biológica. No nosso estudo, verificamos essa mesma tendência, talvez até de forma mais acentuada, pois enquanto a maior parte dessa população não tem renda ou tem, no máximo, até três salários mínimos, todos aqueles que adotaram possuem renda e, em alguns casos, superior a quinze salários mínimos.

Contudo, vemos que, entre os adotantes desta pesquisa, existe um percentual de 31% dos que têm renda familiar de até cinco salários mínimos, o que constitui uma diferença significativa se compararmos com o levantamento estatístico realizado pela Vara Central de Infância e Juventude da Comarca de São Paulo, o qual abrangeu o período de 1995 a 1999 e um total de 453 pretendentes à adoção cadastrados na referida Vara. Nesse levantamento foi verificado que, entre os adotantes, somente 1% tinha renda familiar de até 5 salários mínimos e que 80% detinham renda familiar superior a 20 salários mínimos. Alie-se a isso o fato de que, entre eles, 66% haviam concluído o ensino superior.

Pelo menos na comparação entre esses dois levantamentos estatísticos, ambos relativos a adoções realizadas na cidade de São Paulo, observamos que, entre os que adotaram com o consentimento da família de origem, existe uma parcela que, em termos socioeconômicos, tem certa proximidade com as famílias que entregam os filhos, embora vivam em melhores condições que ela.

Em âmbito nacional, o estudo de Weber (2002) indica que 26% dos adotantes têm renda familiar de até 8 salários mínimos; 15% até 15; e

50% ganham 16 ou mais salários mínimos. Entre os últimos, 20% têm renda superior a 40 salários mínimos. Dessa forma, é possível evidenciar a tendência de os adotantes pertencerem a segmentos sociais médios e altos da sociedade.

É provável que, nas adoções consentidas, em termos socioeconômicos, os adotantes tenham, em comparação com aqueles das demais adoções, certa proximidade das famílias de origem justamente porque sua escolha recai, em muitos casos, na própria rede social da mãe ou dos pais biológicos, conforme veremos no Capítulo V.

2.2.3 Outros aspectos sociofamiliares das adoções por consentimento das famílias de origem

Aliados às características de perfil, emprego e renda outros aspectos, tais como: domicílio, número de filhos e cuidadores deles, além de inclusão em programas assistenciais, apontam para as condições de vulnerabilidade social em que vive a população ora pesquisada, como podemos observar nos gráficos subseqüentes.

2.2.3.1 Domicílio

Pelo Gráfico 17, é perceptível que o domicílio exclusivo é uma realidade para apenas 18,75% das mães, cujo dado constava nos autos. Nos demais casos, elas viviam no domicílio de sua família de origem (3,12%); de outros parentes (3,12%); de amigos ou patrões (6,25%); abrigadas em instituições (3,12%); ou, ainda, sem residência fixa (6,25%). Essa informação não apareceu nos relatórios sociais, psicológicos ou em outros documentos constantes dos autos em 59,4% dos casos. Em relação aos pais, esse dado não foi registrado em 87,5% dos casos; nos 12,5% restantes, havia domicílio exclusivo.

Entre os sujeitos participantes de nossa pesquisa qualitativa, três das mães tinham residência exclusiva, embora em um dos casos tenha sido cedido pela empresa onde trabalha o marido, único pai por nós entrevistado, o que implica a família ficar sem domicílio no caso de rom-

Gráfico 17

Distribuição de mães e pais por domicílio

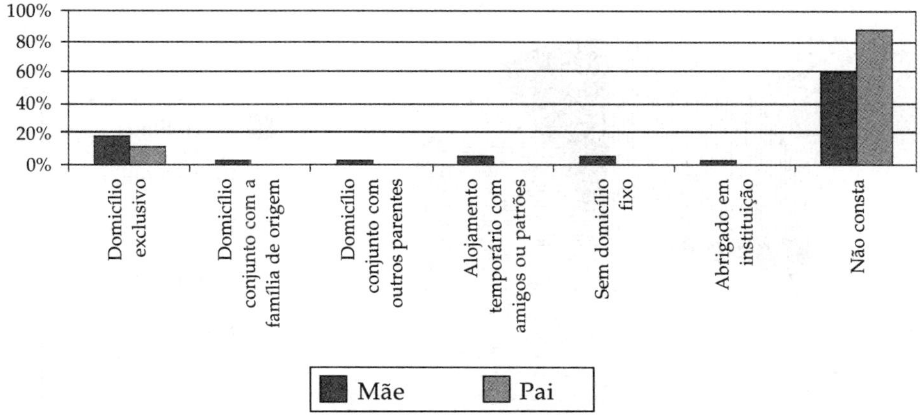

pimento do vínculo empregatício. Quanto às outras duas mães, uma residia em casa de aluguel e a outra em uma casa construída por ela própria com a ajuda de seu último companheiro. A quarta mãe estava tentando construir sua casa em terreno que havia adquirido em cidade do interior do estado de São Paulo.

O domicílio é condição básica para a vida familiar. Portanto, as famílias que, em termos de residência, dependem de terceiros, certamente ficam mais vulneráveis à interferência externa quanto ao destino de seus membros.

O percentual expressivo dessa condição na população foco desta pesquisa pode indicar que a ausência de domicílio é um dos fatores de risco para a garantia do direito da convivência de crianças/adolescentes em sua família de origem.

2.2.3.2 Número de filhos

Entre as famílias cujo número de filho constava como dado nos autos, o percentual maior é daquelas que têm dois ou três filhos, o que corresponde à tendência atual da família brasileira que, no ano 2000, apresentou uma média de 2,3 filhos por mulher para as regiões brasilei-

Gráfico 18
Distribuição das famílias por número de filhos

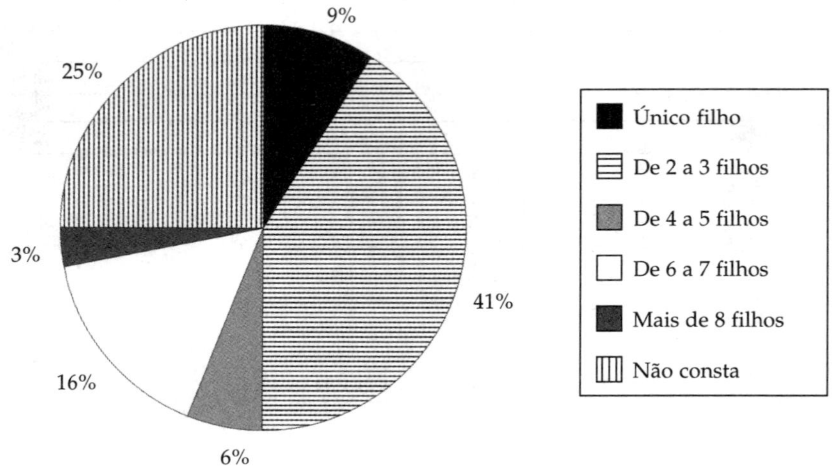

ras em geral e 2,09 para a Região Sudeste, segundo a *Rede Feminista de Saúde*, 2005.

Nossos cinco sujeitos da pesquisa qualitativa podem ser distribuídos, em relação a esse dado, da seguinte forma: dois sujeitos tinham três filhos; um outro tinha quatro; os demais, sete (nessa contagem, incluímos a criança entregue em adoção). No geral, as mães/pai já vinham tendo dificuldade para manter os filhos consigo, e o último a nascer não encontrou mais espaço na família, buscando-se, então, alternativas para o cuidado e a proteção dele em famílias substitutas.

A diminuição do número de filhos se reflete, obviamente, no tamanho da família. Nas últimas duas ou três décadas, a sociedade brasileira vem presenciando sua constante redução,[9] o que, do ponto de vista dos

---

9. O IBGE, para o ano de 2003, no Brasil, aponta o tamanho médio da família como sendo 3,62; na Região Sudeste essa média cai para 3,42, havendo diferenciação desse número de acordo com a faixa de renda familiar. Nessa pesquisa, o IBGE usa o termo "família" para indicar a "unidade de consumo".

Disponível em: <http://www.sidra.ibge.gov.br/bda.tabela/protabl.asp?z=p&o=9&i=P>. Acesso em: 1º maio 2005.

cuidados aos velhos e às crianças, tem conseqüências importantes. Pois, além de um número menor de membros, a necessária participação de homens e mulheres no mercado de trabalho para suprir as demandas de sobrevivência da família, por exemplo, afeta suas condições para oferecer cuidados especiais àqueles que são mais dependentes, como, por exemplo, os filhos pequenos e os pais idosos.

2.2.3.3 Destino dos demais filhos

O Gráfico 19 demonstra que os irmãos das crianças que foram entregues em adoção permanecem, em 56% dos casos, com a mãe/pais ou com os avós maternos, portanto, na família nuclear ou extensa. Contudo, verificamos que parte dos irmãos está abrigada ou com cuidadoras pagas, ou seja, distanciada do contato cotidiano com suas famílias. Além disso, constatamos já ter ocorrido a entrega de outros filhos a famílias substitutas. Às vezes ocorre de um mesmo grupo de irmãos se dividir entre os pais, os avós e as famílias substitutas ou instituições abrigadoras.

Gráfico 19
Distribuição dos demais filhos por cuidador

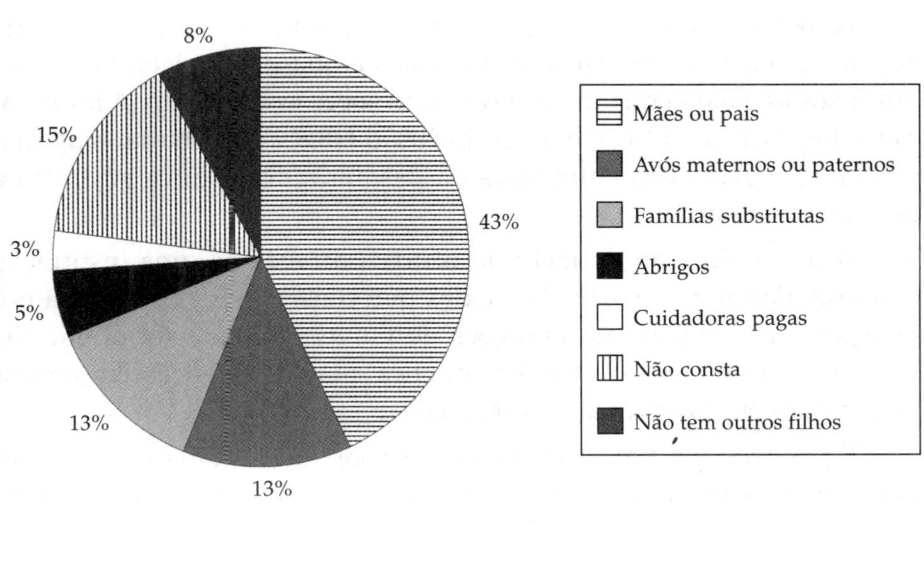

Nos casos em que as crianças entregues em adoção não tinham outros irmãos (8%), suas mães pertenciam à faixa etária de 15 a 22 anos. Caracterizavam-se, portanto, como mães adolescentes/jovens. A preocupação é a de que, caso não haja uma atenção especial a essas mães, no que se refere às suas condições de vida, ao planejamento reprodutivo e ao próprio processamento das vivências inerentes à entrega de um filho, elas poderão incorrer nessa mesma situação.

Entre os sujeitos que participaram da pesquisa qualitativa, havia um caso em que todos os outros irmãos estavam abrigados; em outro, os irmãos estavam temporariamente com a avó materna; em um outro ainda, dois dos irmãos haviam ficado com o pai quando da separação conjugal, mas um deles, recentemente, retornara ao convívio da mãe; no último caso, os irmãos permaneceram com os pais.

Pelas informações existentes, é possível deduzir que, embora alguns pais tenham assumido legalmente o filho, não o fizeram na prática, e sua participação ocorre de forma secundária no ato jurídico da entrega da criança. O mais comum é que eles não participem das entrevistas com assistentes sociais e psicólogos, comparecendo somente na audiência com o juiz.

2.2.3.4 Inclusão em programas assistenciais

A inclusão (ou não) em programas assistenciais é um outro dado cuja inexistência de informação nos autos é quase completa. Em 78,1% dos casos não havia qualquer informação sobre esse aspecto. A informação sobre inclusão (3,1%) e a não inclusão (18,8%) foi obtida, majoritariamente, a partir das entrevistas da pesquisadora com os sujeitos da pesquisa qualitativa.

A única situação de inclusão ocorreu através de uma instituição religiosa. Portanto, a partir dos dados que conseguimos obter, essa população, em que pese as condições de vulnerabilidade social em que vive, não tem merecido da esfera pública qualquer atenção em termos de inclusão em programas assistenciais.

É possível que a ausência de dados sobre a inserção da família em programas assistenciais signifique a não-inclusão em tais programas,

Gráfico 20

Distribuição de famílias por inclusão em programas assistenciais

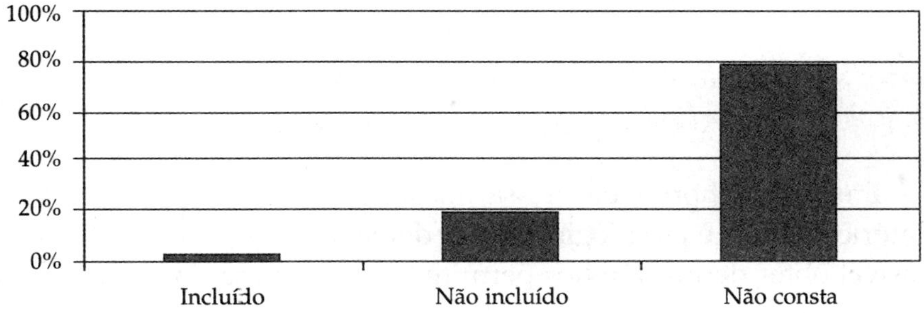

seja na esfera pública, seja em organizações governamentais ou religiosas. Contudo, deve se questionar o fato de os estudos sociais não contemplarem esse aspecto, visto tratar-se de questão importante nos processos de adoções da modalidade consentida.

Por último, apresentaremos a rede social que liga famílias biológicas e adotivas, bem como as razões que determinaram a entrega do filho em adoção.

2.2.4 Relações entre as famílias biológicas e adotivas e as razões de entrega do filho

Neste item, buscamos investigar a rede de relações sociais existente entre as duas famílias para entender melhor como é que se processa a escolha da família substituta pela mãe ou pais biológicos da criança. Trata-se de um aspecto importante, porque um dos temores dos operadores de justiça que lidam com as questões de adoção é que haja aliciamento ilícito nesse processo.

Quanto às razões que determinaram a entrega do filho em adoção, constava principalmente as justificativas da mãe, haja vista os pais, mesmo aqueles poucos que estão presentes na vida da criança, terem, quase sempre, uma participação restrita nesse processo, conforme pudemos depreender pelos registros constantes nos autos.

Os Gráficos 21 e 22 condensam o resultado dos dados obtidos sobre esses dois aspectos.

2.2.4.1 Relações entre as famílias biológica e adotiva no processo de transferência de filiação da criança

Embora a abordagem dessa questão não esteja aprofundada nos relatórios sociais e psicológicos e nos demais documentos dos autos, foi possível obter dados que nos permitiram fazer a seguinte classificação:

Gráfico 21
Distribuição das famílias biológicas por tipo de relação com a família adotiva

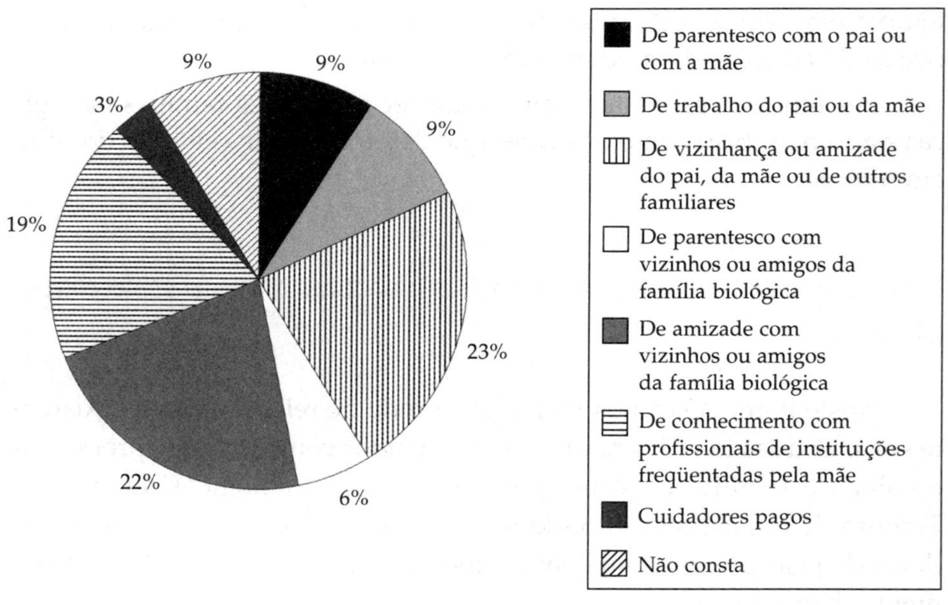

O Gráfico 21 mostra que a parcela mais significativa de adotantes (23%) está entre aqueles que são vizinhos, amigos ou conhecidos da mãe, do pai ou de outro familiar da criança, o que significa pertencimento à rede social imediata da família biológica. Nem sempre esses adotantes têm relações estreitas com a mãe/pais da criança, mas o acesso entre uns e outros fica mais facilitado por ambos pertencerem à mesma rede social.

Da mesma forma, as adoções intrafamiliares e aquelas que se processaram através das relações de trabalho do pai, da mãe ou de outro familiar da criança, guardam essa característica de possibilidade de acesso entre as duas famílias.

Se somarmos as três modalidades, obteremos 41% de adoções realizadas com famílias substituas que, de alguma forma, têm relações diretas com a família biológica da criança, o que poderá se constituir em adoções abertas. Nelas, é mais provável que a criança adotiva saiba, desde cedo, de sua condição, conheça sua história pré-adotiva e a família de origem.

Contudo, há um percentual significativo de adotantes cuja relação com a família biológica se dá indiretamente. São os que têm relações de parentesco (6%) ou amizade (22%) com vizinhos e amigos da família de origem da criança, que, somados, totalizam 28%. De qualquer forma, nessas modalidades ainda está assegurada a possibilidade de acesso entre as duas famílias, embora em condições que talvez não se possa classificar como adoções abertas.

As adoções que ocorreram com famílias substitutas cujo contato com a mãe da criança se deu através de profissionais de instituições freqüentadas por ela (19%) talvez constituam uma situação na qual o acesso entre as duas famílias ficará mais difícil. Entre essas instituições estão principalmente unidades de saúde responsáveis por pré-natal e parto da mãe. Pressupomos, assim, que a vinculação entre as famílias é tênue e que os elos de ligação entre ambas não são consistentes de forma a assegurar notícias do filho entregue em adoção, tampouco um provável contato dessa criança com sua família originária.

Há também casos em que cuidadores da criança (3%), pagos pela mãe/pais, acabam por solicitar a adoção em decorrência do estreitamento de vinculação deles com a criança e do distanciamento dos pais. Pelas informações obtidas, não é possível avaliar se o estreitamento de laços com os cuidadores ocorre pelo distanciamento dos pais ou vice-versa.

Por último, fazemos menção aos casos em que não obtivemos a informação sobre as relações existentes entre as duas famílias (9%). Em parte desses casos, os estudos sociais e psicológicos ainda não tinham sido realizados.

Dessa forma, é possível concluir que, dos casos em que foi possível avaliar as relações entre as famílias biológicas e adotivas (91%), há uma parcela significativa (75,9%) que pode se constituir em adoções abertas, com efetivas possibilidades de troca de informações e até de contatos entre as duas famílias.

2.2.4.2 Razões da mãe/pais para entrega do filho em adoção

Da mesma forma que o item anterior, as razões da mãe/pais para entrega do filho em adoção não haviam sido abordadas com profundidade nos estudos sociais e psicológicos e nos demais atos do processo de adoção, ou pelo menos não havia registros a esse respeito. Contudo, havia informações que nos possibilitaram fazer a seguinte classificação:

Verificamos, a partir da leitura do Gráfico 22, que a falta de condições socioeconômicas da família biológica determinou, por si só, a entrega da criança em 45% dos casos. Esse fator, associado à rejeição paterna, perfaz um total de 19%. Associando-o à falta de apoio da família extensa, temos 6%. Esse mesmo fator, ligado a problemas emocionais da mãe corresponde a 6%; se ligado a morte do cônjuge, negligência[10]/ maus-tratos e violência doméstica, equivale a 3% cada um deles. Temos, portanto, como resultado da falta de condições socioeconômicas em si ou ligada a outros aspectos, um total de 85%.

Os casos que se caracterizam mais como não-aceitação da gravidez e, conseqüentemente, da criança, totalizam somente 6%. Houve outra situação (3%) na qual a mãe se ausentava do Brasil com alguma fre-

---

10. O termo *negligência*, embora largamente utilizado, carece de precisão conceitual. Pesquisadores do Núcleo de Estudos e Pesquisas sobre a Criança e o Adolescente, do Programa de Estudos Pós-Graduados em Serviço Social da PUCSP, assumiram, recentemente, a tarefa de melhor pesquisá-lo, e uma das primeiras produções está publicada na Revista Serviço Social e Sociedade nº 83, sob o título "Aproximações ao conceito de negligência". Aqui, o utilizamos, genericamente, como a omissão dos cuidados mínimos necessários à criança.

Gráfico 22

Distribuição das famílias por razões para entrega do filho em adoção

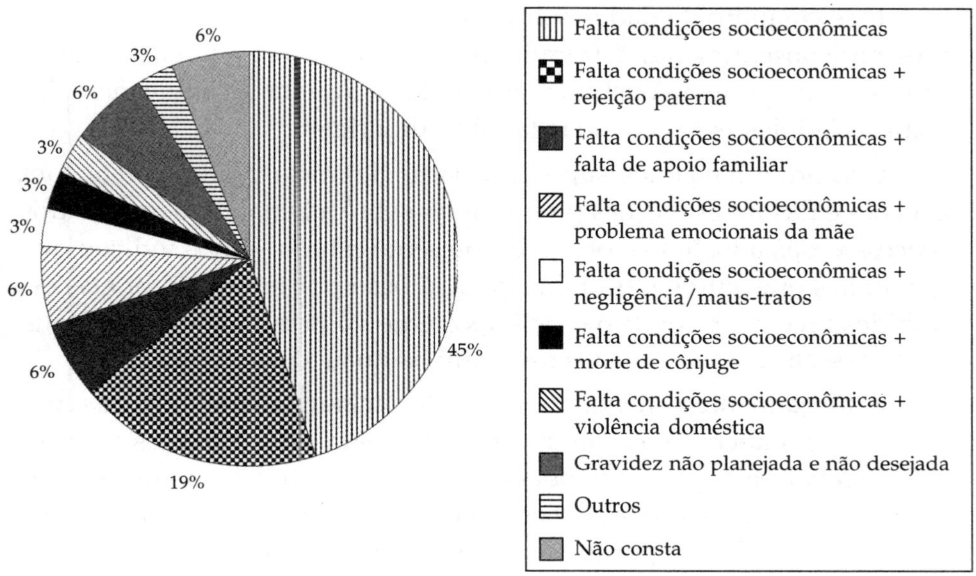

qüência e a criança acabou por ser assumida por seus cuidadores. Em outros 6% dos casos não estava claro nos documentos dos autos o motivo pelo qual ocorreu a entrega da criança em adoção.

Fávero (2000), na pesquisa coordenada por ela sobre destituição do poder familiar, já indicava que a principal razão da entrega ou retirada da criança era a carência socioeconômica. Nessa pesquisa, a investigação se realizou com o conjunto das adoções e não somente com as adoções por consentimento da família de origem como ocorre neste estudo.

Questões relativas à negligência e violência doméstica são igualmente citadas na referida obra, embora não tenham sido associadas à carência socioeconômica. O que o diferencia do estudo ora apresentado é o índice relativo a abandono. Em Fávero (2000) consta que 31,2% dos pais abandonaram o filho e, em nossa pesquisa, não há informações sobre abandono propriamente. É possível que isso ocorra porque, nas adoções consentidas, existe uma preocupação da mãe/pais em relação aos cuidados do filho, caracterizando, assim, mais a entrega/doação do que o abandono.

Esse conjunto de dados sobre os filhos, as mães e os pais das adoções por consentimento da família de origem põe em evidência alguns aspectos que podem constituir fatores de risco para a convivência das crianças/adolescentes em suas famílias de origem.

Conforme havíamos suposto a partir de nossa prática direta com adoções e das investigações preliminares sobre a temática, a análise dos processos das adoções — objeto do presente estudo — nos indicou que as famílias que entregaram filhos para adoção por terceiros por elas escolhidos vivem em condições de importante vulnerabilidade social, que se expressam em vários aspectos, entre os quais destacamos:

- inicialmente, salientamos o fato de a maioria dessas crianças contarem apenas com o ramo materno para seus cuidados e proteção, o que, por si só, poderia não se constituir em fator de risco se as mães estivessem socialmente bem inseridas, o que não é o caso, inclusive porque a maioria vivenciou processos de migração que se configuraram como expressão da questão social;
- em relação à escolarização e à profissão, verificamos que elas têm pouca instrução formal e, conseqüentemente, trabalhos de baixa qualificação e em condições precárias, quando o tem;
- a renda é inexistente para uma grande parcela desses sujeitos, e para aqueles que a tem, o teto é de até três salários mínimos. Se considerarmos que essas famílias possuem dois ou mais filhos, podemos deduzir as dificuldades que enfrentam para a sobrevivência;

  o domicílio constitui um outro importante fator de risco para a população investigada. Além da conhecida precariedade das condições habitacionais, verificamos que, na maioria dos casos, essas famílias não contam com domicílio exclusivo. Assim, para a moradia, condição básica para a convivência familiar, ficam na dependência de terceiros;
- as razões alegadas pelos próprios sujeitos para a entrega do filho em adoção demonstram a vulnerabilidade social a que estão submetidos. Eles apontaram a carência socioeconômica como aspec-

to predominante, a qual está, em boa parte dos casos, acrescida de outros aspectos, como: ausência paterna, morte do cônjuge, falta de apoio da família extensa, problemas emocionais da mãe, negligência/maus tratos e violência doméstica;

- a rede social para definição dos adotantes se constitui, conforme verificado, por parentes, vizinhos, amigos e conhecidos dos próprios pais e de outros familiares, de parentes ou amigos de vizinhos e de conhecidos de profissionais de instituições freqüentadas pela mãe da criança entregue em adoção;
- por último, mas não menos importante, destacamos o fato de praticamente não haver sequer referência a programas de inclusão social. Pelo que constatamos, essas mães e pais, em sua maioria, não tiveram acesso ao mercado formal de trabalho, que dá suporte à inserção social, tampouco a políticas sociais compensatórias.

A discussão desses aspectos será aprofundada nos capítulos subseqüentes, quando trabalharemos sobretudo com o conteúdo da pesquisa qualitativa. Dada a importância que as questões de família assumem no fenômeno das adoções consentidas, o próximo capítulo será dedicado exclusivamente a essa temática.

Capítulo III

O contexto familiar nas adoções consentidas pelos pais biológicos

> Doutora, me desculpe, mas eu acho que tá certo, porque quem tá criando ela é a outra; então, ela tem que chamar alguém de mãe, e esse alguém não pode ser eu, que vivo na rua o tempo todo. Esse alguém tem que ser a mãe dela, a que tá perto dela. Eu não faço questão, um dia ela vai saber que eu sou a mãe dela, porque todo mundo sabe que ela é minha filha. (Elza)

Afirmar que a família é uma unidade social complexa e em constante mutação, do ponto de vista teórico, é, hoje, até banal. Todavia, essa perspectiva não está devidamente incorporada no tratamento que a família recebe da sociedade. Considerando que nosso estudo se inscreve no campo da intervenção e tem por objetivo contribuir para o aprofundamento da abordagem de uma prática, que tem a família como um de seus substratos principais, reafirmamos essa premissa e apresentamos sua análise embasada, inclusive, nos depoimentos dos sujeitos da pesquisa qualitativa.

Assumida como construção histórica e sociocultural, a família[1] tem sido, nas últimas décadas, objeto de investigação por parte de estudiosos como Ariès (1981), Figueira (1987), Vaistman (1994), Bruschini (1990), Singly (1996 e 1997), Costa (1999), Cabanes (2002), Roudinesco (2003) e Sarti (1996 e 2003), entre outros.

O advento do que chamamos de família moderna data do século XVIII e, desde então, importantes mudanças[2] vêm ocorrendo, associadas a transformações societais mais gerais, entre as quais destacamos as centralidades da instituição escolar e do trabalho assalariado (Singly, 1996). No geral, esses autores trabalham com a noção de que tais transformações se acentuaram no século XX, sobretudo em sua segunda metade.

No Brasil, a partir da promulgação da Constituição de 1988, foram incluídos nesse documento e em outros marcos legais, pontos resultantes de mudanças significativas que se processaram na sociedade brasileira, dentre elas as relativas à família. Por um lado, isso refletiu avanços firmados na convivência sociofamiliar, mas, por outro, demarcou a interferência estatal na vida individual e familiar.

A legislação brasileira reconhece a família como base da sociedade, à qual o Estado deve especial proteção, além de admitir arranjos familiares que transcendem ao clássico: pai, mãe e filhos. Entretanto, também esses princípios legais não estão devidamente implementados. Por vezes, é verificada grande distância e até flagrante contradição entre o que é proposto legalmente e o modo como a sociedade trata a questão.

Exemplo disso é a especial proteção à família, atribuição legalmente imputada ao Estado brasileiro, e a sua crescente pauperização e declínio de condições de vida, que chegam a ponto de inviabilizar a permanência dos filhos com seus pais, aspecto em análise nesta obra.

1. Sluzki (1977: 28) refere que a "a palavra 'família', de raiz osca, foi utilizada em sua origem para denotar exclusivamente os serviçais. Por volta do século XV, seu significado se ampliou, abarcando todos os membros da casa, tanto servos como mulheres cativas e a descendência engendrada pelo chefe de família".

2. Em Gueiros (2002), consta entre outros aspectos, uma breve discussão sobre a história da família e suas principais transformações.

O conjunto dessas questões será discutido no decorrer deste capítulo. Inicialmente, abordaremos a noção de família presente no imaginário dos sujeitos participantes da pesquisa qualitativa.

3.1 As representações dos sujeitos da pesquisa sobre família

Para conhecermos o pensamento desses sujeitos sobre família, iniciamos as entrevistas com cada um dos cinco, perguntando "quem é a sua família de origem". Alguns deles não entendiam a pergunta e pediam para esclarecer. Outros, de imediato, começavam a relacioná-la ou informar sobre os pais e a quantidade de irmãos, conforme veremos a seguir. A primeira, Joana, diz:

> Meu pai já morreu faz 7 anos. [...] Meu pai morava aqui. Aí ele morreu. Eu tenho minha mãe que tá em Santa Cruz e os meus irmãos. [...] Nós somos oito [refere-se ao número de irmãos].

Joana esclareceu que os pais residiam em cidades diferentes porque, quando da morte do pai, eles já estavam separados há aproximadamente oito anos.

Ana, outra entrevistada, respondeu à pergunta inicial:

> Tenho pai, tenho mãe e irmãos. [...] Tenho quatro irmãos. [...] Eles têm.... Uma... O de 24 anos mora com minha mãe, o de 20 com a minha mãe e a outra, de 27 anos, é casada, mas mora com minha mãe e os filhos [...]. Ah, e tem uma outra também que eles adotaram, uma de 9 anos [...].

Na segunda entrevista, Ana explicou que sua mãe foi casada duas vezes e que, além da irmã de 27 anos, tem dois outros irmãos unilaterais, filhos do primeiro casamento da mãe. Informa também que, do segundo casamento, a mãe teve um filho que morreu quando criança, mas não esclareceu se foi logo depois do nascimento ou nos primeiros anos de vida.

Emílio, marido de Ana, respondeu a essa questão da seguinte forma:

> Meu pai é Francisco, mora lá sozinho; minha mãe já faleceu.

Sobre os irmãos e a condição deles, disse:

> [...] somos catorze. Doze homens e duas mulheres. [...] É, todo mundo [estudou], mas ninguém nunca completou estudo. Lá, ninguém tinha oportunidade, uma família pobre, certo, e, hoje em dia, pra estudar tem que ter dinheiro, não basta só... Só a força de vontade, ainda mais numa cidade pequena como a nossa lá, a gente tinha mais que trabalhar do que estudar pra ajudar os pais da gente e a gente mesmo. Eu, desde pequeno, trabalhei, nunca tive tempo pra estudar, sempre só trabalhava. Num tive praticamente nem infância, né, desde pequeno, dos 8 anos, comecei trabalhar e me virar pra ajudar minha mãe, então, ninguém teve tempo pra estudar, nem teve condição, teve que trabalhar mesmo. Então, a gente não teve oportunidade pra estudar, a gente sabe do básico, né, desenha um pouco as letras. Só que o que faz a 5ª série, hoje em dia, não sabe nada. Hoje em dia, pra você ter uma chance de emprego, você tem que ter um estudo, tem que se formar em alguma coisa e é difícil, então, o estudo foi pouco pra gente.

A quarta entrevistada, Janete, a essa mesma pergunta, respondeu:

> Eram pessoas boas.

Sobre irmãos, acrescentou:

> Quinze comigo: minha mãe teve catorze e no quinze ela morreu. Ela morreu tem 24 anos, 25 ele fez [o irmão]. Tá com 25 anos que minha mãe morreu, mas meu pai tá lá no sitinho dele: tem jaca, tem manga, ele veve lá no sítio.

A quinta entrevistada respondeu à questão da seguinte forma:

> Não, meu pai faleceu já tem dezenove anos, a minha mãe ainda é viva, meus irmãos só tem um. No caso, ao todo, era onze, né? Tenho seis irmãs e um irmão. Então metade mora aqui, metade em Minas e metade na Bahia. Então, tá espalhado.

Elza esclareceu ainda que, dos onze filhos, apenas sete estão vivos; os outros quatro morreram tragicamente, conforme relatou:

> Assim... Em casa, dentro de casa. Chegou um indivíduo pra matar outra pessoa e... Sabe, quando saíram na porta... Um morreu na hora, o outro foi pro hospital, né, e ficou em coma. Vinte dias depois, faleceu e o meu irmão mais velho, ele tava aqui no Guarujá, mas de tanto que ele bebeu, porque era alcoólatra, né, bebeu tanto, tanto, que um dia simplesmente morreu, né, não precisou nem ser internado. Aí, levaram pro hospital, o médico fez a autópsia e já acusou: só puro álcool. Agora, tenho uma irmã também, que é a segunda, né, também é alcoólatra, a gente tá levando pra Minas a semana que vem pra interná lá e ficá pra vê se não morre de álcool também, né? Pra vê se... Ela tem cinqüenta e dois anos.

Mesmo apresentando falas breves, esses sujeitos associam à pergunta norteadora (quem é sua família de origem) muitos conteúdos. A primeira observação é a de que os entrevistados se remeteram a pai, mãe e irmãos, sem acrescentar agregados eventualmente existentes na família. Todavia, é necessário considerar que, como o termo "família de origem" parecia pouco conhecido aos entrevistados, a pesquisadora, no intuito de esclarecer, introduzia os termos pai, mãe e irmãos. É possível que isso tenha influenciado a resposta.

Ademais, percebemos que os irmãos mortos, adotados ou entregues são elencados como sendo da família. Contudo, na fala de Ana, é possível depreender que, de imediato, à família ela associa aqueles com quem foi criada, pois, na primeira entrevista, ela relaciona também uma das irmãs unilaterais que residia com a família atual da mãe, mas aos outros dois irmãos unilaterais, com os quais ela tem pouco contato, e ao irmão que morreu ainda pequeno, ela se refere somente na segunda entrevista e de forma breve.

Observamos também que os entrevistados acessam, de imediato, conteúdos relativos à dinâmica e à organização da família. Referem-se a número de irmãos, direitos e condições de vida na infância, casamentos, separações, mortes e migrações e o que ficou para trás com a saída da terra natal (jaca, manga, sitinho do pai, entre outros). Quando Janete faz essa referência ao sítio do pai, é quase perceptível o seu "transporte" ao lugar onde nasceu e se criou.

Essa pluralidade de aspectos apontados nos fragmentos de entrevistas está sempre presente quando se pensa em família. E justamente por ser diversa na composição, na organização e na dinâmica, fica difícil defini-la. No entanto, podemos afirmar que a família é, genericamente, identificada como um conjunto de pessoas que, com ou sem vínculos consangüíneos e/ou mesmo sobrenome, conjugam laços de afetividade e de solidariedade.[3]

Para aprofundar a discussão sobre aspectos anunciados nessas primeiras falas, apresentamos a seguir os genogramas dos sujeitos com o intuito de expor outros aspectos de suas famílias atual e de origem, principalmente no que se refere a estrutura e organização.

3.2 Estrutura e organização das famílias de origem e atual dos sujeitos da pesquisa

Entre as mudanças mais significativas da família estão aquelas relativas a sua estrutura e organização. A diminuição de seu tamanho, a diversificação de seus arranjos, o caráter temporário dos vínculos conjugais e o crescimento do número de pessoas vivendo sozinhas, por exemplo, são identificados como aspectos que passaram por alterações significativas a partir da segunda metade do século passado.

Ademais, deve se considerar que os pilares em que, classicamente, se apóia a família, os quais, *grosso modo*, podem ser delimitados como o homem no papel de provedor e de autoridade moral da família e a mulher como cuidadora e provedora de apoio emocional aos filhos, vêm ganhado novos contornos.

Para analisar como esses aspectos vêm se processando nas famílias pesquisadas, apresentamos, a seguir, seus genogramas e acrescentamos outros dados importantes para esta análise. Por esse conjunto de infor-

---

3. No Plano Nacional de Promoção, Proteção e Defesa do Direito de Crianças e Adolescentes à Convivência Familiar e Comunitária, aprovado em 13 de dezembro de 2006 pelo Conselho Nacional de Assistência Social e pelo Conselho Nacional dos Direitos da Criança e do Adolescente, consta que a "família pode ser pensada como um grupo de pessoas que são unidas por laços de consangüinidade, de aliança e de afinidade. Esses laços são constituídos de representações, práticas e relações de obrigações mútuas. Por sua vez, estas obrigações são organizadas de acordo com a faixa etária, as relações de geração e de gênero, que definem o *status* da pessoa dentro do sistema de relações familiares".

mações podemos identificar, inclusive visualmente, as permanências e as mudanças intergeracionais.

Para melhor visualização, fizemos alguns destaques, demarcando os filhos entregues em adoção (com linha cinza) e os adotados (com linha tracejada cinza), por se tratar do foco deste estudo; além disso, salientamos as migrações (com linha tracejada preta). Os que estão pintados na cor cinza constituem o núcleo familiar do entrevistado; os que estão circundados, representam os que vivem juntos; os irmãos estão grafados em ordem cronológica, da esquerda para a direita, com idades aproximadas; as datas de casamento e separação não constam, porque os dados foram apresentados de forma muito imprecisa.

Iniciamos, então, com Ana e em seguida Emílio, que constituem o único casal participante desta pesquisa.

A família de Ana

Ana é filha do segundo casamento de sua mãe e tem, além do irmão que morreu quando criança, dois irmãos (24 e 21 anos) e duas irmãs (18 e 9 anos) bilateriais, sendo esta última adotada, duas irmãs (31 e 27 anos, ambas casadas) e um irmão (32 anos, solteiro) unilaterais. Este irmão, por ocasião do segundo casamento da mãe, passou a ser criado por tios maternos. Entre Ana e seus dois irmãos unilaterais mais velhos, o contato é esporádico, razão pela qual não soube informar sobre os filhos de sua irmã de 31 anos.

A mãe de Ana, d. Lia — atualmente com 56 anos, do lar —, teve, então, nove filhos: oito biológicos e um adotivo, separou-se duas vezes: a primeira, em decorrência de violência conjugal, o que implicou o completo afastamento do companheiro; a segunda, por desgaste da relação, ocorreu de forma amigável e ele, sr. José — pai de Ana — hoje com 60 anos, vigilante, permaneceu próximo à família, colaborando com a manutenção e o cuidado dos filhos. Uma das irmãs de Ana, casada e separada, voltou, juntamente com seus filhos, a morar com d. Lia.

Ana e os irmãos têm, no máximo, o ensino fundamental. As mulheres são do lar e os homens têm ocupações no comércio informal.

GENOGRAMA 1 — FAMÍLIA DE ANA

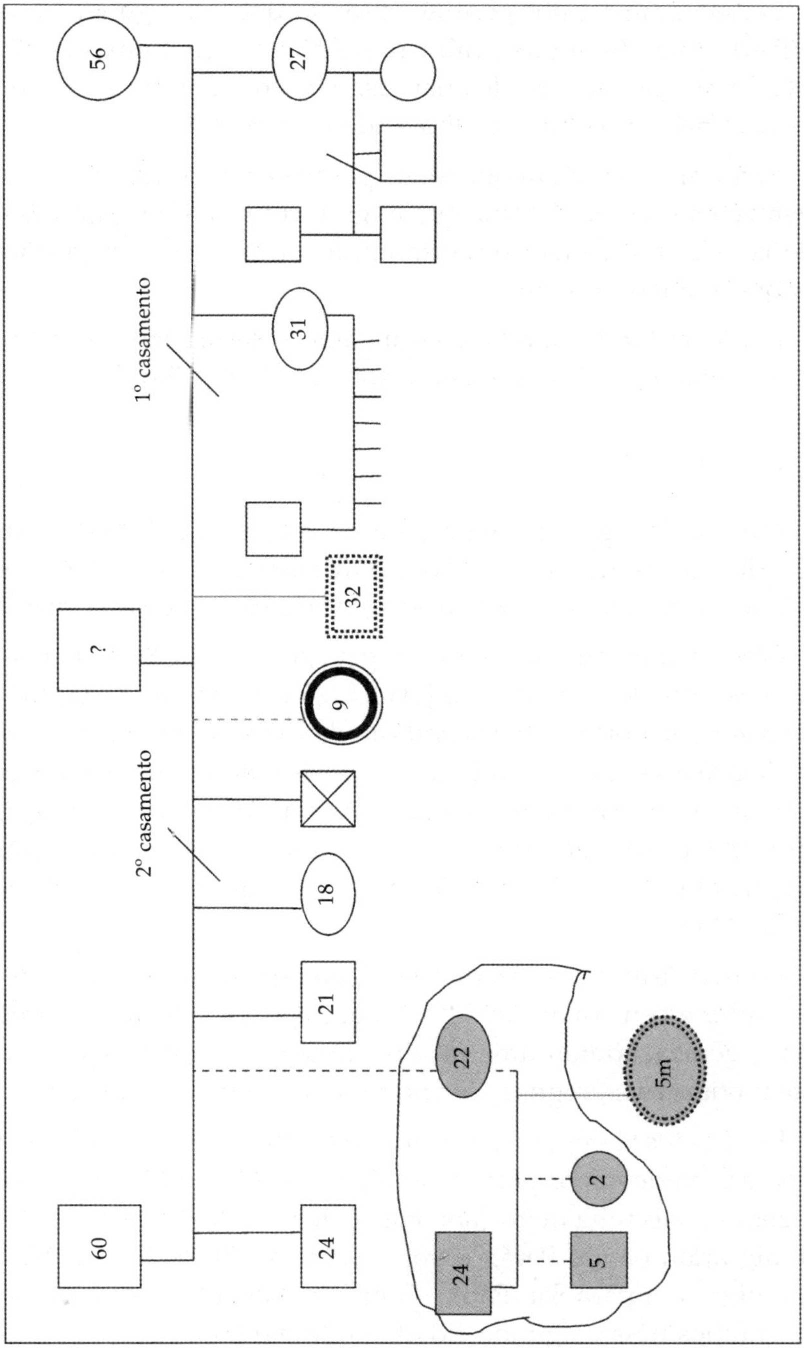

O Genograma 1 nos permite observar que, na segunda geração da família de Ana, diminuiu o número de filhos e, em ambas as gerações, houve circulação/adoção de crianças: Ana entregou uma filha em adoção e sua mãe entregou um filho e adotou uma filha.

Verificamos também que todos permanecem residindo no lugar de origem, com exceção de Ana, que migrou com os filhos para São Paulo, onde já estava seu marido. Portanto, nessa família, a migração não é uma questão tão presente.

Por se tratar de família com membros da primeira geração ainda jovens, a maioria deles permanece solteira e sem filhos.

A família de Emílio

Emílio, cujo genograma consta da página seguinte, tem treze irmãos: dois deles gêmeos e um outro morto aos 30 anos. A mãe faleceu aos 58 anos, há quatro ou cinco anos, de doença cardiovascular.

Observamos que, na segunda geração, três homens não se casaram, mas dois deles ainda são jovens (23 e 24 anos), portanto, não se pode dizer que optaram pela condição de solteiros. Dos dez que se casaram, dois deles em uniões breves e inconsistentes, sete já se separaram e não houve nenhum recasamento. O número de filhos nessa geração é significativamente menor do que na primeira: dois deles tiveram três filhos; três tiveram dois filhos; cinco tiveram apenas um filho; três não tiveram filhos.

Entre os irmãos, ocorreram tanto entrega quanto adoção de crianças: Emílio e seu irmão de 32 anos entregaram filhos, e a irmã mais velha, a gêmea, adotou uma menina. Dessa forma, na terceira geração, existem crianças entregues em adoção e uma criança adotada.

Em termos de migração, todos se deslocaram de uma cidade menor para uma de maior porte, no próprio estado do Maranhão; oito deles fizeram mais uma migração: dois (o gêmeo, de 40 anos, e o que morreu) migraram para o Pará; outros seis (os de 40, 39, 29, 28, 27, 25 e 24 anos) migraram para São Paulo. O pai, aposentado, permanece com os demais filhos nessa segunda cidade do Maranhão.

GENOGRAMA 2 — FAMÍLIA DE EMÍLIO

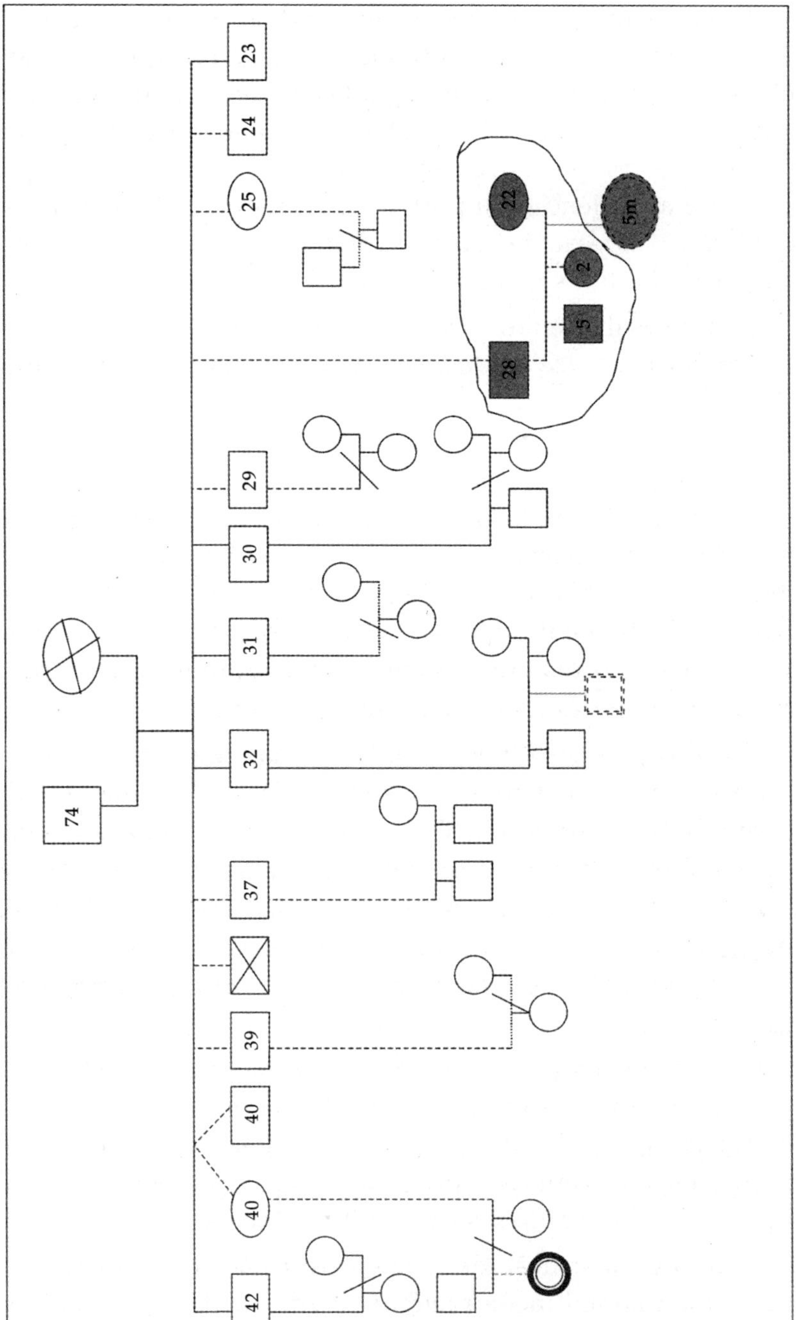

Todos os catorze irmãos estudaram, no máximo, até a 5ª série do ensino fundamental. Suas profissões são de baixa qualificação: as duas mulheres trabalham como empregadas domésticas; os cinco irmãos que permaneceram no Maranhão trabalham como agricultores, pescadores ou pedreiros; os que estão em São Paulo trabalham como pizzaiolos, agentes de manutenção ou porteiros, e, no momento, um deles está desempregado. Apesar de estarem divididos entre três estados, os laços familiares parecem ser consistentes.

Nesse casal (Emílio e Ana), o marido é provedor exclusivo, mas também participa dos cuidados e do apoio emocional aos filhos.

A família de Elza

O genograma de Elza apresenta uma família de origem com onze filhos, dos quais quatro estão mortos: dois foram assassinados ainda jovens (22 anos e 24 anos), quando residiam no estado de Goiás; um morreu acidentalmente com tiro de sua própria arma, aos 15/16 anos de idade; e outro morreu em conseqüência de alcoolismo. Seu pai também morreu jovem, há 29 anos, de acidente de carro.

Todos os demais filhos se casaram, mas cinco se separaram e, desses, dois estão com segundos companheiros. Uma das irmãs casadas não tem filhos e não deseja tê-los, conforme nos informou a entrevistada. Uma outra irmã teve um filho da primeira união e o entregou para ser criado por Elza; da segunda união não mais teve filhos. Nessa segunda geração, o número máximo de filhos biológicos é três, uma redução considerável em relação ao número de filhos da primeira geração, os pais de Elza.

Dos onze irmãos, nove migraram, a maioria para o estado de São Paulo. A irmã mais nova reside atualmente em Portugal. Embora a família esteja espalhada, agora, entre Bahia, São Paulo e Portugal, a relação entre eles aparenta ser próxima; a mãe, que permanece na Bahia, costuma vir a São Paulo visitar os filhos e netos.

O grau de instrução de Elza e dos irmãos é variável, vai desde o ensino fundamental incompleto até o ensino superior. Da mesma forma, a qualificação profissional e a renda têm variações significativas.

GENOGRAMA 3 — FAMÍLIA DE ELZA

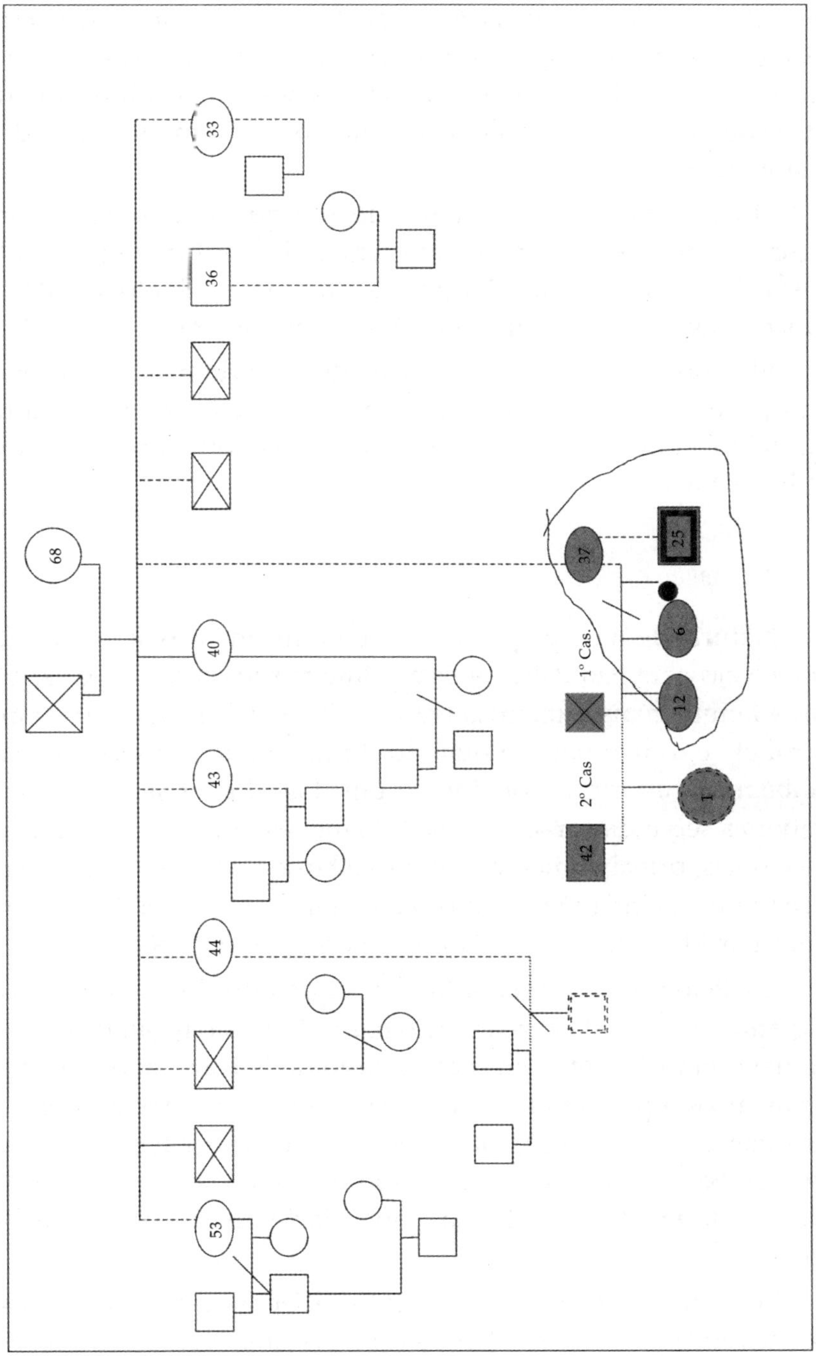

Isso talvez se dê pelo fato de os pais terem uma condição socioeconômica estável, pois além de serem proprietários de terras, ele era delegado e comercializava pedras preciosas. Assim, os filhos que tiveram interesse puderam se desenvolver melhor em termos de estudo e profissionalização.

O Genograma 3 indica tanto doação quanto adoção na família: a segunda irmã doou seu filho para ser criado por Elza (adoção informal) e esta doou sua última filha para a irmã do pai biológico da criança, caracterizando, assim, duas adoções intrafamiliares.

Elza tinha do primeiro marido, até a morte dele, apoio financeiro para prover as necessidades da família, mas ela própria sempre assumiu também esse encargo, além dos demais normalmente atribuídos à mulher/mãe.

A família de Janete

Natural de uma pequena cidade localizada próximo a Recife (PE), Janete veio para São Paulo após a primeira separação. Os pais, sitiantes, têm a família mais numerosa entre as dos entrevistados. Tiveram quinze filhos, e a mãe faleceu quando do nascimento do último. Ocorreu também um aborto espontâneo e um dos filhos faleceu ainda jovem. Embora a segunda geração tenha tido menos filhos, um máximo de oito, cinco deles, principalmente os mais velhos ou os que permaneceram em Pernambuco, ainda têm uma prole maior do que a média nacional. Em contrapartida, sete deles tiveram somente um ou dois filhos.

O Genograma 4 mostra também que oito dos quinze irmãos são migrantes: vieram de Pernambuco para São Paulo há alguns anos e aqui permaneceram. Janete tem mais proximidade com os irmãos dos quais recebe auxílio para criar os filhos, já que nenhum dos pais assumiu os encargos e cuidados com eles. Com os demais irmãos, mesmo com alguns de São Paulo, o contato é esporádico, razão pela qual teve certa dificuldade em identificá-los na seqüência de nascimentos e precisar suas idades.

Verificamos que quatro das irmãs se separaram, duas delas se casaram novamente. No caso de nossa entrevistada, vemos que ela teve três

GENOGRAMA 4 — FAMÍLIA DE JANETE

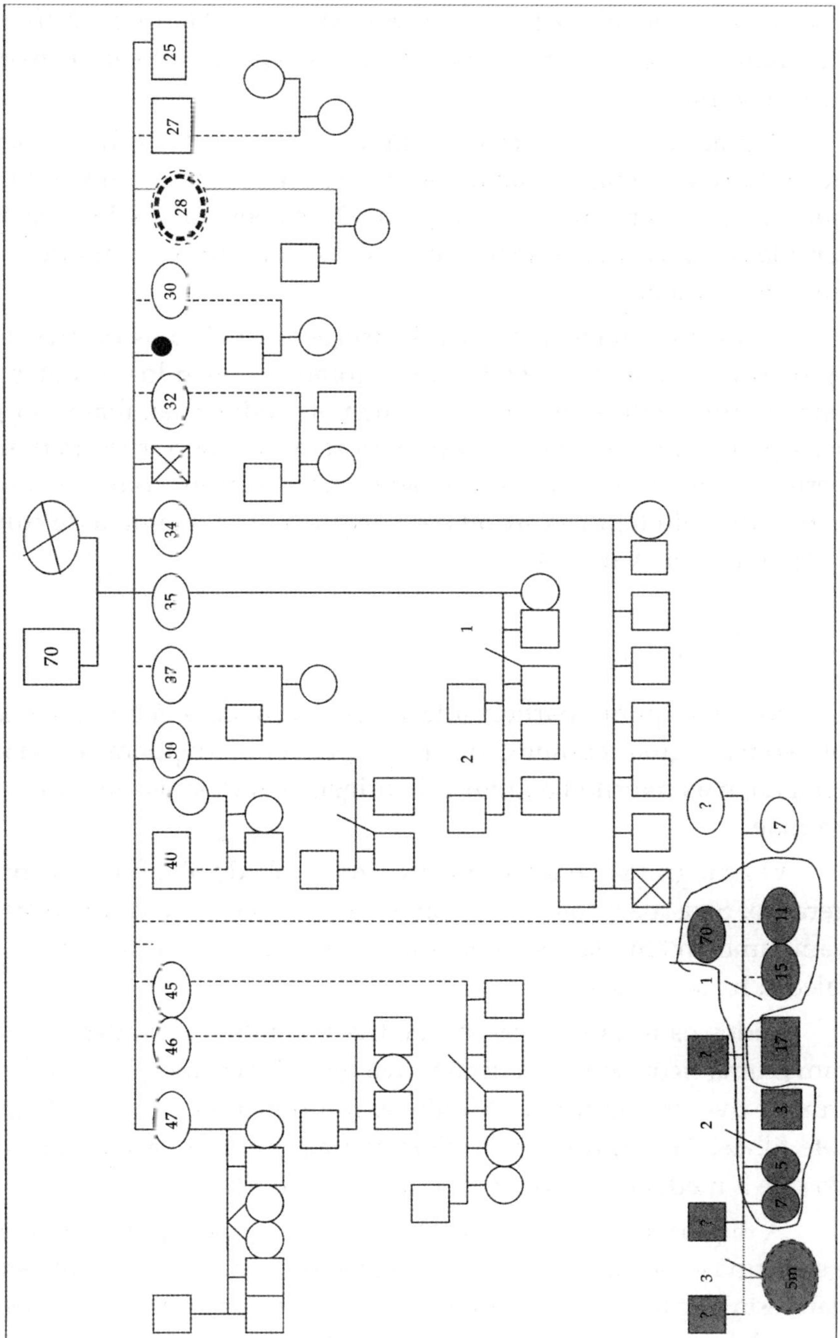

parceiros, o que talvez possa caracterizar o que Marques (2001) chama de circulação de parceiros. Somente o irmão mais novo ainda não casou nem teve filhos.

A mãe de Janete entregou em adoção uma das filhas e, segundo nos informou a entrevistada, isso ocorreu a pedido de uma tia paterna que desejava ter uma menina para viver consigo. Assim, existem na família extensa duas crianças entregues em adoção: uma de Janete e uma de sua mãe.

Todos os irmãos têm baixa instrução formal: dois ou três anos de escolaridade, mas um dos irmãos retomou os estudos recentemente e está completando o ensino fundamental. Todos trabalham em profissões pouco qualificadas, e os que moram no interior de Pernambuco permanecem como rurículas. Janete, quase sempre com a ajuda de irmãos, assumiu tanto as atribuições de provedora quanto a de cuidado e apoio emocional aos filhos.

A família de Joana

Joana, a quinta participante da pesquisa, cujo genograma está expresso na página seguinte, foi, ela própria, entregue para ser criada por uma tia, mas retornou à família de origem aos 18 anos, devido à doença da mãe.

O genograma de Joana mostra uma prole de oito filhos na primeira geração. Seus pais tomavam conta de fazenda de terceiros e trabalhavam também em olarias. Separaram-se há catorze/quinze anos, e o pai faleceu há sete anos.

Todos os irmãos se casaram e tiveram filhos; dois deles se separaram e uma ficou viúva. A irmã viúva teve cinco filhos; cinco dos outros irmãos tiveram de um a três filhos; um outro teve quatro; Joana teve sete filhos. Assim, três dos irmãos tiveram um número de filhos maior do que a média estimada para a Região Sudeste.

A migração nessa família não é preponderante, pois somente Joana e sua irmã de 47 anos deixaram a região onde nasceram. Ambas vieram para esta Capital, mas novamente migraram para outras cidades do interior do estado de São Paulo.

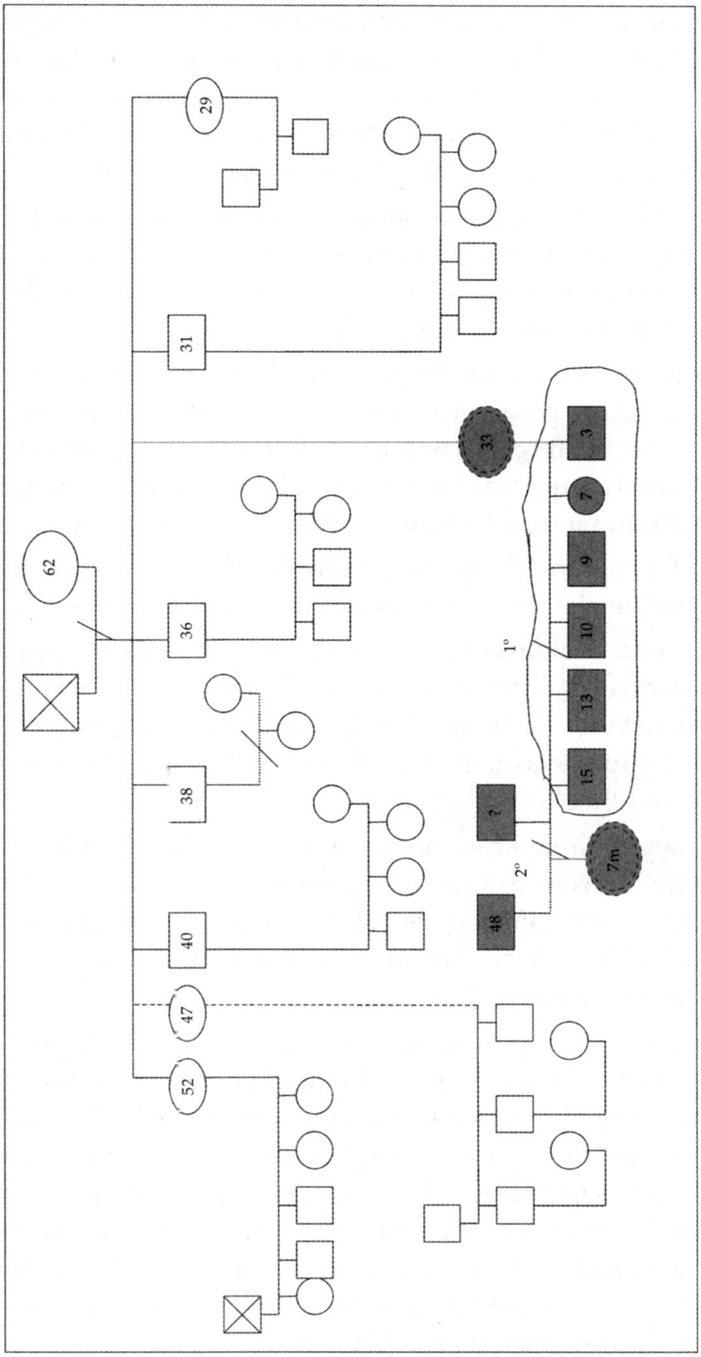

GENOGRAMA 5 — FAMÍLIA DE JOANA

Os oito irmãos tiveram poucos anos de estudo, e suas profissões são de pouca qualificação: os homens trabalham majoritariamente como pedreiros e as mulheres como domésticas, recepcionista ou em pequeno salão de beleza. Com exceção de Joana e a irmã de 47 anos, todos os demais permaneceram na microrregião de nascimento.

Atualmente, Joana vive sozinha, pois, após a separação do primeiro marido, os seis filhos foram abrigados e assim permanecem até hoje. O companheiro com o qual teve a filha ora entregue em adoção a abandonou quando soube de sua gravidez.

De todos os sujeitos da pesquisa, Joana é a única que não conseguiu estabilidade para permanecer com os filhos ou, ao menos, com os que não foram entregues em adoção. Isso se explica, em parte, pela violência doméstica que caracterizou os últimos anos de seu casamento, o que se refletiu na forma como se processou a separação conjugal.

No Genograma 5 aparecem seis dos filhos circundados sem mãe ou pai porque eles estão, juntos, em um mesmo abrigo.

Em uma rápida análise sobre o conjunto dos genogramas e dos demais dados ora apresentados, concluímos que a família de origem dos entrevistados, a quem estamos chamando de primeira geração, é numerosa. Uma delas tem oito filhos e as demais têm nove, onze, catorze e quinze filhos.

Na segunda geração, decresce, majoritária e significativamente, o número de filhos e crescem as separações e recasamentos. Observamos igualmente a permanência de filhos casados no mesmo domicílio dos pais e a circulação de crianças que, em todos os casos, ocorreu com mais de um dos membros da família.

Os avós estão na faixa etária entre 56 e 73 anos, portanto, todos nascidos após a década de 1930. A maioria deles casou-se nos anos 1950, e é interessante observar que, mesmo nessa geração, já aparecem interrupção do vínculo conjugal em dois casos e recasamento em um deles. Contudo, é na segunda geração que, conforme mostram os genogramas, as separações e recasamentos são mais constantes, o que corresponde à tendência da sociedade atual, haja vista que os estudiosos dessa temática apontam a transitoriedade dos vínculos conjugais como uma das mudanças importantes da família contemporânea.

A seguir, aprofundaremos a abordagem desses aspectos relativos à dinâmica das relações conjugais na segunda geração, a partir das vivências dos sujeitos da pesquisa.

3.2.1 A vinculação conjugal

Antes de entrarmos na discussão sobre a temporalidade dos vínculos conjugais, apresentamos algumas nuances do estabelecimento desses vínculos entre os sujeitos da pesquisa. Suas uniões não atendem propriamente à noção clássica de casamento, com namoro, noivado e legalização do vínculo, preferencialmente com consentimento e bênção dos pais. Entretanto, a escolha mútua dos parceiros, conquista que se generalizou na segunda metade do século XX, parece estar presente em suas vinculações amorosas, conforme podemos acompanhar pelos fragmentos transcritos a seguir.

Janete nos faz viajar no tempo, pois sua forma de união nos remete a um período no qual, para viver suas escolhas amorosas, sobretudo as mulheres, só restava fugir. Referindo-se ao primeiro marido, com o qual foi viver aos 13 anos, disse:

> Pra falar a verdade, o mais que eu gostei inté aqui foi dele; eu fugi com ele, eu era novinha.

Sobre os motivos que a fizeram fugir, explicou:

> Ele não queria [referia-se ao pai], eles não se fala inté hoje. Meu pai não fala com ele. O meu pai ainda saiu atrás dele dizendo que ia abrir a cabeça dele em duas banda. Inté hoje eles não se fala.

Hoje, Janete associa o motivo pelo qual o pai não aceitava seu casamento ao mesmo que determinou a separação, conforme podemos depreender pelo trecho seguinte:

> "Porque ele já sabia, né, que ele era mulherengo, desses homem assim que arranja muita mulher, o meu pai já sabia".

Ana também se viu em situação de impedimento para relacionar-se com Emílio, mas eles acabaram por inverter a situação: começaram a se relacionar sexualmente e a família descobriu. Diante disso, namoraram apenas três meses, não houve noivado e nem casamento formal, mas foram viver juntos:

> Nunca casamos, nunca teve isso, não. Pretendemos casar brevemente quando tivermos condições [...] Fomos morar juntos, logo arrumei uma casa lá e coloquei ela dentro e passei a trabalhar, comprei as coisas pra dentro de casa e...

Não foi a gravidez que encurtou o espaço entre namoro e o casamento informal, conforme esclareceu Emílio:

> É, decididos mesmo! Ela era virgem, né, nessa época e... namorava escondido e aí aconteceu [risos]. E os pais dela disse que eu tinha que casar [risos].

Na época desses acontecimentos, há sete anos, Ana tinha 15 anos e Emílio já era maior de idade, mas, de acordo com o relato deles, a vivência sexual se deu por desejo e consentimento de ambos; portanto, não havia motivos para punição legal. Todavia, os pais de Ana se valeram de preceitos morais para fazer Emílio reparar o "erro" cometido. Isso ocorreu no interior do Maranhão, lugar onde os ventos da modernidade ainda não sopravam com tanta força, o que talvez justifique a obrigação do casamento em decorrência da desvirginização da mulher. É possível que se fossem famílias de uma grande metrópole, na iminência do século XXI, tal fato não se processasse dessa forma.

O episódio vivido por Ana e Emílio ilustra a convivência das diferentes perspectivas presentes na família brasileira e as conseqüentes tensões que isso pode gerar. Princípios ou valores clássicos se mesclam com outros mais atuais ou, ao menos, com formas de resolução mais típicas da sociedade contemporânea. Nesse caso, vemos que, para uma exigência mais conservadora, como o dever do casamento frente ao desvirginamento da mulher, a saída encontrada foi uma resposta não convencional, ou seja, a união não legalizada.

Joana, que se casou aos 20 anos, e Elza, aos 23, não tiveram maiores incidentes no percurso entre namoro e casamento, mas também não legalizaram a união. É provável que, entre os pobres, a legalização do casamento seja menos comum, mas esse é também um dos traços da família contemporânea, que atravessa as camadas sociais: aumento do concubinato em detrimento do casamento formal.

O decréscimo do índice de legalização das uniões conjugais pode se explicar por vários motivos, embora talvez o mais simples e comum seja o fato de já estar bastante difundida e socialmente incorporada a noção de que as escolhas amorosas e os compromissos conjugais são pactos feitos entre os parceiros e, portanto, de responsabilidade mútua.

Nesse sentido, Singly (1996) refere que a internalização de normas sociais relativas à escolha do parceiro, na qual se busca a satisfação pessoal tomando-se como referência valores sociais e culturais, tornariam desnecessárias as intervenções externas, como as de cunho religioso ou civil.

Nas últimas décadas, a tendência é que as uniões conjugais, sejam formais ou informais, busquem prover as necessidades de ordem relacional e afetiva. Resta saber se os casamentos atuais, baseados nesses princípios, são mais vulneráveis e por isso ocorrem mais separações, ou se os casamentos sempre foram vulneráveis e passíveis de rompimento, porém a sociedade, até então, não tolerava as separações, razão pela qual elas ocorriam com menor freqüência.

A seguir, discutiremos essa transitoriedade dos laços conjugais e os novos arranjos familiares que foram se constituindo a partir dela e do aumento de nascimento de filhos fora do casamento, entre outros aspectos.

3.2.2 A transitoriedade dos vínculos conjugais e os novos arranjos familiares

Em relação às separações e novos arranjos familiares, os sujeitos desta pesquisa apresentaram dados que nos parecem significativos para compreendermos um pouco dos motivos incidentes em tais questões. Janete, que teve filhos com três companheiros, explicou que permaneceu dezenove anos com o primeiro companheiro e, após a separação, veio para São Paulo, deixando-o lá com dois dos filhos:

> Eu vim sozinha, vim pra casa do meu irmão, meu irmão que mora aqui já. Ele ficou lá inté hoje, tá lá ainda, casou, já tem uma filha, da idade da minha, tem 7 anos, da que eu arrumei aqui. [Ele] já tem filho, uma menina, a dele.

Sobre os motivos da separação, acrescentou:

> A separação foi por causa qui ele arrumou a outra, né, ele arrumou outra e me deixou, ainda passou um ano assim, um ano, um ano e meio com ele dentro de casa, mas assim que nem irmão, entendeu? Ele prum lado, eu pro outro, eu ficava no meu quarto e ele no quarto com as menina, assim passei um ano, ele já vivia com a outra já. Aí cabo de um ano, quando a Janaína nasceu, fez dois meses, essa que tem 11 anos, aí vim, meu irmão, ele mandou o dinheiro da passagem e eu vim.

Sobre a segunda separação, Janete informou:

> Conheci ele, aí fiquei... Fiquei junto com ele cinco anos, aí, dispois de cinco anos, ele aprontou lá umas coisas, aí, saiu corrido de lá, aí fiquei sem marido. Nunca mais deu notícias. Ele aprontou, né? Saiu correndo, até hoje... As irmãs dele mora pra lá, elas... Às vezes, elas vêm e fala como é que ele tá... Mas elas também têm medo de ficá falando dele, né? De vez em quando, elas dá leite pro menino.

Por sua vez, Joana, que teve filhos com dois companheiros, o último sem residência conjunta, declarou o seguinte sobre os motivos da separação do primeiro marido:

> Bebida... ele bebia muito.

Em outro trecho da entrevista, ela acrescentou:

> Nós tava entrando em juízo, eu pedi... Ou meu marido saía de casa ou vendia a casa e me dava o dinheiro, porque não tinha condições de eu ficar com o meu marido mesmo. Aí, no dia que aconteceu a briga, que ele bebia muito, no dia que aconteceu a briga, ele me machucou, ele me ma-

chucou muito. Eu indo pro hospital, o Conselho foi chamado. Um dos meus vizinhos deve ter chamado o Conselho, o Conselho Tutelar. Aí, o Conselho veio, minha casa tava muito bagunçada, tinha muita coisa quebrada, prato... Tinha muita coisa jogada no chão. O meu neném de 6 meses tava com o meu menino de 12 anos e com os outros, com as outras crianças. Aí, quando a moça chegou dizendo que ia levar eles embora, eles começaram a gritar, dizendo que eles... Que eles queriam que eu tivesse junto, que... Que eles queria eu. Aí, a moça me esperou chegar. Aí, eu cheguei, ela falou que eles não podiam mais ficar comigo, porque eles corria risco, né? O pai deles era muito violento e eu estava muito machucada. E o pai deles não ia ficar preso, poderia ser solto. Então, o delegado me deu... hum... Ele disse que me daria duas horas para mim ir na minha casa pegar algumas coisas e tirar as crianças da casa. E, depois de duas horas, meu marido ia ser solto...

Mais adiante, nessa mesma entrevista, Joana relatou sobre o comportamento do companheiro no que se refere à partilha do único bem patrimonial do casal:

Ele andou... Ficou pra casa, até ele vender a casa, tudo. Porque ele vendeu a casa e tudo e eu não peguei nenhum centavo da casa. Ele comprou uma outra casa, tem uma outra família.

Uma terceira entrevistada, Elza, com jeito pesaroso, declarou:

"Ah! Sim. Aí, depois, eu separei dele; dez anos de convivência... Eu separei dele".

Sobre os motivos da separação, Elza acrescentou:

Ah, eu separei porque eu sempre achei que ele tava com outra mulher, ele dizia que não, mas a senhora sabe, né, os fofoqueiro dizia que sim. Mas a gente percebe, eu percebia que ele tava diferente, não era mais a mesma... O mesmo homem dentro de casa. Não tinha discussão, não tinha briga, mas era muito ciumento ele. E o ciúme dele aumentou mais, então, eu achava que ele tava com ciúme, porque ele tava fazendo errado lá fora. Aí, nós entramo num acordo, conversamo, conversamo, acho que a gente conversou uns seis meses pra se separar.

Nesse caso, a separação foi amigável, conforme podemos depreender pelo relato seguinte:

> Amigável. Aí eu falei pra ele que também não gostava mais dele, porque ele já não tava mais gostando do mesmo jeito de mim. Ele falou que não, que sabe, eu tava vendo chifre em cabeça de cavalo, aí a gente conversou, conversou e chegamo a conclusão, aí ele falou:
>
> "Bom, se eu me separar de você, eu vou embora, mas não se preocupa que eu não vou deixar as menina sem pensão, sem nada".
>
> E mandava a pensão das menina, mandava dinheiro pra pagá o aluguel, ligava toda as semana, toda semana ligava, inclusive a mãe dele me chama até hoje que eu tenho que ir buscá o que é das menina no Ceará. Eu só nunca fui porque não tenho dinheiro pra ir [comentário: esse companheiro de Elza faleceu há dois anos].

Por esses extratos, podemos ver que as traições, o alcoolismo associado à violência física, a prática de delitos e o não gostar ou as mudanças de sentimento são aspectos atribuídos à separação conjugal. Contudo, nas entrelinhas, percebemos certo pesar pela interrupção do casamento. No decorrer das entrevistas, duas delas referem-se ao primeiro marido como sendo o homem de quem mais gostaram e imputam à traição o motivo da separação. Deixam transparecer que a fidelidade é um dos importantes valores incutidos no processo de socialização primária[4] e do qual não dá para abster-se facilmente.

Talvez a não-exclusividade, para usar o termo empregado por Giddens (1993), seja uma das grandes questões atuais do casamento. Por um lado, vivências amorosas duradouras que primam pela exclusividade de ambos os parceiros tendem a ser efetivas apenas para uma parcela minoritária de casais; por outro, a convivência com a não exclusividade do(a) parceiro(a), aparentemente, permanece sendo pouco aceita pelos indivíduos, nos diversos segmentos sociais.

4. Socialização primária é o processo pelo qual as primeiras regras e padrões de comportamento são transmitidos e apreendidos. Para Berger e Luckman (1987), essa apreensão primária é especialmente marcante no desenvolvimento do indivíduo, e seus conteúdos vão servir como referência para as novas e futuras apreensões da pessoa.

Neste estudo, trabalhamos com camadas populares e, embora não possamos fazer generalizações a partir da pesquisa qualitativa em decorrência de sua abrangência restrita, vimos a não-aceitação da infidelidade do cônjuge motivando a separação. Ao trabalhar com camadas médias e também com pesquisa qualitativa (Gueiros, 1998), os casais apresentaram a não-exclusividade como sendo uma das questões com as quais não estão preparados para lidar. Como em ambos os estudos[5] a investigação teve um caráter qualitativo, não podemos tomar os casos como representativos, mas como exemplares para essa questão (Demo, 2004).

Quando Elza refere "que também não gostava mais dele, porque ele já não tava mais gostando do mesmo jeito de mim", indagamo-nos se ela estava falando de amor ou de confiança. A confiança mútua é o alicerce do casamento contemporâneo, pelo menos na concepção de Giddens (1993). A exclusividade entre os parceiros seria um estímulo importante para tanto, embora não garanta por si só o estabelecimento de um vínculo de confiança,[6] tampouco deva ser, para o referido autor, um fim em si mesmo.

A forma como se processaram as separações no universo pesquisado também merece atenção, pois as expressões das três mulheres indicam desde uma situação na qual o diálogo se fez presente e a definiu amigavelmente, até uma na qual a violência física e suas implicações sociais foram determinantes para que a separação ocorresse naquele momento e de forma abrupta.

Não cabe aqui aprofundar a discussão sobre motivos e formas de interrupção dos vínculos conjugais; no entanto, não é possível deixar de fazer uma associação entre os motivos expostos para a separação e a forma como ela se processou. Se tomarmos as duas situações imediata-

5. Um terceiro estudo que trata da conjugalidade nas camadas populares é o Muszkat e Muszkat (2003). Trata-se de pesquisa realizada com famílias de baixa renda, do município de São Paulo, com vivências de violência intrafamiliar.

6. Para Giddens (1993: 153), "Confiar é ter fé no outro e também na capacidade do laço mútuo para resistir a traumas futuros. Isto é mais que uma questão apenas de boa-fé, por mais problemático que isso possa ser. Confiar no outro é também apostar na capacidade do indivíduo realmente poder agir com integridade".

mente citadas veremos que, na primeira, a interrupção da parceria conjugal não implicou destruição dos vínculos estabelecidos, sobretudo no que se refere aos filhos; na segunda, deixou de existir qualquer contato entre os cônjuges e entre pai e filhos.

As separações permeiam todo ciclo vital do indivíduo, a começar pelo ato do nascimento, no qual se processa uma ruptura física entre a mãe e o bebê. São, portanto, experiências-chave na vida do sujeito. Entretanto, as que são vividas com muita intensidade ou no seu oposto, com certa banalização, tendem a se constituir como problemas importantes na dinâmica do ser e provavelmente se refletirão naqueles com quem convivem diretamente, sobretudo, nos filhos.

As separações implicam também a constituição de um novo arranjo familiar. Se houver recasamento, associa-se, então, mais um outro arranjo familiar. E assim se processa a multiplicidade das composições na família contemporânea. A análise desse universo pesquisado possibilita-nos visualizar a multiplicidade e a forma como ela vem ocorrendo. Então, vejamos:

Ana e Emílio são casados, sem legalização do vínculo, e vivem com os dois filhos mais velhos. Configuram, conseqüentemente, o que é denominado de *família nuclear* (convivência de pai, mãe e filhos). Embora estejamos falando de família nuclear, não se trata do modelo tradicional por não haver casamento legal.

Janete, casada e separada de fato duas vezes, vive com os filhos dos dois primeiros companheiros. Um dos filhos do primeiro casamento permaneceu residindo com o pai, que se casou com outra mulher e com a qual tem uma filha. No caso dela, constatamos dois tipos de arranjo familiar: o *monoparental* (ela e os filhos) e o *recomposto* ou *reconstituído* (o primeiro marido em segundas núpcias convivendo com filhos dela e do novo casamento). Janete teve um terceiro companheiro, com o qual não chegou a morar junto, mas teve com ele a filha ora entregue em adoção. Ele não conheceu a filha e sequer soube de sua existência, pois desapareceu do convívio com Janete antes que ela própria tivesse a confirmação da gravidez. Atualmente, Janete tem um outro namorado.

Joana, que, após a abrupta separação, teve os filhos abrigados e foi viver temporariamente com sua irmã casada e com filhos (*família nuclear*

+ *agregados*), atualmente, *vive sozinha*. Teve um segundo companheiro, pai da criança entregue em adoção, com o qual não chegou a morar junto, pois, quando ele soube da gravidez, a abandonou.

Elza, por sua vez, antes mesmo de completar a maioridade, assumiu a maternagem do sobrinho, casou-se anos depois e, após a separação, permaneceu vivendo com as filhas nascidas desse casamento e com o filho adotivo (sem formalização jurídica). Atualmente, ela tem um namorado com o qual teve a filha entregue em adoção, mas não o classifica como marido ou pelo menos o diferencia da condição atribuída ao primeiro companheiro. Suas duas filhas do primeiro casamento estão temporariamente com a avó materna, na Bahia, estado para onde Elza também irá em breve.

Se tomarmos o exemplo de Elza, vemos que ela passou por várias condições: sozinha com um filho adotivo; casada, tendo filhos dessa união e o filho com o qual já vivia antes do casamento; separada e com filhos; separada com filhos e com um companheiro que não partilha o mesmo domicílio.

Na atualidade, não é simples delimitar a família. Se tomarmos como referência o domicílio, teremos um tipo de arranjo familiar, mas se tomarmos a convivência e o compromisso entre os membros da família como referência para análise, os contornos já são outros. Joana e Elza, por exemplo, não estão convivendo no mesmo domicílio com os filhos ou com parte deles, mas o vínculo entre mães e filhos é bastante próximo e há efetivos compromissos entre uns e outros. Conseqüentemente, existe uma forma familiar que aponta para arranjos não nomeados até aqui.

3.2.3 A separação, seguida de abandono paterno, e a busca de um novo companheiro

Apesar das separações, que às vezes ocorrem até de forma violenta, essas mulheres denotam permanecer em busca de um companheiro, de reestabelecer a condição de casadas. Janete, que parece ter mais presente essa busca, explica, no relato seguinte, o que a faz estar sempre procurando um namorado/companheiro:

> A vida sem amor não vale, né? Todas nós gosta de namorar. Fica mais alegre, né? Se você não tem namorado... Por exemplo, quando eu deixei meu ex, eu sofri muito, foi muito ruim ficar sem namorado. Ficar sem namorado é muito ruim. Nossa! A gente pensa mais, fica pensando muita bobagem. Com namorado, não. A gente sai, curte um pouquinho. Aí, quer dizer que os problemas já vai embora, né?

O namoro, o emparceiramento, tem para ela uma função a mais: a de amenizar as dores vividas. Vejamos:

> Assim, por exemplo... Fica pensando assim, por que eu dei essa menina... Fico pensando... Por que dei, o pai que sumiu... Essas coisas, assim... Aí, namorando, já ajuda a gente esquecer, né?

Janete associa namoro a prazer, à suspensão temporária dos problemas cotidianos e das aflições decorrentes de atitudes que trazem incertezas, inseguranças. Provavelmente, para a população que vive em condições precárias e sem acesso a bens e serviços que possam prover o mínimo de bem-estar, só reste mesmo, como alternativa de lazer, o namoro, as vivências sexuais.

Essa é uma discussão complexa, pois muitos são os fatores que impulsionam uma mulher a tentar recompor a família, em que pese experiências anteriores malsucedidas. A começar por sua condição gregária, pois, desde os mais remotos tempos, homens e mulheres buscam emparelhar-se para constituir família, mas também para enfrentar os desafios da vida. Nesse contínuo, entre a condição gregária do homem e as necessidades e desejos pessoais para organização da vida cotidiana, são múltiplas as motivações para a formação de novas uniões conjugais.

A pesquisa realizada não nos possibilitou aprofundar esse aspecto, mas queremos anunciá-lo, inclusive porque é comum a quem trabalha ou convive com mulheres das camadas populares deparar-se com essa situação de sucessivos enamoramentos/emparceiramentos e interrogar-se sobre o que as leva a agir assim. Indagar-se sobre essa e outras questões é fundamental para o exercício de uma prática profissional coerente e consistente, e contribui para evitar pré-julgamentos costumeiramente associados à moral.

Sarti (1996) apresenta outros elementos para a leitura dessa questão. No seu entender, as mulheres das camadas populares que buscam um novo parceiro o fazem para que ele assegure a "respeitabilidade familiar" e exerça o papel de intermediador entre a família e o mundo externo. O homem ocuparia, assim, o lugar de "autoridade moral" mais do que o de provedor, nos casos em que a mulher desempenha esse papel de prover as necessidades econômicas da família.

Entretanto, segundo a mesma autora, a perda, por parte do homem, da condição de provedor da família, traz conseqüências, pois, além de abalar o respeito que a família e a comunidade tem por ele, poderia também provocar o rompimento dos laços conjugais. Talvez seja esse um dos motivos pelos quais nas camadas populares, nas quais o acesso ao emprego formal é cada vez mais difícil, restando, quase sempre, apenas o trabalho informal, precarizado e eventual, os homens abandonem suas famílias com certa freqüência, posto que não conseguem, nessas condições, assumir a responsabilidade de prover suas necessidades econômicas.

Singly (1996), apoiado em Serge Paugan entre outros, também trabalha com essa linha de raciocínio, na qual as instabilidades no trabalho e na família se influenciam mutuamente. Para ele, o desemprego criaria "uma ruptura de identidade", provocaria tensões na família e, por conseguinte, a separação conjugal. Mas a ruptura do vínculo conjugal também pode levar o homem a certa desestabilização, passível de se refletir no trabalho e de desencadear a demissão. Assim, há de se considerar a complexidade inerente às interrupções e novas vinculações conjugais, sobretudo nas camadas populares, a fim de distanciar-se de posições preconcebidas e carregadas de juízos de valor.

Queremos, ainda, agregar mais um possível aspecto quando de novas uniões de mulheres-mães. Trata-se da priorização do laço conjugal em detrimento do parental. Os casos aqui em estudo exemplificam situações nas quais a sucessão de companheiros não se sobrepõe à responsabilidade da mãe em relação aos filhos. Elas não deixaram os filhos em busca de sedimentar a união com um novo companheiro. Entretanto, Sarti (1996: 56) discute esse aspecto e assinala que:

> Nos casos de separação, pode haver preferência da mãe pelo novo companheiro, prevalecendo o laço conjugal, circunstancialmente mais forte que o vínculo mãe-filhos. Uma nova união tem implicações na relação da mãe com os filhos da união anterior que expressam o conflito entre conjugalidade e maternidade [...]. Dadas as dificuldades que enfrenta uma mulher pobre para criar seus filhos, a tendência será lançar mão de soluções temporárias para contornar a situação, entre as quais está a possibilidade de que os filhos fiquem com o pai [...].

Janete refere-se a essa situação de entrega temporária dos filhos ao pai, quando de sua primeira separação, mas apresenta outros motivos para tanto. No seu caso, a migração em busca de melhores condições de vida e trabalho foi determinante, conforme indica o trecho seguinte:

> Ele ficou, porque eu vim pra casa das minhas irmã, né, aí ficou as duas meninas, aí eu disse:
>
> — Só venho com uma...
>
> E a grande ficou com ele. Só que, dispois que ela cresceu, ela veio pra minha companhia. Aí, ficou o menino pra lá. E eu, quando fui aqui pra São Paulo, sete... Vai fazer oito anos já... Sete anos atrás, vai fazer oito, eu vim pra casa dos meus dois irmãos. E eles eram solteiro. E eu fui tentá a vida. Deixava a pequeninha que vai fazer doze anos... Deixava com a minha cunhada e ia trabaiá. Fazê a vida. E, graças a Deus, nesse espaço de tempo, já tenho a minha casinha. Graças a Deus.

Do que foi possível entender, a partir dos vários momentos em que Janete fala da separação do primeiro marido e da vinda para São Paulo, ao separar-se, voltou a morar com o pai que continuava residindo no seu sítio em Pernambuco. Levou consigo apenas a criança que havia acabado de nascer. Depois, veio para São Paulo, trazendo também só essa filha; posteriormente, há pouco mais de um ano, a filha mais velha veio para sua companhia.

Os filhos mais velhos permaneceram com o pai desde a separação, e embora ambos desejassem vir para a companhia da mãe, o filho não obteve a permissão paterna. Segundo relato de Janete, seu ex-marido teria dito o seguinte:

> Você, que é mulher, pode acompanhar sua mãe, mas o menino só vai quando ele tiver de maior. Quando você tiver de maior, você vai. Mas, enquanto você tiver de menor, você fica comigo.

Esse relato expressa a diferenciação que o pai faz entre os filhos homens e as filhas mulheres. Não é possível dizer que exista essa tendência pró-filhos homens nas situações de separação seguidas de abandono paterno, mas há de se considerar que, historicamente, os filhos tendem a ser mais valorizados pelos pais do que as filhas.

No caso de Janete, após a separação, os filhos se dividiram entre o pai e a mãe, o que configura a responsabilização de ambos pela prole. Entretanto, isso não é o mais comum. Três das mulheres entrevistadas referiram-se a filhos de mais de um companheiro e apenas uma delas relatou que o pai das crianças assumiu responsabilidades financeiras, por meio do pagamento de pensão alimentícia.

Além da ausência de compromissos financeiros para o sustento dos filhos, nos casos em que a paternidade foi reconhecida, e mais ainda nas situações em que nem essa primeira obrigação foi atendida, há costumeiramente o rompimento de qualquer laço paterno com os filhos.

Uma das indagações que fazemos refere-se ao fato de as mães não cobrarem juridicamente o compromisso do pai em relação ao custeio financeiro do cuidado e da alimentação dos filhos. Logo nos vem à mente o fato de que, por serem homens que não estão formalmente inseridos no mercado de trabalho e, muitas vezes, não terem trabalho regular em qualquer condição, seria difícil fazê-los cumprir essa obrigação. No entanto, isso não nos parece suficiente para explicar a situação.

Nesse sentido, associa-se também um outro dado, observado na prática profissional na justiça da infância e da juventude: embora a definição da paternidade por meio do exame de DNA já esteja amplamente divulgada e, aliás, figure como um dos importantes avanços tecnológicos relativos à reprodução humana, ela não é comumente utilizada nas camadas populares. As mulheres que buscam um novo companheiro, dele engravidam e são abandonadas ainda durante a gestação não costumam fazê-los assumir, juridicamente, a paternidade.

Uma de nossas entrevistadas oferece algumas pistas para pensarmos sobre essa aparente desistência das mães em relação à cobrança das responsabilidades paternas. Joana nos disse o seguinte:

> Mas não é só dinheiro, tem que ter amor também. Se eu fosse na justiça e pedisse, ele daria a pensão, mas... só a pensão, só isso... Ah, não. Acho que eu pensei mais foi em dar carinho para ela [...]. Então, eu acho que eu pensei mais nela, assim... em carinho pra ela, amor pra ela. Dinheiro não compra tudo. Dinheiro não compra amor.

Talvez haja certa compreensão de que a justiça não trará o pai para a criança, apenas o obrigará a assumir a paternidade formal e a pagar uma pensão, o que, na maioria dos casos, parece pouco possível, dadas as condições de trabalho informal às quais está submetida parcela significativa dos homens das camadas populares.

Se retomarmos o que diz Sarti (1996) quanto à necessidade de a mulher das camadas populares ter um homem para impor autoridade moral à família, ser o guardião de sua respeitabilidade, o que a justiça pode impor, em termos de responsabilidades paternas, não atende, propriamente, às necessidades da mulher.

Então, é possível que essa reflexão e a justificativa de Joana para sua atitude pesem mais na decisão da mulher em não procurar os direitos assegurados em lei aos filhos do que a descrença de que o pai vá efetivamente pagar a pensão definida pelo juiz. Ou seja, não se pode exigir na justiça que um homem-pai assuma a autoridade moral da família, o carinho e o amor aos filhos, aspectos aos quais a família contemporânea vem atribuindo cada vez mais importância.

Aliado a isso, é preciso considerar que o acesso à instituição judiciária não é tão fácil, inclusive porque, em muitos casos, exige-se a intermediação de advogados, o que requer pagamento de honorários. Os serviços que disponibilizam assistência jurídica gratuita à população de baixa renda são escassos e, por conseguinte, sobrecarregados. Dessa forma, quem não pode custear diretamente os serviços advocatícios terá maior dificuldade em propor ações judiciais.

Janete, que nunca buscou responsabilizar legalmente seus ex-companheiros em relação aos filhos, parece não fazê-lo, porque seu entendimento é semelhante ao de Joana. Acredita que os pais abandonam os filhos por falta de amor, conforme podemos ver pelo fragmento seguinte:

> Porque acho que não tem amor, né? Não tem amor aos filhos e eu acho que é gente assim... Sem amor mesmo.

É provável que, entre os homens do universo investigado, seja menos comum o exercício do cuidado e do apoio emocional aos filhos, o que contribuiria para esses constantes abandonos. Contudo, partilhamos das posições de Sarti (1996) e Singly (1996) no que se refere à mútua influência entre a condição de provedor e a estabilidade conjugal e parental.

À medida que não têm trabalho e renda, os homens sentir-se-iam moralmente atingidos e desvigorados como marido e pai. E o rompimento dos laços familiares, por sua vez, poderia reforçar ainda mais essa situação, o que seria uma explicação para o fato de, aparentemente, não se preocuparem com o cuidado e a proteção dos filhos e tampouco desejarem vê-los.

Mas há um outro fator que, com certeza, tem implicações nessa dinâmica das mulheres-mães em relação aos pais de seus filhos, ou quem sabe seja decorrência disso: sua condição de provedora ou co-provedora da família, aspecto que será explorado a seguir.

3.2.4 O trabalho feminino: necessidade de sobrevivência e expectativa de autonomia

O perfil dos sujeitos da pesquisa e os demais dados constantes na apresentação dos genogramas indicam que as mulheres da segunda geração são, majoritariamente, trabalhadoras. Mesmo Ana, cujo marido tem sido o provedor exclusivo da família desde o início do casamento, assinala como um dos motivos da entrega da filha em adoção o fato de ela não trabalhar, conforme podemos depreender de sua fala: "[Pigarreia] Porque eu não tive condições... Porque eu queria dar educação melhor pra ela, um estudo melhor pra ela e eu já tinha dois filhos pequenininhos, não tinha casa, só meu esposo que trabalhava e eu não...".

Independente da ausência de companheiros que assumam a responsabilidade econômica da família, o entendimento de que sua participação efetiva no orçamento trará à família melhores condições para suprir as necessidades básicas e a busca de maior autonomia parecem ser fatores costumeiramente atribuídos à crescente inserção da mulher no mercado de trabalho.

Ana, ao lembrar as dificuldades vividas com seus dois filhos no período em que ficou no Maranhão, enquanto o marido tinha vindo para São Paulo em busca de trabalho, novamente refere-se ao fato de não trabalhar:

> Tava bastante difícil nesse tempo; eu não trabalhava, tava faltando as coisas e não dava e tal... Quando chovia, molhava tudo dentro de casa, aí, era aquele sofrimento, as crianças adoecia e eu não podia trabalhar por causa delas, era esse sofrimento...

Em outro momento, Ana volta a associar a sua não-inserção no mercado de trabalho a outras insatisfações, dessa feita relacionadas à frustração de não poder manter sua mãe mais próxima de si:

> se tivesse uma casa, eu trazeria minha mãezinha e minha irmãzinha para cá. Se eu trabalhasse também, aí eu trazeria as duas para cá, mas, aí, eu não trabalho, não tenho casa, só esse barraco aqui...

Ana sonha em ter trabalho e renda para, junto com o marido, melhorar as condições de vida da família e realizar alguns de seus desejos. Janete, que sempre trabalhou, reclama justamente da sobrecarga que é assumir sozinha os encargos da família:

> Porque assim, por exemplo, se eu tivesse um... com quem viver, assim... Que não dependesse de trabalho, eu não dava a minha filha, né? O pai que criasse. Mas os pai tudinho some, deixa tudo nas minhas costas... Quer dizer que eu não vou... Pra assumir isso tudo sozinha, fica difícil pra uma mulher sozinha. Eu nunca tive medo de trabalho. Todos os trabalho eu enfrentei. Lá, em Pernambuco, até cana eu cortava. Até cana. Sabe o que é cana?

Joana, por sua vez, trabalhou desde cedo, mas, quando casou, ficou só cuidando da casa e dos filhos até que o marido foi gradativamente deixando de assumir os encargos financeiros da família:

> No começo, eu só ficava em casa. Mas daí começou a ter dificuldades, né... crianças, só ele trabalhando... Aí, ele foi fazendo amizades com pessoas que não era bom para ele também, né? Aí, foi parando de trabalhar, foi parando... Aí, eu comecei a trabalhar.

Elza, uma mulher que sempre foi trabalhadora e determinada, mas que também contava com a ajuda do primeiro marido, inclusive depois da separação e até a morte dele, faz uma tênue distinção entre sustentar a si e sustentar a casa. Em um momento de crise pessoal, que resultou na sua suspensão temporária do trabalho, referiu-se ao segundo companheiro da seguinte forma:

> Eu não tava trabalhando, quem me sustentava era ele, né. Ele que me sustentava. Porque ele ia fazer bico, até então eu falei o seguinte: "— Ó, já que você diz que faz alguma coisa... Eu não vejo... Então, não faz mal. Eu vou parar e você tem que me sustentar, sustentar não, sustentar a minha casa".
>
> Era o que ele fazia, até então eu sempre fui uma mulher assim, como eu tenho filho, eu tenho que andar prevenida, né, eu não posso ter tudo, mas alguma coisa eu tenho que ter. Porque a criança precisa ir no hospital, a criança precisa de um remédio, a criança precisa disso, a criança precisa daquilo, se eu não tiver um dinheiro guardado, como é que eu faço? Ou manda alguém roubar ou vai pedir, nem uma das duas coisas eu não queria, nem o roubo e nem pedir, então ele dizia: "— Posso ajudar, pelo menos?".
>
> Eu digo: "— Pode, ajuda a casa, ajuda eu a manter a casa, porque eu não posso também ficar só gastando, gastando, é muita coisa". Então ajudava ele, o Dani e eu.

Elza parece relutante em admitir que esse companheiro pudesse lhe sustentar. Aceita a ajuda financeira dele, em face da necessidade de "andar prevenida", mas faz questão de demarcar também a sua participação nos proventos da casa, ao dizer: "Então ajudava ele, o Dani [referia-se ao filho mais velho] e eu".

Por esses relatos, verificamos, em primeiro lugar, a dificuldade de as família das camadas populares subsistirem somente com os proventos do marido, mas, subjacente a isso, há o desejo da mulher em trabalhar e obter renda para adquirir condições financeiras e fazer valer algumas de suas aspirações, como pudemos ver especialmente nas falas de Ana.

Nos fragmentos do discurso dessas mulheres também fica evidente que elas não conseguem e não desejam assumir todos os encargos da família. Esperam de um companheiro o devido auxílio, embora às vezes o façam de forma um pouco ambivalente, conforme podemos perceber no relato de Elza.

A junção da condição de mulher, de mãe e de trabalhadora é uma tendência da sociedade contemporânea e perpassa as diversas camadas sociais. Provavelmente sejam diferentes os motivos que levam as mulheres dos diferentes segmentos sociais a se tornarem trabalhadoras, mas o fato é que o trabalho feminino é apontado como uma das mudanças significativas da família.

Os estudiosos indicam que esse aspecto contribui, inclusive, para outras mudanças, como, por exemplo, a diminuição do número de filhos, que vai repercutir no tamanho das famílias, e, até mesmo, para a não-formação de novas famílias. Certamente, o movimento feminista está no bojo dessas transformações e a ele também devem ser imputadas as mudanças de costumes, sobretudo aquelas relativas a sua liberalização.[7]

3.2.5 Outros aspectos da família contemporânea

Aliado à inserção da mulher no mercado de trabalho e à liberalização de costumes que incide, por exemplo, nas uniões não legalizadas e na existência de filhos fora do casamento, o avanço das tecnologias relativas à reprodução humana, bem como a opção por não ter filhos, representam outros aspectos importantes nas "novas" configurações familiares.

---

7. Para aprofundamento dessa discussão, ver, entre outros: Bruschini e Pinto (2001), Gilligan (1982), Goldenberg e Toscano (1992) e Louro (2003).

As questões relativas às uniões não legalizadas e a existência de filhos fora do casamento já foram abordadas; as que se referem às novas tecnologias reprodutivas e à decisão do indivíduo ou do casal em não ter filhos serão anunciadas aqui devido à sua importância. Entretanto, a discussão não será aprofundada por se tratar de aspectos não verificados em nossa pesquisa. Disso surge uma indagação: os dois últimos aspectos não são pertinentes às camadas populares das quais fazem parte os sujeitos desta pesquisa?

A família contemporânea, tal qual a sociedade atual, vive questões complexas. Ao tomarmos como exemplo o avanço da tecnologia, do qual faz parte a definição da paternidade por meio do exame de DNA, vemos que se por um lado esse exame constitui um recurso para assegurar direitos, por outro impõe complexas negociações relacionais entre pais e filhos. Tal recurso tecnológico é utilizado, geralmente, incluindo a força da lei e mediante a não-disponibilidade do pai em reconhecer o filho. Assim, emergem novas questões, entre as quais destacamos a que se refere à condição relacional entre pais e filhos: além da esfera legal e tecnológica, quais são os investimentos da sociedade para compor, de fato, os laços entre os sujeitos envolvidos nesse processo?

Além desse, um outro aspecto que se apresenta como possibilidade de efetivar direitos, mas que também provoca um *quantum* de outras questões, diz respeito às tecnologias reprodutivas hoje disponíveis. A começar pelos aspectos objetivos, o acesso a tais tecnologias se dá, quase sempre, para a população de maior poder aquisitivo. Ademais, os procedimentos para a procriação em situações que requerem a superação de problemas associados à infertilidade de uma pessoa ou de um casal demandam um investimento emocional e relacional que, por vezes, não é viável para aquelas pessoas e pode até trazer maiores dificuldades para a vivência conjugal.

Apesar dos avanços, é importante considerar que nem sempre é possível a um casal ou a um indivíduo que vive questões associadas à infertilidade ou à homossexualidade constituir-se como família, beneficiando-se das tecnologias reprodutivas disponíveis. Nesses casos, a adoção aparece como alternativa para a questão, embora seja legalmente concebida como medida de proteção à criança, e não como meio de satisfazer o desejo de um homem ou de uma mulher tornar-se pai ou mãe.

A adoção é, assim, uma forma legítima de os sujeitos constituírem suas famílias. Contudo, em algumas situações, há nela também restrições para realização desse projeto. Sem a possibilidade de beneficiar-se das tecnologias reprodutivas e da adoção, alguns indivíduos ou grupos sociais acabam por lançar mão de meios até sem respaldo legal. Recentemente, a *Folha de S.Paulo*[8] noticiou o incremento, ao menos nos Estados Unidos, da relação entre gays e "mães de aluguel" como uma maneira de os homossexuais criarem suas famílias, dadas as dificuldades legais que esse segmento populacional enfrenta para conseguir adotar uma criança.

Por último, há de se considerar também que casar e ser pai ou ser mãe não é mais destino obrigatório de todo adulto. Além do crescimento daqueles que optam por viver sozinhos, há também os casais que escolhem não ter filhos. Essas escolhas ainda são socialmente pouco aceitas, mas estão presentes sobretudo nos segmentos mais intelectualizados das grandes metrópoles.

Apresentadas as considerações sobre estrutura e organização da família, faz-se necessário discutir suas funções, salientando, desde já, a importância de se observar as condições que o grupo familiar dispõe para sua efetivação.

3.3 As funções atribuídas à família

Na pesquisa realizada, embora não tenhamos feito perguntas diretas sobre esse aspecto, é possível extrair das falas dos entrevistados conteúdos relativos às funções da família, entre as quais, destacamos:

> Eu tinha vontade de deixar meus filhos tudo formado, e tudo, né? Isso é, tudo pago. Então, se eu pudesse, eu pagava, mas não posso. A Jane quer

8. Reportagem publicada na *Folha de S.Paulo*, de domingo, 29 de maio de 2005, no Caderno Mundo, p. A27, sob o título "Mães de aluguel optam por casais gays", de autoria de Ginia Bellafante. Salientamos, contudo, o recente deferimento de adoção, no interior do estado de São Paulo, para um casal homoafetivo. Além disso, consta no substitutivo ao Projeto de Lei nº 6.222/05 que para adotar em conjunto é indispensável "que haja comprovação da estabilidade da convivência, na hipótese de casal homoafetivo".

> ser atriz, ela fala que quer ser atriz; a minha filha tá sonhando muito, tá sonhando longe. Quem sabe um dia... (Janete)
>
> Eu tô oferecendo pra eles o que eu não tive, mas eu quero mais pra eles, eu quero o melhor e é mais do que isso. Eu quero que, um dia, eles se formem em alguma coisa, né? Que, um dia, eles possam... Poder me ajudar. A gente vai ficando velho, não tem estudo, nunca teve nada, tendo sempre que trabalhar nesse serviço brutal. Então, um dia... Se a gente puder oferecer para eles se formar e ser alguém na vida, mesmo... Eles vai reconhecer e ajudar a gente, com certeza. (Emílio)
>
> porque eu queria dá educação melhor para ela, um estudo melhor pra ela, e eu já tinha dois filhos pequenininhos, não tinha casa, só meu esposo que trabalhava e eu não... (Ana)
>
> Pra botar os filhos no mundo pra... como é que se diz? Faltar o sustento... E o cuidado também, aí, não adianta, né? Eu já tenho meus outros, o menino e as três lá, os bichinhos já fica com os outros e já passa a semana inteira sem ter meu carinho, né? (Janete)

Por esses fragmentos de entrevistas, podemos deduzir algumas das funções da família, na visão dessas mães e pai. O cuidado, as condições para escolarização, a proteção assegurada, por exemplo, por um lugar para morar, o sustento, ou seja, alimentação, vestuário etc. estão aqui elencados como sendo atribuições dos pais para os filhos. Todavia, na fala de Emílio, emerge, também, o cuidado dos filhos para com os pais idosos.

Para melhor apreensão das funções familiares, quer pela ótica dos sujeitos investigados, quer pela visão de estudiosos da questão, apresentamos essa discussão em subitens, de forma a salientar os aspectos mais relevantes.

3.3.1 O cuidado e a educação dos filhos

Nos extratos de entrevistas apresentados, o cuidado e a educação dos filhos aparecem como atribuições principais para esses pais, da mesma forma que o são no imaginário social e na literatura da área. A educação, nesse contexto, pode, genericamente, ser traduzida como socialização, processo pelo qual se dá a inserção social do indivíduo.

Dos dados também emerge a educação dos filhos (enquanto escolarização) como um valor comum aos cinco sujeitos. Os pais desejam que seus filhos tenham acesso a um nível maior de instrução formal, que os ultrapassem, que se formem. Essa perspectiva de escolarização dos filhos aparece com força, denotando ser um dos valores importantes dessas famílias.

A escolarização tem emergido como um valor e como uma expectativa nas famílias das diferentes camadas sociais. Nesse sentido, Singly (1996) apresenta a "valorização do diploma" e a "desvalorização das formas autoritárias", frutos do trabalho educativo desenvolvido pela família, como duas das mudanças importantes nas últimas duas ou três décadas.

Na visão desse autor, o "capital escolar" implicou mudanças relacionais entre pais e filhos à medida que ele não é transferido do pai para os filhos ou para o filho escolhido, tal qual ocorria na família orientada pelo patrimônio. Os pais tiveram de encontrar formas não mandatárias ou pouco autoritárias de relacionamento com os filhos, pois eles teriam seu valor ancorado também, ou principalmente, na instituição de ensino, embora a administração da carreira escolar da criança ou do adolescente seja administrada pela família.

Não obstante as mudanças que isso acarretou na família, uma maior participação escolar de meninos e meninas das diferentes camadas sociais não trouxe, na visão de Singly (1996), maiores repercussões sociais, tampouco alterações significativas na estrutura social, inclusive porque as oportunidades de êxito escolar estão diretamente associadas ao meio social de origem do indivíduo.

Todavia, a escolarização de filhos e filhas, além de ter concorrido para redimensionar as relações parentais, significou uma contribuição importante para a democratização das relações conjugais, pois trouxe para as mulheres maior autonomia. Com isso, as relações intrafamiliares ganharam novos contornos, uma vez que se impôs a necessidade de negociações para definição das condições relacionais, em detrimento das formas autoritárias comuns, por exemplo, às situações de maior dependência da mulher ao marido.

3.3.2 A atenção e o carinho como funções parentais

Aos aspectos já mencionados das funções familiares, como o cuidado, a proteção e a escolarização, os sujeitos desta pesquisa agregaram outros de cunho mais subjetivo, associados a sentimentos, conforme podemos observar a seguir:

> As pessoas falam "onde come um, come dez", mas não é bem assim. Tem roupa, calçado, comida, educação... é muita coisa. Um ou dois filhos até que você consegue, ou, então, se o pai dela me ajudasse também. Mas, não é só dinheiro, tem que ter amor também... (Joana)
>
> Tô, tô tranqüila. Eu tô tranqüila porque ela é bem cuidada, né? Ela é bem cuidadinha. Tá sendo mais bem tratada do que os outros em casa, né? Hum... Eles são tudo grande, mas mesmo assim não tem meu carinho toda hora, todo instante. Magina, se eu deixasse a Carol com as vizinha. Elas dá carinho, mas nunca é que nem o da mãe, né? (Janete)
>
> Só eles dando muito carinho para essa criança e dando muita atenção e não soltando muito a corda, como eu falei pra eles... Vão dá muito carinho que eu sei... Que vai dá muito carinho à criança, mas toma cuidado, viu, pra num deixar muito mimada a criança, pra um dia ela não se revoltar. Então, tem que dá carinho, mas tem que dá muita ordem também, pra ela, pra criança... (Emílio)
>
> Ah, tava minha mãe e meus dois irmãos sozinhos, fazia muito tempo que eu não morava com eles, aí, eu ia passear e minha irmã caçula falava se eu não ia voltar a morar com a minha mãe... minha mãe sempre tava doente... Aí, eu achei que se... eu voltando com minha mãe, nós duas ia combinar, ia dá certo. Mas só que nós combinava assim ela na casa dela e eu na casa da minha tia. (Joana)
>
> Aí quando ela expulsou ele de casa, aí, a gente foi pra casa da minha tia em Campo Formoso. Aí, a gente ficou lá com a minha tia mais cinco anos. Aí, ela [referia-se à mãe]... mas ela ia visitar, me visitar sempre, né? Mas, assim, não recebia bênção do neto, não dava um carinho pro neto... nada, entendeu? Aí, nós brigava muito, que eu e minha mãe, nós duas, nossa... Nós se pegava mesmo... (Elza)

Amor, carinho, atenção são termos usados pelos entrevistados para referir-se a conteúdos que devem existir na relação entre pais e filhos.

Emílio, por exemplo, faz uma associação direta entre carinho e estabelecimento de limites, definição de valores.

Janete acha que carinho de mãe é diferente, é singular. Salienta a importância do carinho de terceiros no cuidado às crianças, mas demarca a importância do contato diário entre pais e filhos para que eles possam desfrutar do carinho especial da mãe.

Entretanto, o mundo doméstico, palco para expressões e vivências afetivas positivas, pode também ser espaço para conflitos afetivos, brigas, atitudes violentas. O amor e os sentimentos, em geral, não podem ser circunscritos ao que é agradável e propiciador de segurança, pois podem também ser desestabilizadores. O proveito que se tira deles é que vai definir seus efeitos para os indivíduos. Assim, a família é tida como lócus privilegiado do exercício da afetividade, pois, apesar dos conflitos e eventuais descontroles, proporcionaria um aprendizado mais protegido e necessário às vivências no mundo externo.

3.3.3 As funções da família sob o ponto de vista de alguns estudiosos

Para alguns, as funções, ao longo da história da família moderna, não se transformaram ou, pelo menos, não se transformaram tanto quanto sua estrutura e sua organização. No geral, atribui-se à família, além da reprodução humana, o cuidado, a proteção e a socialização de seus membros, o exercício da afetividade e da solidariedade e a construção das identidades sociais.

Possivelmente, essas tenham sido sempre as funções da família moderna. No entanto, a forma de exercê-las e a dimensão que se dá a cada uma delas variam de acordo com o momento histórico, com a classe social, com a cultura predominante e até com os interesses presentes no jogo de forças entre público e privado.

Mioto (2004), por exemplo, chama a atenção para o fato de que na sociedade, sobretudo nos serviços de prestação de assistência social, ainda se parte da noção de que a mulher-mãe é a responsável pelo cuidado e pela educação dos filhos e o homem-pai pelo provimento e pelo exercício de autoridade. De fato, isso é facilmente constatável não só nesses serviços sociais, mas também no imaginário social.

É importante considerar que tal perspectiva convive com a noção de que o homem-pai e a mulher-mãe assumem conjuntamente essa e outras funções na família, o que se desenvolveu a partir da inserção da mulher no mercado de trabalho. Embora já bastante exercitada nos segmentos populares e médios da sociedade, essa concepção parece ainda pouco estruturada e, por vezes, desencadeia conflitos e desigualdades.

Aparentemente, nos segmentos médios, existe uma tendência para que homens e mulheres compartilhem as funções relativas à provisão das necessidades objetivas, do cuidado e da educação dos filhos, inclusive porque o homem já não pode tomar para si a exclusividade da condição de provedor, devido às instabilidades e precariedades do mercado de trabalho, e a mulher, por sua vez, na condição de trabalhadora, não daria conta sozinha das outras atribuições. Mas talvez não se possa dizer que as famílias que exercitam esse "novo" estilo de ser família tenham equacionado as questões que dele emergem.

Nesse sentido, Sarti (2003: 30-1) entende que os rearranjos dos papéis familiares, sobretudo para as camadas populares, não configuram uma nova estrutura. Assentam-se, ainda, em uma estrutura clássica, que tem como princípios a "hierarquia homem/mulher e a diferenciação de gênero, com a divisão de autoridades que a acompanha". Como já mencionado, para essa autora, nos segmentos populares, o papel do homem é principalmente o de autoridade moral da família.

Sarti (2003: 31) acrescenta: "Não é, portanto, o controle dos recursos internos do grupo doméstico que necessariamente fundamenta a autoridade do homem, mas seu papel de intermediário entre a família e seu mundo externo, como guardião da respeitabilidade". É possível supor que essa lógica funcione bem em determinadas circunstâncias, mas há de se considerar a possibilidade de desencadear divergências e enfrentamentos nos espaços domésticos, nos quais exista certa flexibilidade de fronteiras entre público e privado e a busca de reconhecer no parceiro as diferenças constituídas a partir da pessoa, e não as estabelecidas a partir do sexo, da idade e da posição social.

Por sua vez, Fonseca (2002: 31), com base em estudos etnográficos realizados com camadas populares em Porto Alegre, defende que nelas "o papel de pai ou de mãe responsável não é o de manter uma relação emocional apropriada com sua criança, mas sim o de assegurar que certas necessidades 'objetivas' sejam atendidas". Da mesma forma, afirma não ter visto entre seus informantes preocupações relativas ao aproveitamento escolar.

No presente estudo, embora possamos considerá-lo somente como exemplaridade por seu caráter qualitativo e, portanto, restrito a poucos sujeitos, encontramos falas que conjugam a preocupação tanto com a escolarização e uma possível formação dos filhos quanto com o exercício do afeto como necessários ao desenvolvimento da criança.

Talvez esse aspecto não configure propriamente o que Fonseca (2002) denomina de "relação emocional apropriada com sua criança", mas, certamente, vai além do atendimento às necessidades objetivas. Todavia, salientamos mais uma vez a importância de não restringirmos a análise e afirmarmos que as funções da família são estas ou aquelas, mesmo que estejamos nos referindo a grupos familiares de uma mesma camada social. Talvez possamos falar de tendências, mas, mesmo assim, considerando a coexistência de diferentes atribuições ou de formas diversificadas de vivência dessas funções.

Quando Sarti (2003) defende que os princípios que estruturam a família entre os pobres permanece sendo a hierarquia entre homem/mulher e a diferenciação de gênero, facilmente nos remetemos à noção de que, nos segmentos médios, essa estrutura familiar se alterou. Mas talvez possamos dizer tão-somente que, neles, há tendência a existir uma busca maior pela igualdade entre os indivíduos e pela democratização nas relações conjugais e parentais, o que se reflete no exercício das funções familiares.

No entanto, é fundamental considerar que, independente da forma como cada família desenvolva ou deseje desenvolver suas funções, as condições sociais têm um papel preponderante. A análise da competência da família no cumprimento de seu papel passa, necessariamente, pela análise das condições que ela detém para realizá-lo, sob pena de fazer julgamentos precipitados na linha de "família capaz" e "família incapaz" (Mioto, 2004).

Para finalizar este item relativo à família, e ainda tomando por base Singly (1996), pode-se dizer que a família contemporânea deslocou-se da condição patrimonial para a relacional. A sua forma de convivência e de construção de identidades sociais não estaria mais ancorada no patrimônio e na transmissão dele entre as gerações, mas estaria baseada nas satisfações relacionais e afetivas entre os parceiros, no reconhecimento das peculiaridades dos filhos, na valorização do "capital escolar", na busca de formas não autoritárias e afetuosas de relacionamento conjugal e parental, entre outros.

Contudo, é preciso ressaltar que nem todos os indivíduos estão incluídos nessa "nova família". Se na "família-patrimônio" a exclusão se dava pela ausência de capital econômico (terra ou empresa), na "família-relacional" a exclusão ocorre pela falta de trabalho assalariado, de acordo com a concepção de Singly (1996). E é nesse espectro que se situam essas mães/pais que, impossibilitados de se responsabilizar pelo cuidado e pela educação dos filhos, decidem entregá-los para que terceiros o façam.

Correlacionando as análises constantes do Capítulo II com as deste capítulo, podemos compor um panorama das famílias ora em estudo que aponta para uma situação de evidente vulnerabilidade social. Como havíamos referido, o fato de as mães das crianças entregues em adoção serem majoritariamente solteiras ou separadas é o primeiro indício dessa vulnerabilidade. O não-casamento ou a separação, em si, não constituem maiores problemas, e inclusive são tendências da família contemporânea. A questão está na desresponsabilização paterna e nas condições socioeconômicas em que vivem essas mães.

Para fazer frente à precariedade em que vivem, essas mulheres buscam associar à condição de mãe, a de trabalhadora. Todavia, a inserção no mercado de trabalho, quando ocorre, se dá em ocupações de pouca qualificação e em condições precarizadas. A atividade profissional mais comum a elas é o emprego doméstico que, pelas exigências de horário e de disponibilização do profissional, torna inexeqüível, quase sempre, a permanência da mãe ao lado de seus filhos.

Embora todo um segmento social esteja abrangido por essa pobreza que inviabiliza, inclusive, a convivência familiar, há de se considerar que as mulheres chefes de família a vivenciam de uma forma mais acentuada. De um lado, o trabalho feminino continua valendo menos do que o masculino; de outro, as mulheres pertencentes aos segmentos sociais populares, sobretudo as do universo de nossa investigação, vivem, majoritariamente, do emprego doméstico, cuja tendência é oferecer uma remuneração menor do que, por exemplo, o emprego na indústria, no qual ainda predomina a mão-de-obra masculina.

Na discussão das funções da família ficou claro o quanto essas famílias são ciosas do afeto, do carinho, como aspectos complementares à satisfação das necessidades objetivas, inclusive a escolarização, para o cuidado e proteção dos filhos.

Observamos, assim, entre os participantes da pesquisa qualitativa, um arraigado senso de família e uma preocupação importante em relação a cuidado, proteção e formação dos filhos. Os dados evidenciam uma capacidade admirável de separar, ou de desejar separar, o seu destino do destino dos filhos. Essas mães e pais não querem que seus filhos vivam as mesmas agruras sofridas por eles. Querem um destino melhor para suas crianças, mesmo que, para tanto, tenham que se separar delas.

Desta forma, os relatos orais coletados para este estudo indicaram que a entrega do filho pela mãe ou pelos pais não representa, via de regra, descaso ou desamor deles para com a criança. Sinalizaram, sim, uma tentativa de, por meio de pais substitutos, oferecerem ao filho a possibilidade de uma inserção sociofamiliar mais digna do que a deles, pais biológicos.

No capítulo seguinte, trataremos de aspectos sociais presentes na trajetória dessas famílias e que também foram determinantes na atitude de entrega do filho em adoção, como o processo de desenraizamento social pessoal da mãe ou pais biológicos, as políticas sociais de proteção à família e as redes pessoais e sociais.

Capítulo IV

Aspectos sociais determinantes nas adoções por consentimento da família de origem

> Tava bastante difícil, nesse tempo, eu não trabalhava, tava faltando as coisas e não dava e tal... Quando chovia, molhava tudo dentro de casa, aí, era aquele sofrimento, as crianças adoecia e eu não podia trabalhar por causa delas, era esse sofrimento (Ana).

O eixo norteador deste estudo é o direito da criança e do adolescente à convivência familiar, preferencialmente em sua família de origem, o que lhe é assegurado constitucionalmente. Regulamentado por legislações posteriores à Constituição de 1988, consta, por exemplo, no artigo 19 do ECA, que:

> Toda criança ou adolescente tem direito a ser criado e educado no seio de sua família e, excepcionalmente, em família substituta, assegurada a convivência familiar e comunitária, em ambiente livre da presença de pessoas dependentes de substâncias entorpecentes.

Da mesma forma, a legislação prevê que a família, a comunidade, a sociedade e o poder público são responsáveis para assegurar esse direito aos infantes e jovens.[1] A primazia de receber proteção e a preferência na formulação e execução de políticas sociais são igualmente asseguradas por lei. Contudo, o número significativo de adoções e de abrigamento de crianças e adolescentes[2] denuncia o não-cumprimento dessas prerrogativas legais.

Nem o poder público, principal responsável pela proteção à família, tampouco a sociedade têm desenvolvido mecanismos suficientes para fazer frente ao esfacelamento sociofamiliar em que vive grande parcela da população brasileira, em conseqüência da acentuada desigualdade social do País.

Esse quadro tem sido investigado e discutido por vários estudiosos, dos quais destacamos Carvalho, 2003; Iamamoto, 2004; Mioto, 2004, e Pereira-Pereira, 2004. Nosso intuito, neste capítulo, é, principalmente, discutir essas questões, destacando os aspectos sociais mais determinantes para a modalidade de adoção ora investigada. Assim, enfocaremos, inicialmente, o enraizamento/desenraizamento social, que constitui a base dessa problemática e, a seguir, as políticas de proteção social[3] à família e as redes sociais pessoais, que constituem outros fatores importantes na preservação dos laços sociofamiliares.

---

1. Em Gueiros e Oliveira (2005), consta uma discussão mais extensa sobre o direito à convivência familiar.

2. Quanto às adoções, consta no Capítulo I dados estatísticos relativos à Comarca da Capital. No que se refere a abrigamento, a obra *Reordenamento de abrigos infanto-juvenis da cidade de São Paulo*, da Secretaria Municipal de Assistência Social, indica à p. 99, que, entre novembro de 2002 e março de 2003, havia 4.847 crianças e adolescentes vivendo em abrigos em São Paulo.

3. Na versão oficial da Política Nacional de Assistência Social — PNAS (2004: 31), vemos que: "Segundo Di Giovanni (1998: 10), entende-se por Proteção Social as formas 'institucionalizadas que as sociedades constituem para proteger parte ou o conjunto de seus membros. Tais sistemas decorrem de certas vicissitudes da vida natural ou social, tais como a velhice, a doença, o infortúnio, as privações'...". Esse mesmo texto acrescenta que "A proteção social deve garantir as seguintes seguranças: segurança de sobrevivência (de rendimento e de autonomia); de acolhida; e de convívio ou vivência familiar".

4.1 O reflexo do enraizamento/desenraizamento social para a convivência familiar

Vimos, nos capítulos antecedentes, que entre os sujeitos do universo investigado existe a prevalência de trabalho precário, de renda insuficiente ou inexistente, de dependência de terceiros em termos de domicílio e de migração em condições insatisfatórias, o que expressa o comprometimento de suas raízes sociais e, ao mesmo tempo, é expressão dele.

Sabemos que o sentimento de estar localizado em um espaço social e dele fazer parte, sentir-se pertencente a ele — condição da qual os sujeitos em pauta tendem a estar alijados — é um aspecto componente do enraizamento social, que constitui a base para a garantia do direito à convivência familiar.

Nesse sentido, Iamamoto (2004: 265) salienta o papel dos assistentes sociais "na reconstrução das raízes sociais da infância e juventude, na luta pela afirmação dos direitos sociais e humanos e no cotidiano da vida social" de segmentos populacionais cujo exercício da cidadania está comprometido. Ela entende que o enraizamento é uma condição importante para se buscar a conservação do próprio patrimônio sociocultural e para assumir os desafios da construção de projetos futuros e avalia que:

> O enraizamento envolve o estreitamento dos laços de convívio familiar, de vizinhança, de grupos de amizade; a efetiva participação na vida coletiva, o reconhecimento das expressões culturais e das identidades, entre outras dimensões. Enfim, requer considerar as relações sociais que moldam um tipo de socialização, investindo no combate a todo tipo de preconceitos, violência e desigualdades impeditivas da afirmação da criança e do adolescente enquanto sujeitos de direitos.

Supomos, assim, que o esgarçamento de laços sociofamiliares e culturais presentes na população em estudo, conforme verificamos, contribui para a já referida vulnerabilidade social e é reflexo de seu desenraizamento pessoal e social.

Contudo, a noção de enraizamento/desenraizamento parece não ser facilmente definível, tampouco correntemente discutida, conforme enfatiza Simone Weil, autora à qual Iamamoto (2004) se reporta para apresentar seu entendimento sobre enraizamento social e expoente na discussão dessa temática.

Para Weil (1996: 411):

> O enraizamento é talvez a necessidade mais importante e desconhecida da alma humana. É uma das mais difíceis de definir. O ser humano tem uma raiz por sua participação real, ativa e natural na existência de uma coletividade que conserva vivos certos tesouros do passado e certos pressentimentos do futuro. Participação natural, isto é, que vem automaticamente do lugar, do nascimento, da profissão, do ambiente. Cada ser humano precisa ter múltiplas raízes. Precisa receber quase que a totalidade de sua vida moral, intelectual e espiritual por intermédio dos meios de que faz parte naturalmente.

Na segunda edição revisada dessa obra, com seleção e apresentação de Eclea Bosi, Weil discute tanto as condições de enraizamento, como a efetiva participação na existência de uma coletividade que pode se expressar pelo reconhecimento e sentimento de pertencimento a uma comunidade, por exemplo, quanto as de desenraizamento.

Dessa forma, a autora apresenta a conquista militar de um país em relação a outro e as relações sociais no interior de um mesmo país como fatores de desenraizamento. Considerando as relações sociais de um mesmo país, que é o que nos interessa para fins deste estudo, o dinheiro e a instrução seriam, segundo ela, os principais fatores que incidem nas múltiplas raízes do ser humano.

Sobre o primeiro fator, Weil (1996: 413) refere que existe uma "condição social inteira e continuamente presa ao dinheiro, é a do assalariado" principalmente se a preocupação do operário está centrada na "contagem dos tostões". No bojo desse fator vem o desemprego, que retira o operário de seus lugares de pertencimento: fábrica, alojamentos, partidos e sindicatos, por exemplo.

No que se refere à instrução, Weil (1996: 413-4), salienta a qualidade de instrução veiculada no mundo de hoje, que prima pela segmentação e não-contextualização da cultura. Em suas palavras:

> O Renascimento provocou por toda parte um corte entre a gente culta e a massa; mas separando a cultura da tradição nacional, pelo menos a mergulhava na tradição grega. Depois disso, os laços com as tradições nacionais não foram renovados, mas a Grécia foi esquecida. Resultou uma cultura que se desenvolveu num meio restrito, separado do mundo, numa atmosfera confinada, uma cultura consideravelmente orientada para a técnica e influenciada por ela, muito tingida de pragmatismo, extremamente fragmentada pela especialização, completamente desprovida ao mesmo tempo de contato com este universo e de abertura para outro mundo.

Weil (1996: 414) avalia que essa perspectiva de instrução, recorrente nos dias atuais, na qual a "vontade de aprender por aprender" deu lugar ao prestígio social a ela associado, é um sintoma de que o sistema social está doente.

Em relação às conseqüências do desenraizamento, a autora aponta que os realmente desenraizados só têm dois comportamentos possíveis: "a inércia de alma que equivale à morte" ou atividades cuja tendência é desenraizar aqueles que ainda não estão nessa condição ou o estão apenas em parte. "Quem é desenraizado desenraiza. Quem é enraizado não desenraiza" (Weil, 1996: 415).

O desenraizamento foi também objeto de discussão, na década de 1980, do sociólogo Florestan Fernandes. Na ocasião, em artigo publicado pela *Folha de S.Paulo*,[4] ele, referindo-se à massa de excluídos da ordem social, que toda sociedade estratificada produz, diz que

> São Paulo, como Rio de Janeiro e outras cidades brasileiras, abriga em ilhas dispersas e em áreas contíguas milhões de desenraizados, que se perdem no pó e na poluição humana da metrópole. Ninguém se importa com eles, com exceção das comunidades eclesiais de base [...].

Para Fernandes (1986), esses desenraizados eram excluídos do mercado e da política e conjugavam, assim, dois fatores que os constituíam marginais à sociedade civil: trabalho barato e alienação política. Ele en-

---

4. "Os desenraizados", publicado na *Folha de S.Paulo*, de 21 ago. 1986, Caderno Opinião, p. 3 — Tendências/Debates.

tendia ser de interesse do sistema de poder a manutenção de uma massa de população nessas circunstâncias e esperava que o movimento popular se desenvolvesse de forma a possibilitar a inclusão social dos que estavam à margem da sociedade.

Sobre esse aspecto, Fernandes (1986) expressou-se da seguinte forma:

> Espera-se que o movimento popular dê o salto qualitativo de mobilização que só poderá nascer de uma identidade partidária forte, que compreende que a classe operária não contém fronteiras diante da miséria e que o socialismo proletário só poderá florescer pela incorporação daqueles que são os mais desiguais, estejam eles no campo ou nas cidades, sejam eles brancos, negros ou índios, enfrentem eles os dilemas humanos que enfrentarem [...].

Ao que parece, cerca de vinte anos depois, a expectativa desse renomado cientista social continua sem concretização. O que se percebe é que a situação agravou-se quando o Estado brasileiro assumiu mais fortemente uma política neoliberal que se evidencia, entre outros aspectos, por meio da cessação do pleno emprego, do declínio dos sindicatos e do próprio encolhimento do Estado, este visível, sobretudo, com a focalização e a precariedade das políticas assistenciais.[5]

Quanto à classe operária, pelo menos na visão de Hobsbawm (2001), na década de 1990 apresentava-se enfraquecida, em decorrência do desenvolvimento de novos maquinários que passaram a substituir os(as) trabalhadores(as), das próprias dificuldades econômicas que restringiram a expansão industrial e das conseqüências do neoliberalismo, que afetaram-na decisivamente e impuseram o seu declínio.

Nessa perspectiva de análise, vemos que o trabalho e a instrução representam fatores importantes para o enraizamento. E, em que pese a ordenação de parte dos trabalhadores em arranjos alternativos ao emprego formal, há de se considerar que, ao menos para os segmentos sociais mais pauperizados, a redução e a precarização do mercado formal de trabalho trouxe conseqüências nocivas.

---

5. Para uma análise aprofundada desse aspecto, ver: Anderson, 1998; Borón, 1998 e Yazbek, 2001, entre outros.

Além disso, a instrução, também apresentada por Weil (1996) como outro fator determinante para as raízes sociais, permanece como algo que, para as camadas populares, requer empenho para ser conquistado. E nem estamos questionando a qualidade de instrução a que se refere a autora. Todavia, como vimos no capítulo antecedente, esse é um aspecto valorizado nos diferentes segmentos sociais e que incide diretamente na qualidade das relações que se estabelecem na família.

Entendemos que ao trabalho e à instrução associam-se as políticas de proteção social e as redes sociais pessoais para a constituição das raízes sociais do indivíduo. O comprometimento do conjunto desses fatores enseja múltiplos problemas, entre eles o perigo de destruição do passado, costumeiramente presente nos processos de desenraizamento social.

Ocorre que é com o que trazemos do passado, digerido, assimilado e recriado por nós, como diz Weil (1996), que vamos construir o futuro. Se não temos passado, ou se ele está eivado por mazelas, como vamos alicerçar a existência futura, inclusive, ou principalmente, dos filhos?

Quando Emílio, um dos sujeitos cuja trajetória acompanhamos no decorrer desta obra, diz que não teve infância, não brincou, não teve estudo e não teve adolescência, porque, desde cedo, teve de trabalhar para ajudar na subsistência familiar, ele está reclamando de alguns "bens" que foram usurpados de seu passado. Qual é o significado disso para seu futuro? Qual é a influência desses "bens usurpados" para a decisão de, em determinado momento de sua vida, ele entender que o filho em gestação, para ter uma vida digna e a garantia de conviver em uma família, precisa ser criado por pais substitutos? Quais são as estratégias para os que estão socialmente desenraizados recomporem condições básicas para evitar o rompimento dos laços familiares e comunitários?

4.2 As políticas de proteção à família e a rede social pessoal: aspectos compensatórios no desenraizamento social?

A desigualdade econômico-social, cada vez mais acentuada em nosso país, expressa, entre outros aspectos, no perecimento das raízes sociais, sobretudo daqueles que pertencem às camadas populares, tem deixado parcela significativa da população na dependência de políticas sociais e do apoio da rede social pessoal para minimizar suas vulnerabilidades sociais. Entretanto, sabemos da insuficiência de políticas públicas redistributivas que possam fazer frente à gravidade dessa situação e, como veremos posteriormente, a assistência social não institucionalizada advinda da família, dos amigos e da vizinhança não é suficiente, nos setores mais empobrecidos, para prover os encargos decorrentes, por exemplo, da não-inserção no mercado formal de trabalho e da tímida presença da esfera pública na garantia dos direitos básicos à cidadania.

4.2.1 As políticas sociais de proteção à família

Com a finalidade de assegurar a assistência social ao cidadão, na perspectiva de uma política de seguridade social (que inclui saúde, previdência social e assistência social), a Lei Orgânica da Assistência Social — Loas (Lei nº 8.742), promulgada em 7 de dezembro de 1993, tem como princípios, entre outros: a universalização dos direitos sociais e a "supremacia do atendimento às necessidades sociais sobre as exigências de rentabilidade econômica".

Em seu artigo 1º, essa lei define que:

> A assistência social, direito do cidadão e dever do Estado, é Política de Seguridade Social não contributiva, que provê os mínimos sociais, realizada através de um conjunto de ações de iniciativa pública e da sociedade, para garantir o atendimento às necessidades básicas.

Ela expressa, entre seus objetivos, "a proteção à família, à maternidade, à infância, à adolescência e à velhice; o amparo às crianças e adolescentes carentes; e a promoção da integração ao mercado de trabalho" (art. 2º). Defende ainda a perspectiva de uma assistência social integrada às políticas setoriais de forma a garantir o enfrentamento à pobreza, os mínimos sociais e a universalização dos direitos sociais, entre outros (parágrafo único).

Não obstante essa perspectiva da Loas, as políticas assistenciais tendem, ainda, a ser focalizadas e fragmentadas, além de não serem suficientes para o atendimento às demandas da população.[6]

Os sujeitos participantes de nossa pesquisa qualitativa são exemplos do quanto tais políticas estão longe de suprir os mínimos sociais[7] e, conseqüentemente, assegurar proteção à família de forma a garantir a convivência de seus membros. Os relatos seguintes demonstram sua escassez e a descrença na sua efetividade:

> Da prefeitura, não recebo nada, nada, nada, nada. Nunca recebi. [...] Mas que até agora num saiu, pedi foi a... A inscrição pros dois e, inté agora, nada. [...] Bolsa de Família também não. Desse tempo, quem fez foi o pai das três, dos três, né, aí, saiu no nome dele, mas ainda não saiu nada, até aqui num saiu nada. [...] Ah, eu fui sim, tá com um ano já, eu fui ver, não deu certo. Mandaram carta pros outros e nada pra ele. [...] No mesmo lugar, lá, ele fez na... Num lugar lá que tava fazendo, só que eu esqueci o nome do lugar. É um lugar, lá da prefeitura, só que, até agora, num saiu nada, tá com um ano já. Saía pra quem não precisava, pra quem não tava... Tava saindo, né, passou na televisão. (Janete)

Janete reclama a falta de vagas em equipamentos municipais de convivência infantil (creche) para seus filhos em idade pré-escolar. Sobre esse direito assistencial e os de transferência de renda, do tipo "Bolsa-Escola" ou "Bolsa-Família", em nada ela foi beneficiada.

Joana, entretanto, está confiante de que com a política do novo prefeito da cidade para onde se mudou recentemente, será possível construir uma casa, cujo objetivo primordial é assegurar condições para reassumir a guarda dos filhos que estão abrigados há aproximadamente quatro anos. Seu projeto é, a princípio, retirar do abrigo o filho mais velho e, depois, os demais:

---

6. Para uma discussão mais aprofundada sobre essa questão, ver Acosta, Vitale e Carvalho, 2003; e Carvalho, 2003.

7. A política de assistência social concebe os mínimos sociais como padrões básicos de inclusão social. Esses padrões básicos devem ser compatíveis com o "grau" de dignidade humana, condições de subsistência e qualidade de vida, conforme as conquistas asseguradas legalmente para a sociedade naquele dado momento.

> A casa lá... Tem o prefeito, né? Agora, assim, com essa nova eleição, teve um prefeito que ganhou. Ele disse que era pra mim ir lá, fazer o cadastro, ele ia na minha casa, ele ia me ajudar... Pra fazer essa casa, que eu quero fazer... Porque, por enquanto, é de madeirite. E, como eu quero tirar ele (o filho mais velho), eu tenho que ter mesmo uma casa, mesmo. Aí, o prefeito de lá vai me ajudar, a assistente social de lá também vai me ajudar. E eu vou colocar ele meio período na escola e, meio período, ele fica num... Numa tal de guardinha. Com 15 anos, lá ele pode entrar.

Cinco meses após essa fala de Joana, a situação permanecia a mesma; porém, ela continuava acreditando na promessa do prefeito e aguardando que sua casa logo fosse construída:

> Ainda não começou. Eu não sei como eles vão fazer, mas eles querem que até dezembro esteja prontas as casa.

O próprio abrigamento, ainda largamente utilizado para os cuidados e a proteção de crianças e adolescentes, não apresenta uma política na qual se favoreça a permanência conjunta dos irmãos e a efetiva vinculação com sua família. Exemplo disso é o fato de Joana ter mudado de São Paulo para uma cidade do interior e, cinco meses depois, ainda não ter conseguido a transferência dos filhos para um abrigo da região: "Tem que achar um abrigo que aceita... Que aceita os seis e tem que ver também a quantidade de crianças... Não é fácil. Nem aqui, em São Paulo, foi fácil pra achar esse. Eles foram passando em vários abriga".

Apesar disso, Joana vê, no abrigo, uma possibilidade de inclusão social para os filhos, pois referiu que:

> No abrigo, é, né? É trezentas, quatrocentas crianças. E os meus menino já... Meu menino de 15 anos já sabe fazer muita coisa. Ele, saindo do abrigo, ele vai estudar e vai trabalhar na guardinha lá. [...] Ontem, tava conversando com o Clê... Ele tem 12/13 anos e disse que tava aprendendo piano. E também tá tendo aula de capoeira. Ele disse que vai ser professor de piano. Ele disse que ia ser advogado, mas só que ele pensou muito, porque ele ia colocar muito pai na prisão. Então, vai ser professor de piano...

Emílio e Ana, por sua vez, relatam não receber qualquer auxílio do poder público ou de espaços não-governamentais. Denotam, inclusive, descrença nessa possibilidade assistencial. Dizem que não recebem "ajuda de ninguém" e que:

> Só a gente mesmo que se vira... É que essas coisas dá tanto trabalho que, às vezes, num... Num vale a pena a gente ficar atrás disso ai. Demora tanto que quando vai conseguir, às vezes...

Posteriormente, Ana acrescenta que não recebem nenhum subsídio ou cesta básica:

> Nem do patrão de Emílio... Nem de ninguém, nem de ninguém. Só depende mesmo do salarinho de Emílio.

Elza, em nenhum momento, refere-se à inclusão ou à falta de programas assistenciais. Possivelmente por ter uma família de origem que poderia lhe prestar auxílio, se necessitasse, essa questão não tenha merecido qualquer atenção de sua parte.

Por último, Janete, com a simplicidade que lhe é peculiar, diz textualmente que, se estivesse incluída em algum programa assistencial, tipo Bolsa-Família, por exemplo, não teria entregue a filha em adoção:

> Não tinha dado, não tinha dado. Porque era uma garantia que eu tinha pra cuidar da minha filha, né, dar as coisinha... Pra dar pra ela, não tinha dado ela.

Esses relatos não deixam dúvidas que os programas assistenciais, de responsabilidade da esfera pública, não estão abrangendo setores da população claramente submetidos a condições de importante vulnerabilidade social.

No entanto, desde 2001, o município de São Paulo formulou programas de atenção à família, cujos princípios norteadores apontam para a consolidação e o aprimoramento da assistência social. Com isso, prevê a articulação de ações e a busca de parceria com a sociedade civil organizada e assume que a família é representante do "principal eixo articulador das políticas públicas de assistência e promoção social", sujeito e beneficiária das ações (Junqueira e Proença, 2003: 219).

Observamos, assim, que a formulação dessa proposta de política de assistência social do município de São Paulo segue a mesma tendência, que se processa no Brasil desde os anos 1980, de parceria entre a esfera pública e a privada. Nessa concepção, é verificado o "retraimento" do poder público; o Estado deixa a condição de dirigente maior do sistema de proteção social e o mercado/sociedade avança nessa direção, configurando o que Pereira-Pereira (2004) discute como pluralismo de bem-estar. A conseqüência desse "bem-estar misto" para a provisão social é o "esvaziamento da política social como direito de cidadania" (Pereira-Pereira, 2004: 33).

Dessa forma, verificamos que a assistência social, como política pública e direito social, ainda não está consolidada. Contudo, a implementação do Sistema Único de Assistência Social — Suas — visa assegurar justamente a efetividade da assistência social enquanto política pública.

Previsto na Loas como seu requisito essencial, o Suas, cuja implantação é parte do conjunto de medidas previstas na Política Nacional de Assistência Social — PNAS, Resolução nº 145, de 15 de outubro de 2004, preconiza um modelo de gestão descentralizado e participativo e se constitui na regulação e organização das ações socioassistenciais em todo o território nacional. Toma, também, como um de seus eixos estruturantes a "matricialidade sociofamiliar".

A fundamentação para essa centralidade da família na política de assistência social baseia-se no reconhecimento das precárias condições de inserção e enraizamento social que está submetida parcela considerável da população, conforme se verifica no trecho seguinte:

> Por reconhecer as fortes pressões sociais que os processos de exclusão sociocultural geram sobre as famílias brasileiras, acentuando suas fragilidades e contradições, faz-se primordial sua centralidade no âmbito das ações da política de assistência social, como espaço privilegiado e insubstituível de proteção e socialização primárias, provedora de cuidados aos seus membros, mas que precisa também ser cuidada e protegida [...] (PNAS, Capítulo 3, item 3.1.1).

A expectativa é de que, com a efetiva implementação do Suas e consolidada a provisão dos mínimos sociais, parte considerável das famílias brasileiras que ainda dependem da assistência prestada pela família, comunidade e vizinhança, possam, então, ter acesso a recursos para suprir suas necessidades básicas.

Vimos que os sujeitos de nossa pesquisa, os quais chegaram à situação-limite de entregar um filho em adoção, sobretudo por falta de condições socioeconômicas para criá-los, não foram inseridos em qualquer programa assistencial. Estiveram, portanto, alijados da proteção social, cuja responsabilidade é da esfera pública.

Abordaremos a seguir a partir de suas redes sociais pessoais, a vinculação a possíveis sistemas assistenciais, no âmbito privado, isto é, da comunidade, da vizinhança ou de instituições religiosas.

4.2.2 A rede social pessoal: uma estratégia de enraizamento social?

Nossa perspectiva é abordar a interface família-rede social e sua influência no processo de inclusão, ou de tentativa de inclusão, em um novo circuito social da família dos cinco sujeitos (haja vista serem migrantes) que nos ofereceram, oralmente, suas histórias pessoais.

Diferentemente de grupo social, a rede não tem fronteira bem definida e se forma a partir da convivência, com ou sem o estabelecimento prévio de objetivos. Sluzki (1997) a entende como um dos aspectos importantes na experiência individual de identidade e de bem-estar, por exemplo.

Para Sluzki (1997: 41-42), em um nível mais microscópico, a rede social pessoal pode ser definida como

> a soma de todas as relações que um indivíduo percebe como significativas ou define como diferenciadas da massa anônima da sociedade. Essa rede corresponde ao nicho interpessoal da pessoa e contribui substancialmente para seu próprio reconhecimento como indivíduo e para sua auto-imagem.

As redes sociais, como o próprio termo sugere, representam um entrelaçamento de ligações, um tecido social cujas malhas tem diferentes direções e conexões. As trocas e o montante delas não são diretas nem lineares, extrapolam os limites do grupo familiar e existem nas diferentes camadas sociais.

As redes têm um papel importante na reprodução familiar e, no que se refere mais especificamente à solidariedade familiar, Vasconcelos (2002) trabalha com duas classificações diretamente relacionadas à camada social: nos segmentos sociais médios e altos, essa solidariedade familiar estaria voltada para a promoção social e, nos estratos sociais mais baixos, para a subsistência.

Neste segmento social, de maior interesse para nosso estudo, as trocas, segundo o autor, se dariam mais em termos materiais e em serviços. Essas práticas nas redes sociais teriam, assim, um papel estratégico na trajetória social dos indivíduos e das famílias.

As características das redes sociais quanto a tamanho e grau de conexão, por exemplo, variam não só pela pertença a esta ou aquela camada social, mas também pelo contexto cultural. Gomes (1992 e 1995), como veremos adiante, chama a atenção para a diferenciação de sociabilidade, um dos elementos essenciais na formação das redes sociais, e seu impacto nos processos migratórios, principalmente naqueles mais radicais, nos quais o indivíduo sai do campo ou de pequenas cidades para uma metrópole.

Para aprofundar a discussão de rede social pessoal é necessário abordar seus elementos essenciais, como a sociabilidade, a vivência de processos migratórios, a formação e a conexão de novas redes e os espaços de solidariedade. Iniciaremos essa abordagem pela sociabilidade, cujos padrões resultam do processo de socialização implementado pela família e têm implicações importantes na constituição da rede social do indivíduo.

4.2.2.1 Rede social pessoal e sociabilidade

Para a formação da rede social, ou social pessoal, como denomina Sluzki (1997), a sociabilidade é um dos elementos centrais, conforme já dito. Simmel (1983) designa sociabilidade como uma forma lúdica da sociação,[8] na qual não existe necessariamente laço de conteúdo, ela existe por si mesma. Assim, as pessoas se associariam pela satisfação de se sentirem ligadas umas às outras.

Na visão de Simmel (1983), a sociabilidade se processa de forma mais consistente e prazerosa entre membros de um mesmo estrato social. Atributos pessoais, como riqueza, posição social, cultura, fama, méritos e capacidades excepcionais não constituem a sociabilidade ou não participam diretamente dela, embora entrem como nuances individuais no processo. O autor acrescenta que cortesia é um traço caracteristicamente sociável, visto que, por meio dela, um indivíduo supostamente mais forte iguala-se a outro mais frágil e, por vezes, até inverte a situação, isto é, age como se o mais frágil fosse mais forte.

Em princípio, a sociabilidade se processa de modo que os indivíduos ofereçam e recebam valores de forma equivalente. Por isso, existe a tendência de avaliar que a sociabilidade entre diferentes estratos sociais poderia ser inconsistente e até dolorosa, segundo a análise oferecida pelo autor em pauta.

Fonseca (2002), em sua abordagem sobre circulação de crianças, em um bairro popular na periferia de Porto Alegre, aponta que, por vezes, as mulheres se agrupam na rua ou interagem mais cotidianamente com alguns espaços da comunidade, supostamente para atender a demandas referentes a crianças. Entretanto, tais demandas seriam mais um pretexto para essa sociação com outras mulheres do que propriamente uma necessidade da criança.

Nesse sentido, Simmel (1983: 179) refere que:

> Certamente é da natureza da sociabilidade liberar as interações concretas de qualquer realidade e erigir seu reino aéreo de acordo com as leis da forma destas relações, que passam a mover-se por si mesmas e a não reconhecer qualquer propósito estranho a elas. No entanto, a fonte profunda que alimenta esse reino e sua representação não repousa nestas

---

8. Simmel (1983: 166) define sociação como "a forma (realizada de incontáveis maneiras diferentes) pela qual os indivíduos se agrupam em unidades que satisfazem seus interesses. Esses interesses, quer sejam sensuais ou ideais, temporários ou duradouros, conscientes ou inconscientes, causais ou teleológicos, formam a base das sociedades humanas".

> formas, mas exclusivamente na vitalidade de indivíduos concretos, com todos os seus sentimentos, encantos, convicções e impulsos. A sociabilidade é um *símbolo* da vida quando a vida surge no fluxo de um jogo alegre e fácil: ela é, contudo, um símbolo da *vida*. A sociabilidade não muda a imagem da vida além do ponto exigido por sua própria distância em relação a esta. [...] Se a sociabilidade corta inteiramente os laços com a realidade da vida, da qual elabora sua própria estrutura (num estilo todavia diferente), deixa de ser um jogo e se transforma num namoro leviano com formas vazias, num esquematismo inanimado que inclusive se orgulha de sua falta de vida.

O padrão de sociabilidade da sociedade contemporânea, transmitido principalmente através da família, tende a privilegiar a intimidade, a privacidade e a convivência entre os "iguais". Dessa forma, a convivência estaria mais propensa a ocorrer entre aqueles que têm os mesmos costumes, o mesmo estilo de vida, o que vai se refletir na constituição das redes sociais, sobretudo no seu grau de conexão.

Assim, nos processos de mudanças, especialmente naqueles mais radicais nos quais o indivíduo ou a família se distancia de sua parentela, dos vizinhos, dos amigos e dos colegas de trabalho (a migração é um exemplo disso), pode ocorrer um relativo isolamento. Em seu novo local de morada, o contato com vizinhos e com amigos fica quase inexistente e com os parentes é esporádico, pois eles estão geograficamente distantes. Nesses casos, segundo Both (1976), o indivíduo ou a família pode viver certo "atordoamento" e consideráveis insatisfações pessoais.

Para explorar melhor esse aspecto, considerando que todos os sujeitos desta pesquisa qualitativa são migrantes, bem como parcela considerável da população constante da pesquisa quantitativa, abriremos um subitem específico para abordar as condições de migração e as conseqüências para a construção de uma nova rede social.

4.2.2.2 Rede social pessoal no processo migratório

A migração pressupõe o deslocamento da rede social de origem e a necessidade de construção de um novo circuito de relações sociais no atual lugar de moradia. Além disso, as migrações impõem, via de regra, a adaptação a uma nova cultura e, portanto, a novas formas de sociabilidade.

A migração é comum na sociedade moderna. A questão é como e por que ela se dá. Ou seja, o que ela expressa em termos da questão social,[9] notadamente no que se refere à inclusão social e às formas perversas de tal processo. Nesse sentido, nem todo migrante[10] passa por situação de maior vulnerabilidade social, pois se a mudança de uma cidade ou de um estado para outro ocorreu em condições satisfatórias haverá maiores possibilidades de inserção no mercado de trabalho e de acesso a bens e serviços no lugar de destino.

Nossa questão se volta, portanto, às migrações cujos sujeitos estão socialmente desprotegidos. Os motivos apresentados pelos entrevistados para que eles e outros membros de sua família migrassem para São Paulo indicam tanto a impossibilidade de sobrevivência no local de origem quanto a indisponibilidade para permanecerem em duras condições de trabalho, impeditivas de desenvolvimento, e para alguns poucos a ilusão de que, em São Paulo, a vida seria mais abundante e livre.

Para apreender esse aspecto da trajetória de vida dos entrevistados, fizemos, inicialmente, a seguinte pergunta: "Por que você veio para São Paulo?". As respostas, como podemos ver a seguir, vão desde deci-

---

9. Estamos assumindo o conceito de questão social na perspectiva de Yazbek (2001), que a aborda partindo do debate no âmbito do Serviço Social e a situa "como elemento central na relação entre profissional e realidade". Coloca a questão social como referência para a ação profissional e refere que ao fazer isto está colocando "a questão da divisão da sociedade em classes, cuja apropriação da riqueza socialmente gerada é extremamente diferenciada. Estou colocando em questão, portanto, a luta pela apropriação da riqueza social. Questão que se reformula e se redefine, mas permanece substancialmente a mesma por se tratar de uma questão estrutural, que não se resolve numa formação econômico social por natureza excludente" (Yazbek, 2001: 33). Na conjuntura atual, a autora destaca como configurações e expressões da questão social: as transformações das relações de trabalho e a perda dos padrões de proteção social dos trabalhadores e dos setores mais vulnerabilizados da sociedade, que vêem seus apoios, suas conquistas e direitos ameaçados (p. 33-34).

10. Martins (2002: 144-145) define migrante como sendo "os que colocam temporariamente entre parênteses o sentido de pertencimento e voluntariamente se sujeitam a situações de anomia, de supressão de normas e valores sociais de referência". E acrescenta: "É necessário pensar como migrante não apenas quem migra, mas o conjunto da unidade social de referência do migrante que se desloca".

sões tomadas pelo marido ou outros familiares até situações nas quais parecia não haver alternativa, senão a vinda para cá:

> Porque a família do meu marido morava aqui. (Joana)

Posteriormente, Joana esclareceu que, quando se casaram, ambos foram trabalhar em olaria com sua família de origem; todavia, nem ela, que havia sido criada por uma tia em outra cidade, nem ele, que por uns tempos havia morado em São Paulo, se adaptaram a esse tipo de trabalho. Resolveram, então, mudar-se para esta capital paulista.

Emílio, que logo se mostrou crítico em relação às suas condições de vida, sobre a migração de membros de sua família de origem e da família atual expressou o seguinte:

> [...] eu vim primeiro, eu vim primeiro, a gente... Eu tava empregado lá, aí, trabalhava num supermercado, aí, saí do supermercado, fiquei desempregado, aí, fiquei botando negocinho lá pra mim... O dinheiro foi pouco, não deu pra continuar, aí, parei e vim pra cá, pra São Paulo. Fiquei com meu irmão. Aí, fiquei desempregado uns tempos, aí, fiquei procurando serviço até que enfim Deus colocou isso na minha frente. Já tamos com... Já um ano e cinco meses aqui, graças a Deus, aí, com um ano, tava com sete mês, aí, eu trouxe ela pra cá.

Esclareceu ainda que, em São Paulo, já estavam cinco de seus irmãos e explicitou os motivos que fizeram alguns deles, e depois ele próprio, deixarem o estado do Maranhão, onde nasceram e se criaram, primeiro, numa cidade de pequeníssimo porte e, depois, em outra um pouco mais desenvolvida:

> Lá a situação é mais precária ainda. Lá é muito difícil, muito difícil. [...] E não tem emprego, né, aqui vira e mexe a pessoa que quer trabalhar, sempre arruma emprego. Tá certo, que desemprego é grande, mas a pessoa que quer oportunidade arranja emprego em qualquer lugar. A pessoa que tem força de vontade, só que o salário aqui é bem melhor do que lá viu, lá eu ganhava um salário mínimo, não dava pra todo mundo, aqui já ganho mais, é pouco mas graças a Deus é mais. E cada ano que a gente passar... Só que aqui não é... também não... Mas a gente passa.

Sobre os arranjos para estabelecer-se em São Paulo, Emílio acrescentou:

> Vim pra casa da minha irmã. Passei uns meses lá desempregado, segurando a barra lá, aí, comecei, tinha um mês, num deu dois meses não, eu fui fazendo um bico, o que aparecia eu ia fazendo... Aí, arrumou com um rapaz pra construir quadra de saibro, foi assim que surgiu pra trabalhar aqui.

Relatou que Ana ficou no Maranhão com os dois filhos e que mandava para ela o dinheiro que podia. Sobre as condições em que viviam no Maranhão, Emílio disse:

> [...] a gente tinha uma casinha lá. Também humilde "pá caralho", um barraquinho lá, né? Toda vez que chovia, entrava água, era na beira de uma lagoa, aí, a gente tava lá... Só o terreno, caiu a casa que tinha lá, tá lá o terreno. Lá, ficou tudo pra lá, quando ela veio pra cá vendeu o que tinha, fogão, a televisão, tudo que tinha ela vendeu pra poder comprar passagem pra poder vir.

Além disso, expressou o compromisso em relação à esposa e aos filhos e o desejo de trazê-los para junto de si, realizando-o tão logo foi possível:

> Ela veio direto pra essa casa. Porque eu tava aqui, já tava trabalhando aqui, eu e um irmão meu, certo, essa casa era minha e de um irmão meu. Foi... Aconteceu que ele saiu daqui, né, e eu fiquei sozinho na casa, e falei agora é a hora certa, eu falei com ele [o patrão] de trazer, aí, ele falou que sim que podia trazer, aí ela arrumou e veio pra cá.

Por seu lado, Ana referiu-se às dificuldades vividas lá e ao prazer de ter novamente se juntado ao marido:

> [...] fiquei na casa da minha mãe... [fala muito baixinho]. Tava bastante difícil, nesse tempo eu não trabalhava, tava faltando as coisas e não dava e tal... Quando chovia molhava tudo dentro de casa, aí, era aquele sofrimento, as crianças adoecia e eu não podia trabalhar por causa delas, era esse sofrimento. Aí com sete meses, ele mandou me buscar.

Ana declarou seu apreço à mudança para cá dizendo: "... vichi... é muito melhor".

Esses fragmentos da fala de Emílio e de Ana põem à mostra alguns elementos que tendem a ser comuns nos processos migratórios: a precariedade de condições de vida no lugar de origem; a vinda de parte da família, enquanto os demais aguardam uma melhor oportunidade para juntarem-se aos que já vieram; a luta pelo emprego; e a solidariedade dos que já estavam na metrópole, visando oferecer aos que chegam condições mínimas de permanência: moradia e ajuda para arranjar trabalho, principalmente.

Na seqüência do diálogo, aparecem outras questões que dizem respeito às diferenças entre o lugar de origem e o lugar de destino, que, por vezes, significam um choque cultural. Para Emílio, o imaginário parecia pior do que a realidade, o que logo nos faz pensar em como se sente uma pessoa que sai de um lugar que lhe é conhecido e que, de alguma forma, está protegido pela presença dos familiares e amigos, para outro no qual imagina encontrar violência e morte. Emílio fala de seu encontro com São Paulo e das estratégias encontradas para enfrentar o que lhe era mais temerário:

> Pra mim, foi uma surpresa, né, eu num pensava que São Paulo... Eu pensava que São Paulo fosse uma coisa bem mais difícil, eu ouvia falar, assim, muito em violência em São Paulo, era muita morte, mas, graças a Deus, até hoje, desde quando eu cheguei aqui... O que mais me assustava em São Paulo era isso, de vir pra São Paulo, que era muita violência, aqui, em São Paulo, era muita morte, mas, até hoje, graças a Deus... Até hoje, eu nunca vi essas coisas, acho que eu não sei se é porque eu não gosto de confusão também, de num andar no meio de briga e tal, é por isso que nunca cheguei a ver, também nunca cheguei a ver um morto, graças a Deus, é o que mais me assustava era isso, mas eu nunca vi isso aqui, em São Paulo. Eu já andei em muito lugar, que eu vou, já andei em muita, como é que fala, quebrada mesmo, mas, graças a Deus, nunca topei com ninguém pra vim mexer, certo, sempre tratei todo mundo com respeito, em todo lugar que se vai, trato todo mundo com respeito, e você vai passando. Mas eu senti muita diferença no frio, quando eu cheguei aqui tava frio, mas, aí, de repente, aqui esquenta que fica mais quente que o Maranhão. Porque lá, praticamente, é sempre só tempo quente.

Aqui não, tem um dia que tá quente, outro que já tá gelado, mas, aí, a gente vai se acostumando. Eu já me acostumei, ela também; o mais difícil de acostumar é as crianças; sempre que tem mudança de tempo, as criança ficam doentes.

Janete, por sua vez, apresentou outros elementos que se fizeram presentes na migração de alguns dos seus irmãos para São Paulo:

> Eles vieram porque queriam ganhar a vida, estavam cansado de cortar cana, de plantar roça, porque lá vevi de roça, né? A roça que o povo planta lá é macaxeira, é macaxeira... E, aí, eles vevi disso, mas tava cansado e vinheram tentá a vida aqui. Aí, se casaram, compadre Dima já tem a casinha dele, o que trabalha de motoqueiro não tem casa ainda, paga aluguel, coitado, paga aluguel, essa minha irmã que eu falo que fica com as minhas menina paga aluguel, o marido dela ganha... Dá, só tem uma menininha, né, dá pra ir levando. E tem outra irmã, que é a Nice, né, a Nice também mora na casa dela, a Deusa também mora na casa dela, graças a Deus.

Acrescentou que, após separar-se, e ir morar com os pais, a vinda para São Paulo foi definida com os irmãos:

> Eles me chamaram é, esse mais velho mandou dinheiro e eu vim com as duas meninas. [...] Eu fui trabaiá, arrumei um serviço e pagava uma pessoa pra ficar com as menina, né, e eu trabalhei dois anos aqui no correio [bairro].

Novamente aparece a solidariedade familiar como suporte para os que chegam de longe. Além disso, o desejo de deixar atividades penosas, e quase sempre sem maiores rendimentos como é o trabalho rural, emerge, nesse fragmento, como motivo para a migração. Janete também nos fala do maior ou menor sucesso com a migração, quando nomeia os irmãos que têm casa própria e aqueles que ainda vivem em moradias alugadas.

Janete relatou ainda que há dois anos foi passear em Pernambuco, sua terra natal, e ficou com vontade de voltar a morar lá, mas viu que não tinha condições:

> Porque assim... Eu senti falta daqui. Lá, é, sei lá... A gente, pra trabaiá, tem que puxar uma enxada, né? Não aparece serviço fácil assim. Fácil não, porque serviço não é fácil... Pra trabaiá em casa de família, elas paga trinta conto por mês. Aí eu disse:
>
> "Não, vou me embora... Com toda disgrama melhor lá!" [risos].

Refere que, em São Paulo, uma empregada doméstica que dorme no emprego chega a ganhar quatrocentos, quinhentos reais, mas, no município onde mora seu pai, não é possível ganhar um salário desse:

> Dá pra ir levando. E, lá, não. Não tem quem ganhe isso, minha filha. Não tem quem ganhe não. Eu tentei, lá, arrumar um serviço na casa de uma crente. Ela disse:
>
> "Eu fico com a senhora, mas é trinta conto por mês...".
>
> Eu disse:
>
> "Não. O que é que eu vou fazer com trinta conto por mês?".
>
> Aí, eu vim-me embora. Agora, as comida de lá são muito gostosas, viu?
>
> Nossa! O queijo, o bolo de mandioca... Nossa! O pão de coco... Nossa, menina, é muito gostoso lá. As comida de lá são mais gostosas de que daqui. Muito mais gostosa! E forte, né? As comida daqui... Gosto, mas não é que nem as de lá. As de lá são mais gostosa.

Ao destacar a saudade do sítio do pai, onde nasceu e se criou, Janete afirma:

> Ah, só do sitinho do meu pai, das fruta, né? Tudo as frutinha caseira, né? Só o que eu gosto de lá. Só vou lá mode o meu pai, minhas irmã. Só vou lá mode eles. Se não, eu não ia mais não.

Janete indica que, até certo momento, tinha propensão a retornar a Pernambuco, mas, frente à impossibilidade de sobreviver com seu trabalho, decide pela permanência em São Paulo, apesar de seu apreço à comida nordestina e ao sítio do pai.

Para Elza, os motivos que fizeram os irmãos migrarem para São Paulo estariam mais associados a um "imaginário colorido" desta metrópole e ao desejo de conhecer o mundo do que propriamente por necessidade de sobrevivência, uma vez que os pais eram proprietários de terras e tinham meios suficientes para viverem dignamente:

> Saíram, porque, assim... Os filho não queria mais trabalhar naquilo que era deles, eles queria conhecer o mundo, né, porque minha irmã dizia assim: "Meu pai, se o senhor não me deixá ir embora pra São Paulo, eu simplesmente vou fugida, porque eu não quero ficá aqui".
>
> Sabe, assim... Passou alguém e dizia: "São Paulo é isso, é aquilo, tudo fantasia...".
>
> Porque pra nós, São Paulo seria um lugar colorido, jamais imaginei que São Paulo fosse Perus [bairro periférico da cidade], aonde eu tô vivendo, entendeu? [risos] Então, aí, as menina começou a vim embora. Tinha aquela influência. Ah! Vou trabalhar, ter dinheiro, né, ajudá meus pais a construir isso, aquilo, entendeu? Então, é tudo fantasia da cabeça e simplesmente foram embora. Só que eles não impediram ninguém de ir embora, todo mundo foi por que quis, né?

Sobre sua vinda para São Paulo e o início da vida nesta cidade, Elza relatou:

> Nossa! São... Que horror São Paulo! E eu sofria, porque era frio, era gelado, magina aquele calor de quarenta grau na Bahia. Nossa, como eu sofri! Eu chorava, porque não era fácil, assim que eu chegava, abria a porta da... Do quintal, ia, lá no pé, pegava um milho, vinha assar, pegava um feijão, vinha cozinhar, pegava umbu e ia chupar, entendeu? Pegava cana e vinha chupar na porta. Nada era fácil como o povo falava, como eu pensava. Tudo difícil, Nossa Senhora, como eu sofri! Dois meses que eu passei no Guarujá, eu sofri mais de que durante esses dez anos que eu passei sofrendo dentro de São Paulo. São Paulo, eu achava que tudo era assim, chegava e pegava, como eu tava acostumada a fazer lá. Quer dizer, eu saía pra ir na feira, mas minha mãe deixava a feira paga pra eu ir lá buscar, né? Minha mãe deixava o mercado pago pra eu ir buscar, minha mãe deixava a farmácia paga pra eu ir buscar. Cheguei aqui não era nada disso. Tudo era difícil e até acostumar? Porque lá tudo era fácil, né? Então, quer dizer, a gente não sabia de onde vinha e como eles fazia pra tudo ser tão fácil, de onde eles tiravam dinheiro? A gente não sabia dizer de onde tirava. Então, até aí, a gente não entendia de onde é que vinha o maldito dinheiro, só que chegou aqui a gente começou a entender, né?

> Como ela falou: "Vocês só vão dar valor ao que tem, quando vocês batalhar pra ter o que é de vocês mesmo".
>
> Porque lá, nós tomava conta das pessoa, né? Fazia o pagamento de todo mundo, mas a gente, até então, não sabia da onde é que vinha aquele pagamento, não sabia da onde vinha aquele dinheiro pra dá pra outra pessoa, porque trabalhou, né? A gente trabalhava, mas não era aquela coisa, assim... Eu vou dá um duro, duro, não. A gente tomava conta de tudo, mas tava ali, ó, porque tinha outras pessoas que tavam no pesado, entendeu?

Mesmo apresentando diferentes motivos para a migração, o que se pode constatar é que esses sujeitos tiveram suas relações sociofamiliares originárias esgarçadas; deixaram no Nordeste parte da família, outros parentes e amigos e, pela escassez de recursos, quase nunca se visitam, apenas se falam ocasionalmente por telefone. Ademais, pelos depoimentos subseqüentes, podemos observar que eles estão, aparentemente, isolados dos grupos de referência que se criaram entre migrantes em São Paulo e não conseguiram recriar satisfatoriamente suas redes sociais, talvez em conseqüência de não terem construído formas de sociabilidades mais apropriadas ao espaço e momento atual de suas vidas.

Essa questão é mais complexa do que se percebe em um primeiro momento. Vimos que esses sujeitos, via de regra, migraram do campo para uma pequena cidade e depois para uma metrópole como São Paulo; entre o campo e uma cidadezinha já existem variações em termos da sociabilidade, e dessas para uma metrópole, as diferenças, nesse sentido, são gritantes.

Gomes (1992 e 1995) tem apontado a importância dessa questão, sobretudo no que se refere à educação da criança na família e suas conseqüências para a educação escolar e para o trabalho, por exemplo. Salienta a dificuldade dos pais em educar os filhos para relações de vida e de trabalho, das quais eles próprios ainda não têm domínio e até as temem por serem tão diferentes daquelas nas quais foram criados.

No campo e inclusive nas pequenas cidades onde o contato com o meio rural é muito próximo, esses indivíduos que, depois de esgotadas as possibilidades de sobreviverem em seu lugar de origem, migraram para São Paulo, certamente estavam mais habituados a manter, com outros grupos domésticos, "fortes laços de vizinhança e compadrio" que, além de "compartilhar alegrias e tristezas, garantiam a ajuda mútua, necessária à existência em condições de tamanho isolamento" (Gomes, 1995: 66).

Na metrópole, passam a viver relações sociais nas quais os laços de vizinhança e compadrio, por exemplo, se tornam mais frágeis, até pela dramática luta pela sobrevivência. Mas há de se considerar também a tendência das grandes metrópoles em privilegiar o indivíduo em detrimento do grupo; o isolamento se faz mais presente do que o convívio com a vizinhança e com os amigos. Os espaços para partilhar as alegrias e as tristezas e para garantir a ajuda mútua, que lhes eram familiares, se tornam escassos.

Essas mudanças de sociabilidade, intrínsecas aos processos migratórios mais radicais — do campo ou de uma vila para uma grande metrópole — influenciam sobremaneira a constituição de novas redes sociais pessoais e, muitas vezes, significam um grande estresse para indivíduos e famílias.

4.2.2.3 Formação e conexão da nova rede social pessoal

A rede social pessoal[11] é dinâmica e evolui com o tempo e com as circunstâncias. Sua constituição em circunstâncias de migração, como vimos, é especialmente peculiar, porque é longo o processo de aquisição de novos hábitos socioculturais, importantes para a formação de uma nova rede social que dê suporte equivalente a da anterior.

No entender de Sluzki (1997: 91):

> O que costuma acontecer é que, comparada com a anterior, durante um período considerável de tempo, a nova rede tenderá a ser de um tama-

---

11. Both (1976: 76) faz uma diferença entre rede social e grupo organizado. Para ela, "Em um grupo organizado, os indivíduos componentes formam um todo social mais abrangente, tendo objetivos comuns, papéis interdependentes e uma subcultura peculiar. Na formação da rede, por outro lado, somente alguns, e não todos, indivíduos componentes têm relações uns com os outros. [...] Em uma rede, as unidades componenciais externas não formam um todo social mais abrangente; elas não estão cercadas por uma fronteira comum".

nho menor, apresentará uma distribuição em quadrantes mais irregular, terá menor densidade e um repertório mais estreito de funções; será menos multidimensional, recíproca e intensa. Tudo isso caracteriza uma rede insuficiente, que tende, portanto, à sobrecarga — mais expectativas depositadas em menos relações — e à descompensação — crises interpessoais e individuais.

Para Both (1976) nos centros urbanos de maior porte, independente de tais circunstâncias, haveria uma tendência de a família, embora não isolada, ser mais "individualizada" do que aquelas que vivem em comunidades relativamente pequenas e mais fechadas.

Os relatos dos sujeitos participantes de nossa pesquisa indicam que essas referidas tendências se processaram com eles. Mesmo os que já estão em São Paulo há um tempo considerável parecem ainda contar com uma rede social mínima e pouco consistente, conforme podemos verificar pelos depoimentos seguintes:

> Além da d. Isa... Só as filhas. A Beta, a Bia, porque as duas era muito minha amiga. Depois que elas foram embora, aí chegou aquela certa solidão em casa, né?

Elza que, conforme vimos nos fragmentos anteriores, teve um choque quando constatou a diferença entre a vida na Bahia e em São Paulo, parece não ter conseguido estabelecer um circuito de convivência social mais amplo, apesar de ser moradora desta cidade há quase duas décadas. Suas relações sociais parecem estar limitadas à patroa e à família.

No que se refere às amizades, Elza expressou um entendimento no qual, no seu lugar de origem, existe companheirismo e, aqui, as relações se dão mais por interesse:

> É, porque tem aquela coisa, sabe, de companheirismo e, aqui, não é companheirismo, aqui é interesse mesmo. Eu faço isso se você tiver isso e, lá, é companheirismo mesmo. Lá, as pessoas faz por ajudar mesmo, não é aqui que faz por interesse mesmo, né? Lá, o negócio é diferente daqui, porque lá as pessoas vê a condição das outras pessoas, né? Minha mãe também sempre foi de ajudar as pessoas lá, né, mas era assim a gente... Amizade, amizade, negócios à parte; ajuda é ajuda, minha mãe sempre

separou, sempre foi de separar, mas, lá, é companheirismo mesmo, porque tem aquele negócio da lidar, vamo lidar, vamo lidar com feijão, vamo lidar com...

Da mesma forma que Elza, Emílio também demarcou a diferença entre fazer amizades no Maranhão (sua terra natal) e em São Paulo:

Totalmente diferente. Lá, é uma amizade mais confiável, né? Lá, você fica mais à vontade com as pessoas. Aqui, você confia e desconfia de todo mundo. Aqui, você não arruma uma amizade pra sair pra uma festa, pra sair pra casa de um colega que você conquista uma amizade. Aqui, é tudo, é tudo mais complicado. É menos confiável aqui. Lá, a gente tinha mais confiança nas pessoas, é... Ficava mais à vontade.

Talvez, por isso, seu convívio social em São Paulo seja restrito:

Nós ficamos dentro de casa, não sai pra lugar nenhum.

Depois, voltou a enfatizar que não convive "com quase ninguém" ou que convive mais com a família. Além desta, somente os colegas de trabalho parecem fazer parte da rede social de Emílio:

Mais com os colega de trabalho, porque o meu horário, que eu tô de folga, eu trabalho só às três, então, durante é... Amanhecer o dia, eu convivo mesmo só com a minha família, com a minha família e os colega de trabalho, só. Só essa convivência mesmo.

Por esse trecho, depreendemos que Emílio não encontrou uma forma de estabelecer vínculos sociais que lhe pareçam confiáveis, seguros. É preciso considerar que ele reside em casa situada nos fundos de uma academia, localizada em bairro de classe média da cidade de São Paulo, o que possivelmente torne mais difícil construir novas amizades, dadas as diferenças socioculturais.

A experiência de sua mulher, Ana, parece um pouco mais ampla, posto que ela inclui, além do posto de saúde e da escola do filho, os quais freqüenta regularmente, seus vizinhos, moradores de uma pensão. Primeiro, ela explicitou sua posição no que se refere a amizades:

Pra mim, é assim... Não porque eu nunca gostei... Assim, eu nunca gostei de amizade. Assim, colega... Menina jovem, é bom. Eu tinha colega, mas pra mim é: oi, tudo bom... Só uma amiga que eu tinha. Eu falava que era minha amiga do coração, né? Ela tem 32 anos. A Elza, que era minha amiga do coração. Só essa também, as outra tudo era assim: oi, tudo bom. Só isso também. Eu não tinha muito... E o padrinho do Igor, que é muito meu amigo, que me deu muita força também, que é o padrinho do Igor, né? Só minha mãe, meus irmãos, nem muito contato, assim, com a família do Emílio não, só com ele mesmo.

Depois, referiu-se aos profissionais da unidade de saúde e aos vizinhos da pensão, citando, inclusive, eventuais auxílios da parte deles:

É, o pessoal do posto lá que marcou a consulta, assim, só o necessário da consulta. E outro vizinho desse mesmo coisa, aqui, né, coisa de alugar casa, pensão; só eles daí, todos. Agora, o que eu peço, tipo quando eu tô precisando de alguma coisa assim... Um leite, sabe, sempre fala: "Ana, quando você tiver precisando de alguma coisa, se eu puder ajudar, eu ajudo".

Só com ela também, mais ninguém. E os irmãos do Emílio, né? A família do Emílio, os irmãos dele.

Sobre outros contatos regulares, acrescentou:

Com a mãe dele, aqui [refere-se à mãe do colega do filho Igor].

Em entrevista com Janete, ela denotou ter uma experiência que se assemelha à de Ana. Mora em um bairro periférico, cujas casas do entorno parecem ter sido majoritariamente resultado de autoconstrução, tal qual a dela. Isso talvez torne a vizinhança mais homogênea em torno de condições sociais e modo de vida, o que poderia facilitar a formação de laços sociais. Referindo-se aos cuidados diários para com os filhos, citou a solidariedade da irmã e da vizinha como suporte necessário para poder ir trabalhar:

Ficam na minha casa, com minha irmã... As minha vizinha são tudo ótima, né? São maravilhosas pra mim, as vizinha. Ah! Eu saio despreocupada. A novinha não tem, né? Aí, o menino já vai fazer três anos, falta um mês só pra ele fazer três anos. Aí, eu deixo com as menina. Elas cuida melhor do que eu.

As duas igrejas que ela freqüenta regularmente aparecem como espaço de convivência, mas não há referência a auxílio assistencial:

Freqüento a igreja. [...] A igreja de domingo à noite. [...] Eu freqüento as duas, né?! [risos]. Fico indecisa assim. Ou eu só freqüento uma, ou as duas. Mas gosto das duas.

Havia se referido também ao posto de saúde e à escola das filhas e, ao ser questionada sobre o convívio em outros espaços, declarou:

Só com essas pessoas mesmo, da igreja, com os irmãos, com as irmãs, só eles mesmo, só com eles que eu convivo.

Reafirma a convivência na igreja, inclui os familiares, mas pareceu um pouco cética em relação às amizades:

Ah! Não tenho não. Já arrumei muito amigo, mas amigo de trabalho. [...] Aí, quando sai do serviço, acaba a amizade, né, tem umas que não acaba não, que eu tenho uma amiga mesmo que mora lá, perto de mim, que trabaiamo na mesma firma, só que ela mora na mesma rua, né, então, a gente somos amiga inté hoje.

Posteriormente, Janete explicitou suas relações sociais com a vizinhança e com as instituições e disse:

A gente é quem faz os vizinho. Você chega num lugar e as pessoas diz assim: "Fulano é aquilo e aquilo outro...".
Mas você, sabendo fazer os seus vizinhos, você nunca... Né? Eu não sou de reclamar com vizinho não. Cada um tá nas suas casa, né? Tranca sua portinha, vizinho nenhum incomoda você. Agora, se você tem um vizinho que já é arengueiro, aí, você vai arrumar mais confusão... Aí acontece. Aí vira uma guerra, não é não?

A seu modo, Janete foi criando estratégias de convivência e de sobrevivência, inclusive porque permanece de segunda a sábado no emprego e seus filhos dependem da assistência da irmã e dos vizinhos para os cuidados diários.

Joana, por sua vez, sobretudo na primeira entrevista, na qual estava especialmente afetada pela permanência dos filhos no abrigo e pela doação da última filha, relacionou o convívio com a cunhada e os vizinhos às conversas sobre as situações de abrigamento e entrega em adoção dos filhos, deixando transparecer um tom de crítica por parte deles em relação a sua atitude. Quando perguntamos se ela tinha amigos e com quem conversava, sobretudo nos momentos em que não estava bem, respondeu:

> Ah, eu gosto de conversar muito com a minha... Com a minha cunhada. Porque, hoje, ela já não é mais minha cunhada, né? Então, nós fala que nós, de cunhada nós passamos a ser uma grande amiga. Ela também tem os problema dela. Ela conversa muito comigo. Tem as minhas vizinhas, que eu comentava de... De fazer a doação da neném. Muitos falava que não, que eu poderia ficá com ela, que eu poderia tirar os meninos do abrigo.

Nessa fala, o universo de convívio também parece restrito; além da ex-cunhada, os vizinhos são lembrados como interlocutores no dia-a-dia de Joana; contudo, expressando mais conteúdos que revelam posicionamentos contrários aos seus do que propriamente fazendo referência a algum tipo de auxílio.

Porém, é na família, ou pelo menos em uma de suas irmãs, que Joana encontra amparo e solidariedade:

> Eles sempre me ajudaram, sempre me deram força, nunca me abandonaram não.
>
> [...] A minha irmã sempre me ajudou, desde quando as crianças tava comigo. Sempre a minha irmã me ajudou, quando eu tava junto com o meu marido. Ela ia na minha casa, ela me dava uma cesta básica, vinha e almoçava comigo. Meu menino de 10 anos hoje, na época, ele deveria ter 5, 6 anos. Ele ligava pra ela e falava: "Tia, cê vem almoçar comigo? Aí, cê passa no mercado?".
>
> Eles pas... Nós passamos muita dificuldade, quando eles tava comigo. Meu marido trabalhava, mas não trabalhava...

A análise desses fragmentos de entrevistas indica que Elza e Emílio estão com a rede de relações sociais restrita aos familiares e pessoas vinculadas ao trabalho.

Já as de Janete e de Ana e, de certa forma, também a de Joana, parecem um pouco mais amplas. Elas aproximaram-se mais de seus vizinhos e conseguiram estabelecer vínculos, nos quais a conversa e a ajuda se fizeram presentes, embora de forma incipiente. Da mesma forma, Janete e Ana nomeiam instituições, como igreja, unidade de saúde e escola, como sendo de seu convívio social. Suas redes sociais estariam, então, compostas por vizinhos e recursos da comunidade, além dos familiares.

Todavia, a forma como se referem a esses espaços de convivência, excetuando-se a família, não expressa consistência. Esses espaços de convivência parecem fragmentados e eventuais, constituem, a nosso ver, o que Both (1976) denomina de rede social de malha frouxa.[12]

Esses cinco sujeitos são migrantes, oriundos, portanto, de outra cultura, na qual o estilo de vida é, provavelmente, diferente dos que vivem aqui. Essa diferença pode ter dificultado o entrosamento com vizinhos e o cultivo de novas amizades e isso, por sua vez, inibiu o aprendizado e a troca de aspectos socioculturais.

Além disso, Elza e Joana têm empregos domésticos, o que restringe o número de pessoas com as quais elas estão em contato diariamente, e por se tratar em geral de um trabalho que excede 40 horas semanais, diminui o tempo livre para contato com outros moradores do bairro ou amigos.

O relato de Emílio expressa, como vimos, uma importante limitação de convívio social, o que está associado, possivelmente, ao fato de ele trabalhar e residir em local cuja configuração social é bem distinta da sua.

---

12. Both (1977: 76) avalia que há variações significativas na conexidade das redes. Define *conexidade* como sendo "a extensão em que as pessoas conhecidas por uma família se conhecem e se encontram umas com as outras, independentemente da família". Emprega o termo malha estreita e malha frouxa para designar, respectivamente, "uma rede na qual existem muitas relações entre as unidades componentes" e "uma rede na qual existem poucos relacionamentos deste tipo".

Por sua vez, Ana parece ter conseguido expandir um pouco a rede de relações sociais a partir de sua inclusão na unidade pública de saúde do bairro e da inserção escolar do filho mais velho.

A participação nesses espaços e na igreja também aparece nas falas de Janete como algo que lhe possibilitou certa ampliação de convívio social. Além disso, a residência em bairro popular pode ter facilitado sua proximidade relacional com a vizinhança.

Isso posto, podemos compreender que Ana e Janete estão integrando, a sua rede social, espaços institucionais da comunidade, facultativos de suporte para certas necessidades pessoais e familiares. É possível que elas estejam, gradativamente, construindo redes que possam atingir um grau maior de conexão e, portanto, de maior consistência.

Sluzki (1997) defende a idéia de que uma rede mais ampla e consistente pode, por exemplo, desconstruir ciclos viciosos e pouco saudáveis presentes no universo familiar. Na mesma direção, Both (1976) discute os reflexos da rede na vida familiar, entendendo que quanto mais conexa for a rede de determinada família, maior será a "interferência" em suas normas e a possibilidade de ajuda.

Segundo Both (1976: 77):

> Quando muitas das pessoas que alguém conhece interagem entre si, ou seja, quando a rede desta pessoa é de malha estreita, os membros desta rede tendem a alcançar um consenso sobre normas e exercem uma pressão informal consistente uns sobre os outros para que se conformem às normas, para que mantenham um contato uns com os outros e, caso necessário, para que ajudem uns aos outros.

Ao contrário, na rede do tipo malha frouxa, segundo Both (1976), a maioria das pessoas não interage entre si e seria menos consistente e fragmentado tanto o controle social quanto a assistência mútua.

Isso nos remeteu à seguinte conjectura: se for correta nossa suposição de que os sujeitos desta pesquisa têm uma rede social do tipo mais próximo do que Both (1976) chama de malha frouxa, então eles não só deixaram de ter ajuda para criar o filho ora entregue em adoção como também se sentiram menos pressionados ao tomar a referida atitude. Oportunamente, aprofundaremos a discussão desse aspecto com o intuito de refletir sobre como se sentem essas mães e pai no que se refere à visão que os outros têm deles no tocante à entrega do filho.

Da mesma forma, a mudança de uma rede de malha frouxa para uma rede de malha estreita, dadas as novas configurações de moradia ou de ocupação de um ou mais membros da família, pode ser desagradável, uma vez que pode gerar um sentimento de invasão na vida privada (Both, 1976).

Em nossa análise, não detectamos esse tipo de mudança entre nossos entrevistados, o que é coerente, porque, com exceção de Elza, todos migraram de estados do Nordeste, onde, sabidamente, o contexto sociocultural estimula a aproximação das pessoas, o convívio mais espontâneo e estreito.

De modo geral, na discussão sobre rede social, a referência recorrente se dá em relação aos parentes, aos amigos e aos vizinhos, mas as instituições também são relacionadas tanto em Both (1976) quanto em Sluzki (1997). Entretanto, em Sluzki, parece haver uma ênfase maior nas relações que se estabelecem com os serviços comunitários de assistência à saúde e os religiosos, por exemplo.[13]

4.2.2.4. Rede social e espaços de solidariedade

Feitas essas considerações sobre rede social, sociabilidade e migração, defendemos a posição de que os sujeitos com os quais trabalhamos neste estudo, pela vivência de circulação entre cidades e estados, sobretudo por essas vivências terem ocorrido em circunstâncias pouco favoráveis, têm perdas importantes em sua rede social pessoal.

Pelo que pudemos observar do conteúdo das falas constantes neste capítulo, e conforme já mencionamos, as redes sociais de nossos sujeitos de pesquisa são menos consistentes e mais fragmentadas, o que, possivelmente, está afetando a assistência mútua.

---

13. Sluzki (1997: 43) desenvolveu um instrumental que denomina Mapa Mínimo das Relações, no qual faz a grafia dos vínculos da rede social pessoal, dividindo-os em quadrantes (família, amizades, trabalho/escola e serviços da comunidade) e em círculos, conforme o grau de proximidade (relações íntimas, relações pessoais com menor grau de compromisso, relações ocasionais ou com conhecidos).

Em nossa análise, não detectamos espaços consistentes da chamada solidariedade privada, a não ser o da família extensa. É provável que, essa ocorrência se deva ao fato de esses sujeitos carecerem de uma rede social mais extensa e de malha mais estreita. Além disso, observamos que os poucos participantes de suas redes, cujo grau de proximidade é maior, não detêm condições socioeconômicas para auxiliá-los.

Nesse sentido, não basta ter constituído uma rede social pessoal, pois é preciso que ela, para dar suporte às demandas emergentes, seja potente, tenha recursos. Porém observamos que a insuficiência ou a fragilidade das políticas no âmbito da seguridade social sobrecarrega os indivíduos e suas redes sociais, esgotando as possibilidades de ajuda mútua para atendimento às novas exigências de sobrevivência do grupo familiar.

Dessa forma, alijados do mercado formal de trabalho, com vínculos sociais esgarçados e sem a devida proteção social, quer do poder público, quer da sociedade, essa população vê usurpado o seu direito à convivência familiar.

Entendemos que a rede social pessoal assume um papel importante na trajetória dos indivíduos e das famílias, mas para que exerçam essa função de forma propícia, isto é, para que possam constituir um dos fatores de localização e pertencimento social para os indivíduos, é necessário que as redes sejam amplas e consistentes.

Como vimos, as pessoas da rede social imediata dos sujeitos do universo investigado, também submetidas às mesmas condições que eles, por vezes não conseguem realizar as práticas de ajuda típicas da solidariedade familiar e vicinal. Então, resta a essa rede social imediata auxiliar a mãe (ou os pais)[14] a buscar estratégias de proteção para suas crianças, como é o caso das adoções consentidas.

14. Geralmente nos referimos à mãe biológica (ou pais) por ser menos comum o pai biológico, sozinho, assumir a criança e a decisão quanto a seu destino. Na nossa pesquisa quanti-qualitativa, houve um único caso de pai que entregou o filho em adoção, e se tratava de um viúvo cuja mulher tinha morrido de parto daquela criança ora entregue em adoção. Em relação aos adotivos, também é mais raro um homem sozinho adotar uma criança. Embora existam alguns poucos casos, o mais comum é que os adotantes sejam casais ou uma mulher sozinha.

Assim, a análise dos dados desta pesquisa nos sinalizou que o desenraizamento pessoal e social constitui a base do fenômeno das adoções por consentimento da família de origem. A expressão desse desenraizamento se dá pela precariedade socioeconômica, por trajetórias marcadas por separações no núcleo familiar original e conjugal (seguidas do abandono paterno) e por processos migratórios configurados por inclusão social precária, mudanças abruptas no padrão de sociabilidade e, conseqüentemente, por uma rede social restrita e inconsistente.

Aqui se coloca uma questão: por que ocorre a entrega e não o abandono do filho? Nosso entendimento é o de que há, entre essas famílias, apesar de todas as mudanças e rompimentos ocorridos, uma noção bem sedimentada de cuidado e proteção aos seus membros e, assim, quando se vêem impossibilitados de exercerem eles próprios tais funções, buscam terceiros nos quais confiem que os substituirão, a contento e em melhores condições, nessa tarefa. Além disso, faz parte de seus desejos, acompanhar, ao menos à distância, o desenvolvimento da criança, motivo pelo qual fazem questão de que os pais substitutos estejam entre aqueles com os quais possam manter algum tipo de contato mesmo que seja através de amigos, vizinhos ou conhecidos.

E, nesse sentido, a rede social pessoal dos pais funciona para assegurar essa condição, ou seja, provê adotantes que estejam de alguma forma conectados a essa rede, conforme veremos no capítulo seguinte. A rede social teria, assim, um papel importante no enraizamento daquela criança que nasceu em um momento em que os pais, desenraizados, não tinham condições mínimas de acolhê-la.

As questões de ordem pessoal, os caminhos percorridos até a decisão e entrega do filho e a escolha dos pais adotivos, bem como os sentimentos presentes nessa trajetória, serão focalizados no próximo capítulo.

Capítulo V

A entrega de um filho: razões e sentimentos

> Queria que ela crescesse e entendesse. Não se revoltasse. Entendesse o meu lado, entendesse os irmão. Que eu não dei ela porque eu não quis criá-la, ou então porque eu fui uma delinqüente. Não foi nada disso... (Joana)

Nos capítulos anteriores, visando compreender e explicitar o fenômeno da adoção consentida pela família originária, focalizamos, entre outros aspectos, o contexto familiar e o processo de desenraizamento pessoal e social de mães e pais que se vêem impingidos a entregar um filho em adoção.

Entendemos que tais aspectos são cruciais para a problemática em pauta e vimos que, neles, há muitas variáveis comuns a todos os sujeitos. Contudo, existem outras que são concernentes à singularidade de cada um deles. Assim, essa questão tem raízes comuns, mas desdobramentos que dependem da trajetória de cada sujeito.

Para tratar das peculiaridades contidas nos percursos que culminaram na doação de um filho, abordaremos nos itens subseqüentes seus principais elementos, com o intuito de apresentar a multiplicidade de aspectos objetivos e subjetivos presentes nesse processo. A experiência anterior com a doação ou adoção de crianças na família extensa e o modo como geriu os conflitos advindos de uma gravidez não planejada, por exemplo, certamente se refletiram na forma como cada indivíduo viveu esse processo de decisão e entrega de um filho em adoção a pais substitutos por eles escolhidos.

5.1 Vivências que antecederam o nascimento do filho

As vivências de cada um dos sujeitos desta pesquisa no processo de decisão e entrega[1] de um filho guardam consonância na sua base. Todavia, diferem em aspectos relativos ao modo como cada mãe ou pai singulariza sua condição socioafetiva, conforme veremos a seguir.

5.1.1 Experiências anteriores de doação e adoção de crianças

Pelos genogramas constantes no Capítulo III, vimos que em todas as famílias ocorreram outras situações de doação ou adoção de crianças. Em três delas ocorreram ambos os processos e, em duas, somente a doação de filhos. Em um dos casos, não houve os procedimentos formais de adoção, embora a criança, hoje já um adulto, tenha sido criada desde cedo pela mãe substituta.

As famílias de Ana, Emílio e de Elza viveram processos tanto de doação/entrega quanto de adoção de crianças. Na de Ana, um dos irmãos unilaterias foi residir com uma tia, por ocasião do segundo casamento da mãe:

> Porque ele não mora com... Ele mora com a tia, uma tia dele, com parentesco assim da minha mãe. A minha mãe deu ele quando ele era pequenininho. Minha mãe morava lá, ela não tinha a gente ainda, né, tinha só ele, a Cláudia e a Sandra, aí, ela pegou e ficou morando lá e, quando ele foi morar com o meu pai, ele não gostou do meu pai e não quis morar com a minha mãe, quis morar com essa tia da minha mãe, né, aí, até hoje, ele mora lá. Aí, ele vai lá de vez em quando, mas não tenho, assim, muito contato com ele, eu tenho contato mesmo mais só com a Sandra.

---

1. Estamos utilizando os termos entrega e doação indistintamente.

Anos mais tarde, a mãe de Ana assumiu os cuidados de uma criança em virtude da morte da sua mãe biológica:

> A mãe me falou que essa mulher tinha mais quatro filho, cinco com essa que ela tava, a nenenzinha, essa que a gente cria, ela tinha 1 ano e ainda tinha um nenenzinho na barriga dela. Era vizinha lá da minha mãe... Só que tava grávida... Só que a nenenzinha que tava na barriga dela tava morto e ela não sabia, aí levou, aí minha mãe levou ela no médico e minha mãe foi doar sangue pra ela. Só que os médicos falaram que ela podia doar sangue, só que talvez ela podia... Não poder sobreviver... Aí, a história é que ela antes de morrer pediu que a minha mãe... Se a minha mãe pudesse... Se a minha mãe pegava essa nenenzinha que agora tá com a gente.
>
> [...]
>
> Tinha 1 aninho, aí, minha mãe diz que não ia pegar ela, porque ela não tinha as condições, mas que ela ia ver, aí, passou um dia e, no outro dia, ela não morreu, aí, o pai dela tinha mais três, mais grandes. Aí, meu irmão mais velho falou que não ia deixar ele levar não, porque ele gostou da nenenzinha. Aí, minha mãe conversou com meu pai, aí, minha mãe perguntou, porque ela não tinha com quem ficar, aí, o pai [da nenenzinha] era meio idoso, sei lá, e não quis ficar com a nenenzinha...

Essa é uma situação relativamente comum nas camadas populares, ou pelo menos era até há alguns anos, quando a solidariedade vicinal e comunitária era mais comum. Frente à necessidade premente, a família se organiza para prestar assistência a uma outra que está em situação ainda mais desfavorável que a sua (Fonseca, 2002). Nesse caso, a vinculação do irmão mais velho de Ana à criança parece ter tido um papel preponderante na definição do fato.

A própria Ana ficou sob os cuidados de outra família, embora de forma provisória:

> É porque eu é... Meu pai trabalhava de agricultor nesse interiorzinho que não tinha energia, não tinha nada, aí, eu já ia fazer a quinta série, não tinha mais eletricidade lá. E meu tio pegou, esse irmão do meu pai, foi lá visitar o meu pai e falou que as filha deles tava tudo grande, tudo se formando, não tinha uma menina mocinha, né, lá, então ele perguntou se meu pai tinha coragem de me mandar pra lá e meu pai disse que sim, pra

mim estudar e ser alguém na vida, né, aí, eu fui pra lá, morei... Na primeira vez, morei quatro anos, depois, morei mais dois anos, aí, quando eu completei quinze anos, que eu fui passar minhas férias lá na casa do meu pai...

A vivência de Ana com os tios foi interrompida por seu encontro com Emílio. Seu pai ficou doente e foi se tratar na cidade onde residiam os pais de Emílio. Ana foi visitar seu pai, conheceu Emílio, passaram a namorar e logo se casaram, conforme relatado anteriormente.

Na família de Emílio também ocorreu doação e adoção. Um de seus irmãos, em decorrência da separação conjugal, doou um filho, e uma das irmãs adotou uma criança:

> [...] o Armando tem dois filhos, na verdade, têm três, só que um também aconteceu o mesmo que aconteceu com a gente, só que foi diferente, ele se separou da mulher dele e foi por isso que eles deram a criança. Ela [a esposa de Armando] tava grávida, não tinha condição de criar também e ela deu uma criança também. E aconteceu, não foi igual a gente porque o nosso já foi diferente, de condições mesmo, e ele foi caso de separação, largou ela, ela pegou e teve que dar a criança. [...] E tem é, minhas duas irmãs, que moram aqui também em São Paulo, uma é solteira e a outra também, uma tá com uma filha adotada, que adotou, morava com o marido, não conseguiu, não conseguiu engravidar, então, adotou uma criança e, assim que adotou, acho que um ano, conseguiu engravidar, aí, em pouco tempo, o marido largou ela, então ela teve que ficar com as duas crianças...

É interessante a distinção que Emílio faz em relação à doação do filho feita por seu irmão e a sua. Ele faz questão de dizer que a entrega de sua filha não resultou de separação, mas de falta de condições para criá-la. Essa fala traz subjacente a noção de que a responsabilidade desse ato transcende a responsabilidade pessoal e do casal e é fruto de algo maior, do qual ele não tem controle e nem pode ser responsável. Depreende-se que, para ele, a separação pode ser considerada de responsabilidade do indivíduo, mas não a falta de condições para criar um filho.

A situação de Elza é o inverso da situação da mãe de Ana: esta, primeiro doou e depois adotou uma criança; aquela, primeiro adotou e depois doou uma criança, e ambas as situações se caracterizam como adoções intrafamiliares. Elza assumiu o filho de uma de suas irmãs e agora entregou sua filha para a irmã do pai biológico da criança. A primeira situação, a adoção do sobrinho, Dani, foi permeada de muitos conflitos familiares, conforme consta a seguir:

> Porque a mãe dele ganhou ele... Arrumou ele aqui, em São Paulo, o pai não quis. Chegou na Bahia, tinha aquele rancor, né, dos mais velhos que não queria uma filha, porque era... Como se diz? Eles falavam porque era é... Ah, não presta, é vagabunda, arrumou filho sem pai, o pai não quer e o pai também era de lá, né? Então, minha mãe também rejeitou o menino. E eu trabalhava na roça, colhendo feijão, catando mamona, cortando sisal. Então, na roça, como era, assim, uma fazenda muito grande, então tinha três casinha. Aí, eu preferi ficar numa casinha com ele, porque ele foi rejeitado por todo mundo. Então, sabe, aquilo cortava o coração... E chorava porque, né, não podia e... A mãe arrumou outro homem e sumiu, largou o menino aí, porque minha mãe não quis... Então, eu comecei a cuidar dele.
>
> [...]
>
> Então... Aí, eu comecei a cuidar dele. Aí, um dia, ela queria... Ela expulsou o menino de casa. Eu falei pra ela que, se o menino fosse expulso de casa, eu também seria... Que eu ia vim junto com menino, que eu não ia deixar o menino vim sozinho. Porque... Os parente dele não aceitava ele. [...] O Dani é o único filho homem que eu tenho, o mais velho.

Elza era ainda uma adolescente quando assumiu os cuidados dessa criança. Teve de enfrentar os ditames de sua mãe para proteger o sobrinho, que havia sido abandonado pelo pai e pela mãe e estava sendo, explicitamente, rejeitado pela avó materna. O avô materno já havia falecido.

Muitos anos depois, tanto o pai quanto a avó materna de Dani o aceitaram:

> É, então, aceita agora, né, porque o pai quer e ele... Ele já não quer ser mais registrado pelo pai. Então, eu digo, bom, eu não tenho nada contra, né, se você quiser, o problema é seu, né? Então, aí, eu vim pra São Paulo...

Ser registrado em nome do pai parece já não ser mais importante para ele, ou talvez até signifique que, agora, é ele quem, em algum nível, rejeita o pai. Em relação à avó materna, a situação evoluiu positivamente e, hoje, eles têm entre si proximidade e afeto:

> [...] mas minha mãe se arrependeu muito, minha mãe se arrependeu muito da besteira que fez. Ela vem vê nós todos, todo ano, dois em dois ano, ela vem vê a a gente, aí, o neto vai vê ela, outro vai, outro volta... Sempre assim.
>
> [...]
>
> Aliás, quando ele completou 15 anos, os dois se davam superbem. E era assim, um escrevia pro outro direto. Eu digo: "Eu não sei o que vocês tanto fofoca. Porque antigamente vocês não tinha nem o que fofocar. Mas, hoje, é assim ó... Unha e carne [gesticulando]. Superbem".

Ao falar da reconciliação com sua mãe e desta com o neto, Elza se mostrou feliz, satisfeita, indicando que a convivência familiar, para ela, é algo importante e que deve ser preservado.

Dani, na visão de Elza, conseguiu administrar bem os conflitos familiares vividos na infância e parece ter uma postura mais condescendente com a mãe biológica do que com o pai:

> Mas continua morando comigo. E tem aquela preocupação assim, se eu saio e não volto pra casa, pronto, não dorme à noite, porque ele fala: "A minha mãe é a senhora, não tive outra mãe, mas também não posso desprezar a minha verdadeira mãe".
>
> [...]
>
> Vai, ele vai visitar, eu vou com ele, né, porque ele tem folga só nas quarta-feira, às vezes, ele pega uma quarta e uma quinta, porque eles dão folga e a gente vai vê a mãe dele; ela vem até aqui quando pode. E assim, nós vive todo mundo na maior harmonia, porque tem que se unir, porque se não se unir o negócio complica, né? Mas, graças a Deus, muita desunião não teve não.

Essa situação ilustra bem uma adoção intrafamiliar. Há sempre motivos para aceitação/rejeição da criança, a começar pela forma como ela foi concebida e pelos valores que regem a família. No caso de Dani, vimos que a não-aceitação de filhos nascidos fora do casamento foi o motivo preponderante tanto para o abandono materno quanto para os conflitos desencadeados entre a avó materna, o neto e Elza, a mãe adotiva.

Não obstante os conflitos iniciais, que culminaram no rompimento de Elza com a mãe, o tempo e a reflexão do conjunto das pessoas envolvidas possibilitaram que os ânimos se arrefecessem e a família se sobrepusesse à situação. Já há algum tempo Dani se relaciona com os pais biológicos e com a avó, e o contato entre Elza, sua mãe e sua irmã, a mãe biológica de Dani, também foi restabelecido.

Contudo, em meio a essa situação, que, inicialmente, se mostrou muito conflituosa, o que se sobressai como algo que contribuiu para sua boa evolução parece ter sido a determinação de Elza em relação aos cuidados e proteção ao sobrinho. Em nome disso, ela deixou a família e a sua terra natal e veio para São Paulo, buscando exercer melhor seu papel de mãe substituta.

Janete também já tinha experienciado a doação de uma criança. Uma de suas irmãs mais novas foi criada por parentes paternos:

> Ah, acho que minha mãe assim... Ela chegou lá, né, e ela era bem... A cunhada da minha mãe era bem de vida, né? E ela chegou e teve dó da minha mãe, porque... A minha mãe com a casa cheia de menino e era tudo assim de cobrir de balaio, né? Tudo piquinininho, tudo um do tamanho do outro. Aí, ela pediu, por muito pedir, aí, a minha mãe deu. Ela não era tão piquinininha, ela tinha uns cinco anos.

Podemos salientar aqui três questões: a de um parente mais abastado que, em nome de ajudar a família, toma para si os cuidados de uma criança; a mãe que não desejava entregar a filha e só o fez por insistência da tia; e a transferência para uma família substituta de uma criança que "não era tão piquinininha", já tinha cinco anos. Essas parecem peculiaridades de adoções intrafamiliares ou daquelas nas quais há um relacionamento mais próximo entre as famílias e a criança.

A família substituta tem, geralmente, uma situação socioeconômica mais estável, conforme já foi apresentado. Esse aspecto pode, de alguma forma, sensibilizar uma mãe que tem muitos filhos e múltiplas carências, pois acreditar que a filha terá um futuro melhor e até poderá ajudá-la futuramente pode ser um alento para sua difícil situação. Esta pesquisa sinalizou que, nesses processos de adoção, a tendência é haver um imbricamento relacional no qual existe, de um lado, uma mãe ou pais com dificuldades de acolher o filho em gestação e, de outro, um indivíduo ou casal em melhores condições socioeconômicas e com desejo e disponibilidade para assumir a criança como filho.

Em relação à idade da criança, que, no caso em referência, se tratava de uma menina de cinco anos, percebemos que parece haver uma tendência de que a prévia vinculação entre os pais substitutos e a criança minimize as dificuldades para essa prática. Em estudo realizado anteriormente, cuja síntese se encontra em Gueiros (2004), vimos que, nos casos de adoção tardia que lá se concretizaram, havia essa prévia vinculação, em alguns casos, por intermédio da instituição abrigadora da criança.

Na família de Joana, a circulação de crianças gira em torno dela, pois ela própria foi viver com uma tia. Sua situação se assemelha à da irmã de Janete, pois, conforme seu relato, essa tia foi quem tomou a iniciativa de levá-la consigo:

> Ah... Ela tinha três filho homem e tinha... O terceiro dela era nenenzinho e ela queria uma menina para cuidar, né? Como ela não tinha nenhuma filha, ela me pegou eu como uma filha pra ela.

Essa situação talvez guarde certa confusão entre a criação como filha e a exigência de ela ajudar nos cuidados dos filhos biológicos da tia, mas, como a própria Joana citou que essa tia "não tinha nenhuma filha", é provável que ela signifique essa questão como sendo decorrência da "obrigação" de as filhas cuidarem dos irmãos.

Mais adiante, ela marca a diferença entre a sua vivência de ter sido doada para a tia e a doação de sua filha:

> É diferente, ela é minha tia. É minha tia, [o marido dela] é irmão da minha mãe. Então, a minha mãe podia ir lá a hora que a minha mãe quises-

> se. Eu podia também ir na casa da minha mãe. Não foi assim, de um ato de papel, nada disso, né? A hora que a minha mãe fosse lá e falasse que tava me levando pra casa, a minha mãe podia.

Ao referir-se a um ato de papel, Joana deixa transparecer a diferença entre legalização ou não da situação de adoção. No seu entendimento, a mãe poderia requerê-la de volta quando quisesse, o que, entretanto, não chegou a ocorrer, pois Joana, por decisão própria, retornou para a casa aos 19 anos, porque a mãe estava doente:

> Ah, tava minha mãe e meus dois irmãos sozinhos, fazia muito tempo que eu não morava com eles, aí, eu ia passear e minha irmã caçula falava se eu não ia voltar a morar com eles, porque eu não voltava a morar com a minha mãe, minha mãe sempre estava doente... Aí, eu achei que, se eu voltando com minha mãe, nós duas ia combinar, ia dar certo. Mas só que nós combinava assim, ela na casa dela e eu na casa da minha tia.

Joana indica, nessa passagem, a dificuldade de readaptação à família de origem após muito tempo distante dela. Talvez essa sua vivência, em algum nível, lhe faça ciente da noção de que, mesmo que a filha entregue em adoção mantenha algum vínculo com ela e com os irmãos, há um rompimento que inviabiliza, ou ao menos dificulta, uma convivência mais estreita e tranqüila entre eles. A educação em diferentes famílias implica, quase sempre, estilos de vida diferentes, sociabilidades distintas, como ocorreu com ela própria.

Cada um desses cinco sujeitos, quando vivenciaram o momento de entrega de um filho já haviam tido, na família de origem ou consigo mesmo, a experiência de doação ou adoção, ou mais amplamente, de circulação de crianças. Certamente, essa experiência prévia permitiu uma maior aceitação do fato de consentir a adoção do filho a alguém por eles escolhido, o que não significa a ausência do sentimento de perda.

No item subseqüente veremos que, quando da gravidez e do entendimento de que não poderiam assumir mais um filho, a idéia de doar a criança se sobrepõe à idéia de abortá-la, possivelmente em virtude das experiências de adoção e/ou doação já vividas com os pais, irmãos ou consigo mesmos.

5.1.2 Conflito de gravidez e alternativas emergentes

Todos os sujeitos se referiram ao conflito[2] vivido quando da descoberta da gravidez. Segundo informações de algumas participantes, a gravidez ocorreu mesmo com o uso de método contraceptivo. Outras denotaram a ausência de planejamento reprodutivo, quer pelo desconhecimento da questão, quer por imaginar que já não podiam mais engravidar, conforme podemos observar pelos extratos seguintes:

> "Elza, você se cuidou?" Eu digo: "Lógico que eu me cuidei, eu tomava comprimido. Por que que eu não me cuidei? Eu sempre tomei..." [Contexto: diálogo entre Elza e sua patroa].
>
> Não, nem eu nem ele queria ter filho. Eu já tinha as crianças e ele já tinha um menino de 14/15 anos, né? Então, nem um dos dois queria. Mas aconteceu mesmo assim... Por um acaso... [Joana]
>
> Achei que não podia engravidar mais, porque antes já tinha passado dois meses sem, sem vim menstruação, né? Aí, quando fiquei grávida dela, disse: "Dessa vez foi embora pra sempre". Aí, a cabo de três meses foi que vi que tava grávida dela, 44 anos. [Janete]
>
> A gente pensou que não vinha, só vinha se a gente quisesse [risos]. Acho que é isso, daí a gente não se preveniu [Emílio e Ana].

Dos cinco sujeitos, três revelaram desinformação quanto à concepção. Janete é uma mulher de mais de quarenta anos e sabe tão-somente assinar o nome. Seu acesso à informação é mais restrito, é, então, mais compreensível sua postura relativa a planejamento reprodutivo. Ana e Emílio são jovens e ambos têm cinco anos de estudo, condições mais favoráveis ao conhecimento de métodos contraceptivos. No entanto, mostraram uma realidade parecida com a de Janete. Isso demonstra que o Plano Nacional de Atenção Integral à Saúde da Mulher — PNAISM —, do Ministério da Saúde,[3] ainda carece de melhor implementação.

---

2. O termo conflito é largamente usado pela Psicologia, na qual tem significados pertinentes ao psiquismo, mas aqui nossa referência ao termo é mais genérica. *O Dicionário Eletrônico Houaiss da Língua Portuguesa* apresenta várias definições para *conflito*, entre as quais selecionamos a seguinte: "ato, estado ou efeito de divergirem acentuadamente ou de se oporem duas ou mais coisas".

3. A partir de 2004, o governo federal, por meio do Ministério da Saúde, assumiu financiar 100% dos investimentos necessários à ampliação dos insumos em contracepção. Para o referido

No que se refere à última gravidez, cada uma das entrevistadas a vivenciou a seu modo, mas, para todas, o fato de não ter sido planejada, constituiu um momento de especial dificuldade. Para Elza, foi tão dramático se saber que estava grávida que até ficou doente:

> Acho que, assim, a minha gravidez, a da Gabi, eu não vou mentir pra senhora, foi muito triste, eu fiquei muito doente, eu fiquei muito... Sabe, assim... Com a Bia, com a Beta, em casa, assim, o Dani... Mas eu não tinha alegria, eu não tinha nem o que falar pras menina. Eu não tinha... Às vezes, elas dizia: "Mãe, conversa com a gente".
>
> Eu não tinha o que conversar com elas, falava: "Ah, vai brincar, me deixa só".
>
> Mas, sabe, eu fiquei... Não era aquilo que eu queria, eu falava assim... D. Lu foi me visitar, assim, um sábado à tarde, eu falei: "D. Lu, não era isso que eu queria".
>
> Eu só sabia dizer isso.

No decorrer da entrevista, Elza diz que tinha "uma raiva trancada" e que vivia triste, não queria conversar com ninguém. Por último, afirma que o ginecologista que acompanhara seu pré-natal havia dito que ela estava deprimida, mas que ficaria bem quando a criança nascesse. Para atravessar esse período difícil, Elza contou com a solidariedade e o apoio dos filhos, da patroa e do pai da criança. Contudo, duas outras mulheres, Joana e Janete, não dispuseram de tais apoios, tampouco de condições socioeconômicas para assumir o crescimento da família (já numerosa), pois, para ambas, este seria o sétimo filho:

> Logo que eu percebi que ele não ia me ajudar em nada... Eu estava já com uns 3 meses, né, estava falando sobre uma gravidez, sobre o filho. [...] Ele disse que ele não queria filho, ele não ia começar tudo de novo. Aí, eu falei: mas como é que nós faz? Eu já tô grávida! Aí, ele disse que ele não queria, que eu sabia muito bem, que ele não queria ter filhos. E aí cabou.

---

ano, estima-se que, no Brasil, as mulheres em idade fértil somavam 58,6 milhões e, destas, um terço não acessa com regularidade métodos contraceptivos. Fonte: *Revista da Rede Feminista de Saúde*. Dossiê Aborto: mortes preveníveis e evitáveis, mar. 2005.

> Eu comecei a pensar como é que eu ia ficar com uma nenenzinha no colo e seis abrigados. Eu tinha mais era que tirar os seis do abrigo. E não ter mais um nenê. Uma situação complicada. [Joana]
>
> Aí, eu disse assim: eu não posso criar mais uma não. A minha irmã já fica com os outro pra mode eu trabaiá. Já são seis, né? [Janete]

Já Emílio e Ana, embora casados há sete anos e com projeto de permanecerem juntos, também se viram frente a um problema, pois entendiam não ter condições de assumir mais um filho:

> Isso é pra ver como é que é, né, Neide? Você vive numa vida bem melhor que a minha, certo? E tem vontade de ter um filho, tem vontade de engravidar e não consegue. Já a gente vive passando dificuldade num barraco daquele dali e, de uma hora pra outra, engravida, que a mulher tá grávida já. [Emílio]
>
> Assim, uma preocupação, né, porque veio uma gravidez inesperada, aí, uma coisa com a outra: pobreza, dificuldades, saber ter de poder dar a minha filha foi muito doloroso, muito ruim pra mim, foi. Agora pra ele não, né? Que é pai, mãe sente mais; foi muito ruim pra mim, foi... [Ana]

Ana demarca a diferença da gravidez para ela, que é mãe, e para o pai. Mesmo sendo Emílio um pai mais próximo dos filhos, que os trata com carinho, na visão da própria Ana, ela se coloca em uma posição mais delicada que a dele, frente à gravidez e aos possíveis encaminhamentos a serem dados à questão. Acerca da paternidade e de seus contornos atuais, discutiremos com mais profundidade no item 5.2.2 deste capítulo.

Essas gravidezes não planejadas[4] constituíram um problema para as mulheres desta pesquisa e também para o marido de uma delas. Para os demais homens parece não ter sido, pois o de Elza tinha disponibili-

---

4. Sobre essa questão, ver também o estudo de Santos (2001), que aborda a história reprodutiva, a gravidez não planejada, a maternidade e o aborto de mulheres na faixa etária entre 15 e 19 anos. Trata-se de mulheres pertencentes aos segmentos populares, que também viveram o abandono do namorado quando da confirmação da gravidez. A tentativa de aborto ocorreu em uma parcela significativa dessas mulheres; contudo, aquelas cuja gravidez foi a termo não abdicaram da permanência com o filho.

dade para assumir a criança e o fez legalmente; o de Joana desconsiderou que tivesse qualquer responsabilidade em relação às conseqüências dessa gravidez; e o de Janete desapareceu antes mesmo de ela se saber grávida, de forma que não teve nenhuma participação no assunto. Diante da problemática e da definição de não assumirem o filho, algumas alternativas foram pensadas, conforme veremos a seguir.

5.1.2.1 O aborto: primeira alternativa emergente

O aborto foi referido por todas as mães e pelo pai. Para algumas, houve um movimento maior nesse sentido, inclusive pensando em formas prováveis de execução, mas, frente ao diálogo com pessoas de seu ciclo de amizades, acabaram por descartar essa opção. Para outras, o aborto apareceu como possibilidade de resolução do conflito, porém foi logo descartado, antes mesmo de discutir essa alternativa com alguém.

Elza, por exemplo, chegou a pensar em meios para praticar o aborto, mas o diálogo com sua patroa a fez mudar de idéia:

> Aí, eu pensei em comprar um Cytotec. Aí, ela disse que, se eu comprasse um Cytotec, que eu pudesse fazer o favor de nunca mais falar com ela. E aquilo doeu quando ela falou isso. E, sabe, doeu que eu fiquei chorando, assim, uma semana. Eu olhava pra cara dela e começava a chorar. Porque eu... Pra mim, ela ia ficar assim, num ia falar nunca mais comigo e nem com as menina. [...]
>
> "Tudo bem, então deixa vim, só que a Sra. vai ver o que vai acontecer. Eu tô com muita raiva, não era pra ter acontecido isso". [Elza]
>
> Tava até pensando em fazer aborto e tal. Ana já tinha ido até lá, no Capão, conversar com a minha irmã se valia a pena, aí, foi que ela chegou na gente e falou, né, pra não fazer isso, que ela queria a criança, pra não fazer uma coisa dessa, deixar vir ao mundo, que Deus mandou e, pá, aí, a gente se sensibilizou também por ela e pela criança também, né, com um mês, né, mas acho que já vê a criança gerada, né... [Emílio]

Elza e Emílio referem-se à interferência de terceiros para descartar a realização do aborto, mas é provável que eles próprios não tivessem tanta segurança quanto a praticá-lo, pois logo mudaram de idéia.

A situação de Emílio era ainda mais delicada, uma vez que insistir no aborto seria tomar decisões que abrangiam a intervenção em um corpo alheio, o da sua esposa. Mesmo aqueles que defendem o direito de decisão sobre o aborto entendem tratar-se de uma prerrogativa da mulher.

Quanto a Joana e Janete, os relatos expressam que a idéia de fazer um aborto foi algo rapidamente rejeitado:

> Ah, eu comecei a falar. Comecei a ficar pensando, como que eu vou fazer com o nenê se eu tenho seis. Eu não posso... Sei lá, fazer um aborto seria muito mais pior, né? Na minha família, também nunca teve um aborto. Sei lá, imaginou eu, depois de uns 4 meses, ficar pensando: eu matei um nenê... [Joana]
>
> Porque assim... É um pecado. Fazer aborto é um pecado; toda vida eu pensei assim: se é de fazer aborto... Se não quer criar, deixa nascer e dê para alguém que crie. Aí, eu... Eu nunca tive coragem não... De abortar, de tirar filho meu. Sempre que eu fiquei grávida, eu deixei nascer. Nunca tirei não. [Janete]

É perceptível do conjunto desses fragmentos que argumentos contra questões de conteúdo moral, como é o caso do aborto, têm eficácia imediata; nesse sentido, a força do argumento, inclusive por vir de pessoas próximas a eles ou de concepção religiosa, pode ter sido, de fato, o que motivou a desistência de realizá-lo.

Joana e Janete relacionaram a decisão de não fazer abortos a princípios morais e religiosos. Já Ana demonstra ter medo e falta de esclarecimento sobre a questão. Esse medo pode estar associado aos riscos relativos à saúde, mas também pode estar associado a questões morais.

> Ah, muito ruim, porque eu nunca abortei, né, eu morro de medo. Aí, a minha cunhada falou assim: "Ah, toma isso que... Que vai... Vai menstruar".
>
> Aí, uma vez ela fez, né, aí, eu não tive coragem de tomar, fiquei com medo, só que eu, se eu tivesse tomado, porque eu ainda não tava com um mês, né, porque diz que a criança se gera só depois de um mês, dois meses, né, talvez eu teria menstruado, mas, aí, eu fiquei com medo, eu digo não, fazer isso não, é uma gente que não tem culpa, né, aí, eu desisti. [Ana]

Ana referiu-se também ao medo de praticar o aborto e demonstrou desinformação sobre o processo gestacional. Inicialmente achou que, se ingerisse o chá indicado pela cunhada apenas voltaria a menstruar, depois revelou seu entendimento de que estaria tomando decisões relativas "a uma gente que não tem culpa".

Todavia, nas histórias de Elza e de Ana emerge a idéia de uma prática abortiva insegura. Ambas referiram-se a métodos que poderiam colocar em risco a própria vida. Em que pese a discussão sobre o aborto ter alcançado a mídia e ser tema recorrente tanto na televisão quanto nos grandes jornais, ainda reinam práticas clandestinas, responsáveis por graves seqüelas e até por morte de muitas mulheres.

Em 2002, por exemplo, no estado de São Paulo, foram realizados 47.393 procedimentos hospitalares pelo SUS (curetagem pós-aborto — CPA — e aspirações manuais intra-uterinas — AMIU —). Na Região Sudeste, em 2002, das 531 mortes maternas, 44 foram em decorrência de aborto. No Brasil, a predominância de óbitos maternos por aborto se dá com mulheres da faixa etária de 20 a 39 anos (79,8%); solteiras ou separadas (62,9%); com escolaridade inferior a oito anos de estudo (73,0%) e negras (41,6%).[5]

Por esse panorama e pelos relatos das mulheres deste estudo, depreendemos que o aborto constitui uma importante questão de saúde pública, que requer a ampliação de seu debate, de forma a evitar repercussões negativas para a saúde física e mental das mulheres. Não se trata de posicionamentos favoráveis ou desfavoráveis ao aborto. É preciso que a sociedade discuta esse tema e ofereça um tratamento seguro para as diferentes camadas sociais, uma vez que a prática existe e é recorrente, conforme mostram os dados estatísticos.

5.1.2.2 A doação do filho: segunda alternativa emergente

Descartada a alternativa de aborto, pensaram, então, na doação da criança. Para algumas mães, essa idéia surgiu de suas próprias re-

5. Fonte: *Revista da Rede Feminista de Saúde*. Dossiê Aborto: mortes preveníveis e evitáveis, mar. 2005.

flexões; para outras, foi no diálogo com terceiros que essa solução tomou corpo.

Elza nos faz crer que a alternativa da doação surgiu dela própria. E é bem possível que assim seja, porque ela viveu a experiência de assumir os cuidados de um sobrinho, cuja mãe não aceitou criar:

> [...] então, elas [as tias paternas da criança entregue] todas ficaram contra mim quando eu falei que eu ia tirar. Em geral, todo mundo ficou, eu falei: "Então tá, então, ó, nasceu, vocês vão buscá ela no hospital, porque, se não... Ou se não, eu trago e boto aqui".
>
> "Nós aceitamos de bom coração".
>
> Aí, a Isa me chamou e falou: "Elza, é o seguinte, eu tô casada há doze anos, eu sempre quis adotar uma criança e nunca consegui, o meu sonho é ter uma filha".
>
> Eu digo: "Então, não seja por isso, o seu sonho está realizado a partir de hoje".
>
> (Contexto: diálogo entre Elza e as irmãs do pai biológico da criança entregue)

Ana e Emílio têm experiência de adoção e doação de crianças na família, o que facilitou a reflexão sobre essa possibilidade, mas, além disso, o diálogo com uma colega de trabalho dele parece ter sido importante para a decisão do casal:

> Eu, depois que aconteceu isso comigo... Eu já tinha visto isso antes com a minha irmã, que aconteceu com ela, né, e ela tinha mó vontade de ter uma criança e não conseguia, foi o mesmo que me levou também a fazer isso, com a Neide, né? [...] Então, ela [irmã] pegou e adotou uma criança e, nossa, cria com o maior amor, ama a muleca dela e tá aí, a negona aí, crescida já e a gente também gosta dela como sobrinha e ela também gosta da mãe dela, nossa! Por isso é que eu digo, acho que o que vale é a pessoa criar aquela criança como se fosse mãe dela e falar tudo pra ela o que aconteceu e pronto, porque, qual foi o motivo... (Emílio)
>
> Pra mim, foi muito ruim, mas eu não conhecia direito a Neide, mas já conheço ela, aí, depois que eu dei a minha filha, dei a Vitória, aí, que eu tô entendendo mais que foi o melhor pra ela, agora já tô mais tranqüila, né? [Ana]

Janete também já tinha vivido essa experiência na família de origem, pois uma de suas irmãs foi criada por tios. Talvez isso a tenha feito pensar em tal possibilidade:

> É, surgiu assim, dispois que eu descobri que tava grávida. Aí, eu disse assim: eu não posso criar mais uma não. [...] Aí eu disse: se eu encontrar uma pessoa boa, da igreja... Aí, eu dou.

E Joana, ela própria tendo vivido com uma tia, foi buscar na sua experiência de abrigamento dos filhos o motivo para tomar a decisão de entregar a filha em adoção:

> Ah, por causa dos meus filhos, que estavam no abrigo, né? Nesses quatro anos, eu converso muito com a assistente social e sempre vivi com medo do meu menino de 3 anos ser doado. [...] O meu menino de 15, ele sempre falava que nos primeiros abrigos tinha criança que era doada, sempre tinha. Então, ele falava: "Mãe, hoje veio uma mulher diferente, veio um pessoal que fala diferente". [...] O nenê tá aqui fora, tá com uma... Com uma família, que eu sei quem é. Os que ficam lá dentro, se for adotado, eu nunca vou ver a mulher... (Joana)

Muito provavelmente o fato de todos os sujeitos já terem conhecimento vivencial sobre doação ou adoção de crianças, conforme apontado no início deste capítulo, influenciou na decisão. Embora seja uma opção dolorosa, frente à impossibilidade de assumirem um filho que estava para nascer, essa alternativa pareceu mais viável do que a prática do aborto ou do abrigamento da criança.

5.1.2.3 O abrigamento da criança: uma alternativa descartada

Dentre as mães e o pai entrevistados, a única que se referiu direta e espontaneamente à possibilidade de abrigar a criança foi Joana, porque seus outros filhos estão abrigados. Mas sua referência se deu no sentido de rejeição a essa alternativa, conforme segue:

> Porque ela é recém-nascida. Eu sei que agora tá mais fácil de criança ser doada. Então, eu ficava pensando, já tenho seis no abrigo, porque eu vô...

> Vô deixá mais uma no abrigo, se eu quero tirar os seis. Já tá difícil de eu tirar os seis, num tá fácil. Vou colocar mais uma lá dentro, aí, vai ser mais difícil ainda. Colocá-la ia ser muito rápido, é fácil; pra tirar não. Pra tirar é difícil.

Ana e Janete se posicionaram sobre o assunto depois de a pesquisadora ter perguntado sobre as demais alternativas para a situação:

> No orfanato, eu não teria coragem, de jeito nenhum. Agora, como eu conheço a Neide, ela... O apartamento é dela mesmo e ela falou, se um dia... Que ela acha mesmo que não vai mudar daqui de São Paulo. Ela disse que vai deixar o endereço dela, o telefone dela e, se eu for embora daqui, também ela falou que vai pegar o meu endereço, número de telefone... (Ana)
>
> Não, nunca pensei não. Eu já decidi arranjar uma pessoa e... Uma pessoa, assim, que eu visse que dava para cuidar melhor do que eu. Não era chegar, assim, e dá sem ver se ela tinha condição de criar... (Janete)

A idéia de abrigar um filho atemorizou mais a essas mães do que a doação. Elas consideraram mais viável ter contatos ou notícias do filho, e mesmo influenciar na qualidade de vida que ele teria, com a doação para pessoas selecionadas por elas. O abrigamento, na visão delas, sugere algo mais impessoal, mais distante, o que não deixa de ser real, dado que a vinculação da criança abrigada a sua família, defendida no ECA, não tem sido, efetivamente, implementada pelas instituições abrigadoras ou pelos Poderes Judiciário e Executivo.

Traçado esse panorama relativo ao processo de gravidez e de decisão quanto ao destino da criança em gestação, veremos, na seqüência, as alegações e os movimentos realizados para pôr em prática a decisão tomada.

5.2 Razões alegadas para a entrega da criança em adoção

Na pesquisa quantitativa, elencamos, no gráfico 22 (Capítulo II), os motivos alegados por mães e pais que entregaram filhos em adoção. Aqui, retomamos esse aspecto a partir dos sujeitos que participaram da pesquisa qualitativa, buscando compreender também seu significado.

5.2.1 A carência socioeconômica e a consciência das necessidades infanto-juvenis

Ana e Emílio apresentaram de forma clara o motivo para a decisão de entregar a filha em adoção. Nas entrevistas realizadas no primeiro e no segundo encontro, fizemos perguntas diretas sobre os motivos determinantes para a atitude de entrega do filho. As respostas foram congruentes entre um momento e outro, havendo somente expansão ou aprofundamento da questão, conforme podemos verificar pelos fragmentos seguintes:

> [Pigarreia] Porque eu não tive condições... Porque eu queria dar educação melhor pra ela, um estudo melhor pra ela, e eu já tinha dois filhos pequenininhos, não tinha casa, só meu esposo que trabalhava e eu não... E ela veio numa hora ruim por causa de Íris, que ainda é pequenininha... (Ana)

Emílio, por sua vez, inicialmente, referiu:

> Não posso criar mais um filho... Não tenho condições, é. Então, o melhor a fazer é isso mesmo.

Em outro momento, acrescentou:

> Não tive oportunidade de estudar, não tive oportunidade... Eu não tive nem adolescência, não tive nem infância, eu acho. Desde pequeno já fui trabalhando, desde molequinho já fui trabalhando pra ajudar meus pais. Fui criado já trabalhando, acho que eu não tive nem infância. Acho que as brincadeira, eu não tive brincadeira, não tive adolescência, sabe? Quero que ela tenha tudo isso, quero que ela tenha estudo, quero que um dia ela se forme em alguma coisa futuramente. Tenha algum...né? Ser alguma coisa na vida, coisa que a gente não é.

Em outra entrevista, pouco mais de dois meses após, Emílio, a propósito de alguém que defendia a permanência dos filhos com a mãe "mesmo que fosse debaixo da ponte", fez o seguinte discurso, expressando ardor, intensidade:

> Não, pois eu não vou não. Se eu tiver de ir pra debaixo da ponte eu vou, mas se eu tiver uma pessoa pra ficar com meu filho, eu deixo ele com essa pessoa que possa dar melhor, melhor, as coisas pra ela. Porque eu não quero meu filho... Já que eu amo ele, eu amo ele, eu quero o bem pra ele. Não quero que ele vá para debaixo da ponte comigo. Eu sei que lá ele não vai ser bem tratado. [...] Não, eu quero o melhor pra ele. Se eu tiver numa situação ruim, eu peço a Deus que me dê uma pessoa pra me ajudar com meus filho, mas não pra mim ir pra debaixo da ponte com meus filho.

As razões apresentadas por Ana e Emílio, pais de Vitória, nos remetem à falta de condições sociais para assegurar cuidado e proteção a mais um filho e à consciência da infra-estrutura necessária para o desenvolvimento de uma criança. Está subjacente na resposta de Ana a preocupação em preservar as mínimas condições que o casal tem para criar os dois primeiros filhos; certamente, um terceiro interferiria nisso, pois significaria repartir o mesmo reduzido quinhão por um número maior de filhos.

Emílio, por sua vez, deixa claro que não quer que seus filhos vivam as mesmas privações que ele. Criar mais um filho seria, então, apostar em um destino não promissor. Ele demonstra clareza quanto ao direito de uma criança ter uma infância digna: com a prerrogativa da brincadeira e sem a obrigação do trabalho infantil.

No Capítulo II vimos que a população alvo deste estudo tem, majoritariamente, baixa instrução formal e, em conseqüência, empregos pouco qualificados e sem formalização de vínculo, quando o têm. A renda familiar é pequena e incerta e, em muitos casos, inexistente.

Da mesma forma, constatamos que o acesso a políticas sociais inclusivas é quase inexistente, em que pese os programas de transferência de renda existentes nesse município. Emílio deixou clara sua descrença na possibilidade de ter o suporte básico para subsistência e convivência familiar assegurado pelas políticas de proteção social.

A quase completa ausência de informação nos autos sobre inclusão ou encaminhamento da família para programas assistenciais é, no mínimo, sugestiva de que, nesse âmbito, não há articulação eficiente entre o Judiciário e o Executivo.

Apesar da provável inexistência de parceria entre esses dois poderes públicos, no que se refere à assistência às famílias de crianças e adolescentes com demandas jurídicas e a possível falha no registro das questões abordadas pelo assistente social, chama a atenção o fato de os estudos sociais não contemplarem tal aspecto, uma vez que faz parte das raízes do Serviço Social, no Poder Judiciário, o auxílio assistencial para assegurar a convivência dos menores de 14 anos em família, através do Serviço de Colocação Familiar — Lei nº 560, promulgada em 27 de dezembro de 1949 (Fávero, 2005).[6]

Inicialmente, a proposta do referido Serviço era a colocação da criança/adolescente em lar substituto, mas depois o enfoque mudou, e a perspectiva passou a ser a de permanência na própria família de origem, conforme consta em Fávero (2005: 76):

> Conforme depoimento de Helena Iracy Junqueira, a prática mostrou que [...] se fosse dada determinada importância à família, a mãe não precisava sair para trabalhar e não precisava pôr a criança em outra família. Então, a colocação familiar perdeu o sentido que tinha nos Estados Unidos, que era colocar a criança na família substituta; verificou-se que não havia razão para isso. Excepcionalmente se poderia, mas o principal problema nosso era criar condições para o menor ficar com a família. E esta ajuda foi se dando. Eu me lembro de um período em que se verificou que, da verba da colocação familiar, 80% era concedida à própria família do menor.

Não obstante os cinqüenta anos que nos distanciam do Serviço de Colocação Familiar, esse depoimento de uma das pioneiras do Serviço Social no Brasil mostra-nos sua atualidade e a importância de direcionar os investimentos sociais no sentido de resguardar a permanência dos infantes em suas famílias de origem.

5.2.2 A carência socioeconômica e a ausência paterna

A não-responsabilização paterna, associada à carência socioeconômica, é citada em 19% dos casos, conforme consta no Gráfico 22 do Ca-

6. Na obra citada, há uma discussão aprofundada sobre o Serviço de Colocação Familiar, cujo objetivo era prestar assistência ao menor de até 14 anos, de forma a resguardar o direito à convivência familiar.

pítulo II. Todavia, esse índice poderia ser muito maior, pois o número de casais que decidem entregar um filho é insignificante, conforme apontado no Gráfico 11 do referido capítulo. É provável que esse pequeno percentual de denúncia de desresponsabilização paterna seja reflexo do fato de a gravidez ter ocorrido a partir de relacionamentos sem consistência, além de outros aspectos, como podemos ver a seguir.

Entre os motivos alegados, o de Joana parece especialmente dramático. Vivi, cujo pai não a aceitou, é o sétimo filho de Joana, os outros seis estão todos abrigados há aproximadamente quatro anos. Ao relatar sobre o que a fez entregar a filha em adoção, expressou com pesar:

> Dei ela pra mim não deixar o de 3 anos... Acontecer isso ao de 3 anos. [...] Ele disse que ele não queria filho, ele não ia começar tudo de novo. [...] Aí, ele disse que ele não queria, que eu sabia muito bem, que ele não queria ter filhos. [...] Eu comecei a pensar como é que eu ia ficar com uma nenenzinha no colo e seis abrigados...

Essa mãe se viu diante da escolha entre os filhos. Seu grande medo era que, ao colocar no abrigo a última filha, como forma de evitar a entrega definitiva, isso servisse como ensejo para o Poder Judiciário definir que ela não tinha condições de cuidar dos filhos e encaminhá-los para famílias substitutas, sobretudo o mais novo, que ainda estava em uma idade mais próxima do que, em geral, desejam os pretendentes à adoção.

A não-aceitação da gravidez pelo pai biológico acentuou a impossibilidade de permanência com a criança. Ao ser informado da gravidez, esse pai alegou que Joana já sabia que ele não queria outro filho, como se a concepção não fosse um ato a dois e a responsabilidade fosse unicamente dela.

Joana anuncia também a dinâmica da institucionalização de crianças: o abrigamento é uma medida facilmente decidida; o desabrigamento, não. Em que pese a dificuldade que as famílias de origem das camadas populares têm para prover as necessidades básicas para o desenvolvimento de uma criança, há de se considerar a tendência do Poder Judiciário, no processo de desabrigamento de crianças, de fazer exigências incompatíveis com a realidade social dessas famílias.

Certamente a preocupação é com o bem-estar do infante; entretanto, por vezes, a privação dos laços afetivos com os pais e outros parentes é mais danosa para seu desenvolvimento do que a privação de necessidades objetivas. Ademais, cabe ao Estado, por meio de políticas públicas, assegurar o direito à convivência familiar.

Dessa forma, o Poder Judiciário, em parceria com outras instâncias do Estado e da sociedade civil, tem de ter a sensibilidade e o compromisso de facilitar o retorno da criança à sua família originária. A exceção deve ser feita, claro, aos casos em que o convívio com a família biológica é pernicioso para a criança.

No caso de Joana, que visita regularmente os filhos, a despeito de suas dificuldades socioeconômicas para dirigir-se de uma cidade a outra para visitá-los, seria mais lógico, mais saudável para todos e mais econômico para o Estado e para a sociedade, oferecer-lhe condições para reassumir a guarda dos seus seis filhos. No entanto, há quatro anos ela espera por isso e nada aconteceu até agora.

Janete também relaciona, entre os motivos para ter entregue sua filha Carol em adoção, o desaparecimento do pai biológico. Mãe de seis outros filhos, um dos quais residente com seu primeiro marido, em Pernambuco, vivenciou o desaparecimento do pai dessa criança antes mesmo de ele ser comunicado a respeiro da gravidez:

> Aí, ele já tinha sumido, num tinha mais visto ele, fazia um ano tudo. [...] Aí, digo: "Ai, meu Deus, eu tô precisando trabaiá, arrumar minha casinha, aí, fico grávida". [...] Deixa passar a gravidez, deixa, eu vô dá ela, aí, vamo vê, né, fazer minha vida, minha casinha tá muito... Desde que eu entrei, tá com quatro anos que eu tô nela, do jeito que eu entrei tá, não fiz nada nela, não fiz nada, do jeito que eu entrei tá. [...] Ele disse: "eu vou voltá", e nunca mais voltô, ele é de... Certo, ele é de Maceió, ele foi pra voltá e inté hoje, num apareceu mais, mesmo se ele aparecer, não vô podê dizê que tive um filho dele, tive essa menina dele, né? [...] Quando eu tava grávida, sim. Mas agora, se eu encontrar com ele, não digo não. Acho mesmo, que se eu dizer... Tem deles que nem acredita, né?
>
> Isso, foi por isso que eu dei ela, não foi por maldade. Eu dei pra ela porque essa mãe que eu arrumei pra ela vai podê dá tudo a ela, vai podê dá... Podê dá um sapato bom, uma roupa boa, levá ela de carro aonde ela

quisé, vai arrumá uma escola boa, se ela quisé botá em escola pública, bota, se não quisé, paga a escola ou paga a creche, e eu nada disso eu posso, né?

Sem a ajuda do pai da criança e com a casa precisando ser concluída, Janete não se viu em condições de assumir mais um filho. Ademais, depois das tantas vezes que tentou encontrá-lo, sem sucesso, para informar da gravidez, entende que, se ele reaparecer, não pode mais informá-lo sobre a criança; primeiro porque já a doou e, segundo, porque desconfia que ele pode não acreditar que a filha é dele.

Ao dizer "Tem deles que nem acredita, né?", Janete insinua uma crítica ao comportamento masculino que, por vezes, apesar da vivência sexual com a parceira e sem a devida responsabilização por medidas contraceptivas, acha-se no direito de duvidar da paternidade da criança.

Além do desaparecimento do pai biológico, da necessidade de trabalhar para concluir sua casa, o que estaria comprometido com a presença de um bebê, e sem o acesso a equipamentos socioeducacionais para deixá-lo, Janete, conforme se verifica no trecho seguinte, depende de ajuda de terceiros para criar seus outros filhos:

Eu não posso criar mais uma não. A minha irmã já fica com os outro pra mode eu trabaiá. Já são seis, né? Aí fica uma carga muito grande...

A solidariedade familiar no cuidado a seus filhos é reconhecida e avaliada como uma sobrecarga para a irmã. Janete não se sentiu em condições de aumentar ainda mais essa carga, possivelmente, também, por temer que isso pudesse comprometer o tênue equilíbrio de que dispõe para prover as necessidades básicas dos filhos, com seu trabalho, e os cuidados diários, com a ajuda da irmã.

Ademais, conforme Janete anunciou em seu depoimento, a freqüente descrença da mulher de que o homem respeitaria e assumiria a gravidez e o filho implica, além da decisão de não procurar o pai da criança quando ela nasce — possivelmente em represália ao fato de ele a ter abandonado quando soube da gravidez —, a costumeira exclusão do pai no processo de decisão sobre o destino do filho.

Todavia, esse problema não é simples e talvez esteja associado, também, às próprias mudanças da família e ao lugar que nela ocupa o pai. Ao longo da história, embora tenham ocorrido modificações, predominou o poder do pai sobre o da mãe. Da concepção cristã de que "pai é aquele que toma posse do filho, primeiro porque seu sêmen marca o corpo deste, depois porque lhe dá seu nome" (Roudinesco, 2003: 22), até o final do século XIX a dominação do pai permaneceu constante.

Inicialmente, o domínio paterno estava fundado na concepção cristã, na influência da Igreja. Depois, à medida que o poder do Estado supera o da Igreja, a autoridade paterna, no século XIX, vive momentos de contestação; porém, com a assunção da sociedade burguesa, o pai reconquista seu lugar de poder, dessa vez com base na ordem econômica. É somente no final do século XX — com a predominância do que estamos denominando de família contemporânea — que, na Europa e também em países do Terceiro Mundo, como, por exemplo, o Brasil, o domínio da função paterna "cede" lugar a uma autoridade parental compartilhada entre pais e mães (Roudinesco, 2003).

Ao que parece, os pais ainda não se acomodaram bem nessa perspectiva na qual o poder parental é compartilhado com a mãe. Da mesma forma, aparentemente, o controle sobre a concepção ainda é uma experiência mais associada à mulher, haja vista os notórios, e também aqueles não tão notórios (por não envolver personalidades públicas), casos de responsabilização paterna a partir de sua comprovação por meio de exames de DNA.

Por um lado, a responsabilização paterna por meio da comprovação do exame de DNA (embora não seja uma ação muito utilizada pela população-alvo deste estudo), e, por outro, a ausência de inscrição do pai no registro de crianças sugere-nos a força da mãe e a utilização do poder adquirido ao longo do tempo e a partir de árduas batalhas.

Entretanto, também já estamos observando a existência de um movimento de pais, por parte de uma parcela específica de homens, para defender o direito de permanecer com os filhos no momento da separação. Talvez esse movimento esteja mais centrado na população de camada média, mas, de qualquer forma, ele existe e já há respaldo legal para tanto.

No novo Código Civil, deixou de existir o correspondente ao artigo 329 do Código Civil de 1916 (Lei nº 3.071, de 1º de janeiro de 1916) do capítulo que trata *da proteção da pessoa dos filhos*, que estabelecia à mãe o direito de ficar com os filhos quando da separação do casal: "A mãe, que contrai novas núpcias, não perde o direito a ter consigo os filhos, que só lhe poderão ser retirados, mandando o juiz, provado que ela, ou o padrasto, não os trata convenientemente". No Código Civil vigente a partir de 11 de janeiro de 2003, os artigos 1.583 e 1.584 do Capítulo XI, os quais tratam *da proteção da pessoa dos filhos*, estabelecem o seguinte:

> Art. 1.583. No caso de dissolução da sociedade ou do vínculo conjugal pela separação judicial por mútuo consentimento ou pelo divórcio direto consensual, observar-se-á o que os cônjuges acordarem sobre a guarda dos filhos.
>
> Art. 1.584. Decretada a separação judicial ou o divórcio, sem que haja entre as partes acordo quanto à guarda dos filhos, será ela atribuída a quem revelar melhores condições para exercê-la.
>
> Parágrafo único. Verificando que os filhos não devem permanecer sob a guarda do pai ou da mãe, o juiz deferirá a sua guarda à pessoa que revele compatibilidade com a natureza da medida, de preferência levando em conta o grau de parentesco e relação de afinidade e afetividade, de acordo com o disposto na lei específica.

Talvez essa mudança legal aponte para a tendência do deslocamento do homem da condição exclusiva de provedor e da mulher como responsável principal pelo cuidado e pela educação dos filhos.

Nesse sentido, a partir de sua experiência na instituição Programa Papai, sediada em Recife (PE), que desenvolve atividades de intervenção social com homens situados em diferentes faixas etárias, Lyra (2003: 89) apresenta uma interessante reflexão sobre uma nova paternidade que nos parece importante mencionar:

> Esse novo pai é mais ativo, não se restringindo à disciplina e ao suporte econômico familiar; ele demonstra um maior envolvimento na educação e no cuidado com os(as) filhos(as) de qualquer faixa etária, participa da alimentação, dá mamadeira, troca as fraldas do bebê, acompanha-os no médico ou dá os remédios, leva-os na escola, para passear, coloca-os para

dormir... Enfim, desenvolve contatos mais estreitos com os filhos, o que era antes reservado apenas à mãe. Não que haja uma inversão de papéis ou que o pai se transforme em outra mãe; trata-se de um homem-pai que estabelece relações mais complexas, estreitas e mais "reais" com os(as) filhos(as), que deseja e encontra grande satisfação.

A que essas mudanças nos levarão só o tempo dirá, mas com certeza elas são suporte para a democratização das relações de gênero. A sociabilidade familiar se apresenta em franca mudança: aparentemente, as relações conjugais e parentais são mais flexíveis e igualitárias, seus arranjos são múltiplos e os papéis na família tendem a ser construídos conforme as peculiaridades de cada unidade doméstica e do contexto socioeconômico no qual a família está diretamente inserida.

5.2.3 A indisponibilidade para assumir mais um filho

Elza, mãe de Gabi, apresentou motivos para a entrega da filha que, até onde pudemos perceber, são mais de cunho subjetivo e não estariam, em princípio, associados a dificuldades socioeconômicas:

> Olha, gente, não é bem que eu vou dá o neném, eu vou dá a Gabi, porque a mãe dela, que vai criar ela, tá casada há doze anos e nunca pôde ter um filho. Então, ela vai ser a privilegiada de criar minha filha, porque eu tô sem paciência de criar criancinha nova, não quero mais criar criança, as minhas duas criança, agora, é a Bia, a Beta e o Dani. Não quero mais criança...

Desse fragmento de entrevista podemos extrair várias questões. A primeira diz respeito à doação de um filho como "presente" a alguém que deseja, mas não pode procriar. Fonseca (2002) aponta essa situação na qual a mãe, ao doar o filho, pode estar considerando que sua ação é benéfica tanto para a criança quanto para a mãe adotiva.

Elza diz textualmente que, com sua ação, está oferecendo a alguém, casada há doze anos, o privilégio de criar uma filha. Desponta, então, aqui, o casamento com fins de constituição familiar. Além do desejo materno, a condição de casada reclama a presença de filhos, o que, geralmente, é visto como consolidação da parelha conjugal e do projeto de convivência. E ela, mãe biológica, está facultando essa possibilidade à mãe adotiva.

Depois de acenar com a nobreza de seu gesto, Elza indica sua falta de paciência e sua indisponibilidade para criar "uma criancinha nova" como motivo para a entrega da filha em adoção. Não ficou claro o que está subjacente a essa postura, mas certamente existe um conjunto de fatores que culminou com essa impaciência e indisponibilidade. O que apareceu de forma mais aberta é que, apesar da separação do primeiro marido e da posterior viuvez, sua lealdade a ele e ao casamento que tiveram são impeditivos para um novo casamento e, mais ainda, para a aceitação de outros filhos.

Nesse mesmo trecho, ela refere "as minhas duas criança, agora, é a Bia, a Beta e o Dani. Não quero mais criança...". A Bia e a Beta são filhas do referido casamento e o Dani é o filho adotivo (adoção intrafamiliar não legalizada). Referir-se a duas crianças e citar o nome de três pode estar associado ao fato de que as duas primeiras são, de fato, crianças e o terceiro já é um jovem com mais de 20 anos. Contudo, pode ser também uma ambivalência relativa à condição de Dani: ela o cria desde que ele tinha de um para dois anos de idade e o tem como filho, mas ele não é seu filho biológico ou legalmente adotado, tampouco filho do pai das duas outras filhas, a quem ela é tão fiel.

O fato é que Elza deixou clara sua indisponibilidade para maternar sua última filha. Esse aspecto também merece ser pensado, porque a maternidade é uma construção social, enseja múltiplos significados e, na família contemporânea, a possibilidade de escolha dessa dimensão da mulher parece cada vez mais presente. No caso em questão, a mulher já era mãe. O problema era que, naquele momento de sua vida e nas circunstâncias em que se encontrava, não queria assumir mais um filho.

Os avanços tecnológicos para a concepção e a anticoncepção parecem indicar essa noção de escolha, seja para evitar, seja para provocar a gravidez (Sarti, 2003), mas, para as camadas populares, o acesso às tecnologias reprodutivas é mais restrito. Além disso, muitos outros fatores de ordem social estão presentes na procriação, inclusive a tentativa de assegurar a permanência de um novo companheiro, como já vimos.

Não obstante as diferenças concernentes às camadas sociais, nossa preocupação é deixar clara a crença de que nem todas as mulheres partilham o desejo de ter filhos e que o sentimento associado à maternidade é construído na vivência desse papel.

Para Badinter (1985: 14-15) esse sentimento

> é adquirido ao longo dos dias passados ao lado do filho, e por ocasião dos cuidados que lhe dispensamos. É possível que a ausência do ser amado estimule nossos sentimentos, mas ainda assim é necessário que estes tenham existido previamente, e que a separação não se prolongue demasiado.

Contrapondo-se à noção de "natureza feminina", Badinter (1985: 17) trabalha com a idéia de "multiplicidade de experiências femininas", diferentes umas das outras, embora guardando certa submissão aos valores sociais, aos quais atribui uma força importante. E acrescenta:

> Quanto a mim, estou convencida que o amor materno existe desde a origem dos tempos, mas não penso que exista necessariamente em todas as mulheres, nem mesmo que a espécie só sobreviva graças a ele. Primeiro, qualquer pessoa que não a mãe (o pai, a ama, etc.) pode "maternar" uma criança. Segundo, não é só o amor que leva a mulher a cumprir seus "deveres maternais". A moral, os valores sociais, ou religiosos, podem ser incitadores tão poderosos quanto os desejos da mãe.

O amor materno e a preocupação em proteger os filhos podem se apresentar até de forma aparentemente paradoxal. Por exemplo, ao entregar um filho para adoção ou ao solicitar seu abrigamento, a mãe (ou os pais) pode estar expressando o seu amor e a sua preocupação em protegê-lo de situações que ela (ou eles) considera(m) de muita vulnerabilidade para a criança.

Nesse sentido, uma análise sobre a história do abandono de crianças possibilita constatar que, desde o tempo da escravidão, as mães utilizam estratégias extremas para livrar seus filhos das situações degradantes em que vivem, conforme podemos observar em Venâncio (2002: 202-204):

> Do ponto de vista oficial, mães "que davam os filhos a criar" pareciam desalmadas e egoístas. No dia-a-dia, porém, a realidade era outra e o

> abandono podia representar um verdadeiro gesto de ternura. Talvez a evidência mais surpreendente disso seja os casos em que escravas enjeitavam o próprio filho, na esperança de ele fosse considerado livre. [...] Em tais circunstâncias, o abandono podia revelar uma das várias faces do amor materno, face bem mais complexa do que a delineada nos manuais religiosos.

Ressaltamos, porém, que esse é um lado da situação, porque o abandono também pode configurar falta de responsabilidade e de amor por parte da mãe ou do pai. Quando falamos dos segmentos populares, a entrega ou o abandono de crianças são explícitos, porque a criança sai de seu lar e vai para uma outra família ou para um abrigo, mas, nos estratos médios e altos, a entrega ou o abandono da criança podem ocorrer de forma menos visível, pois há sempre mais recursos para manter essa criança no próprio lar, embora sem os devidos cuidados, atenção e afeto da mãe ou do pai. O que nos parece claro é que a maternidade/maternagem e a paternidade/paternagem ensejam uma complexidade da qual podemos, aqui, apresentar apenas algumas linhas gerais.

Além desses, outros motivos foram alegados para entrega do filho em adoção, conforme consta da pesquisa quantitativa: falta de condições socioeconômicas da família biológica, associada à falta de apoio da família extensa, a problemas emocionais da mãe, à morte do cônjuge, à negligência e maus-tratos e à violência doméstica. Tais questões nos parecem imbricadas umas às outras.

A falta de apoio da família extensa pode também ter como razão de fundo a carência econômica, o que ocorreu com as famílias com as quais pudemos aprofundar nosso estudo. Da mesma forma, uma das mães entrevistadas viveu uma crise assemelhada à depressão, embora não a tenha alegado como motivo para sua atitude. Uma outra tem história de violência doméstica, razão pela qual seus outros filhos estão abrigados, além de ela não ter conseguido reorganizar sua vida.

Dessa forma, o que obtivemos com a pesquisa quantitativa, associado a esses fragmentos de discurso dos cincos sujeitos, nos dão uma mostra dos motivos que levam uma mãe ou os pais a se decidirem pela entrega de um filho em adoção.

A pesquisa qualitativa permitiu um melhor entendimento dessas motivações, uma vez que os sujeitos puderam esclarecer as conexões presentes na situação. À carência socioeconômica associa-se, por exemplo, a consciência sobre a infra-estrutura básica para o bom desenvolvimento de uma criança ou do limite de ajuda da família extensa.

Em ambas as situações, verificamos a percepção dos pais biológicos em relação ao tênue equilíbrio em que vivem: qualquer encargo a mais poderá deteriorar a situação daqueles que já vivem sob seus cuidados. Trata-se de um dos aspectos que nos fazem sustentar que essas mães/pai que entregaram um filho em adoção têm um apurado senso de família e de preservação de cuidados e proteção aos filhos.

Ocorre que, nos casos em estudo, o último filho nasceu "desenraizado". Chegou em um momento em que os pais estavam vivendo situações que salientavam a frouxidão de suas raízes, estavam por demais vulneráveis. Restava, então, buscar uma família que a criança acolhesse nas condições imaginadas por eles, pais, como satisfatórias.

5.3 Percurso da entrega de um filho em adoção

O percurso dessas mães/pai, que culminou na entrega do filho em adoção, iniciou-se antes mesmo da gravidez. Suas condições de vida e as experiências anteriores de circulação de crianças na família extensa são aspectos importantes da trajetória deles e, certamente, determinantes na decisão, conforme vimos.

Apresentaremos aqui o percurso realizado por eles depois de tomada a decisão quanto ao destino do filho. Buscamos mapear os participantes desse processo, os critérios eleitos para a escolha dos pais substitutos e os contratos estabelecidos entre as famílias biológicas e adotivas, na perspectiva de apreender o movimento e os valores nele presentes.

5.3.1 A rede social para definição dos adotantes

No Capítulo II, Gráfico 21, está demonstrada a rede social presente nas adoções por consentimento da família de origem da pesquisa quantitativa. Vimos que a parcela mais significativa de adotantes está entre aqueles que são vizinhos, amigos ou conhecidos da mãe, do pai ou de outro familiar da criança, o que significa pertencimento à rede social imediata da família biológica.

Mas há também aqueles cuja relação com a família biológica é indireta. São os que têm relações de parentesco ou de amizade com vizinhos e amigos da família de origem da criança. E há, ainda, as adoções que ocorreram com famílias substitutas cujo contato com a mãe da criança se deu por intermédio de profissionais de instituições freqüentadas por ela. Excetuando-se essas últimas, entendemos que as demais podem se constituir em situações nas quais se mantém a possibilidade de contato ou informações entre a família biológica e a adotiva.

A discussão sobre essa modalidade de adoção, comumente denominada adoção aberta, já iniciada no capítulo anterior, será verticalizada nas considerações finais, porém ratificamos nossa posição de que tais adoções, em que pese a complexidade de sua dinâmica, podem significar uma forma mais clara e mais saudável de tratar a transferência de filiação da criança de uma família a outra.

No capítulo anterior, abordamos a rede social no que se refere ao possível suporte assistencial para as famílias em situação de vulnerabilidade social. Neste, veremos como a rede social pessoal, esgotadas as possibilidades de ajuda direta, pode contribuir para a definição de situações dessa natureza, ou seja, para a escolha de pais substitutos para uma criança.

Entre os cinco sujeitos desta pesquisa, a rede social acionada está vinculada às relações de vizinhança, de trabalho e de parentesco. Aparentemente, o movimento partiu das mães/pai que, grávidas e sem condições de criar o filho, avaliaram que a alternativa para assegurar o cuidado e a proteção a ele seria doá-lo para pessoas reconhecidas pelos pais como capazes de assumir satisfatoriamente essa responsabilidade.

Os extratos seguintes nos dão uma idéia de como a rede social pessoal desses sujeitos entrou em ação na escolha dos adotantes de Carol, Vivi, Vitória e Gabi:

Janete, mãe de Carol, contou que, quando se descobriu grávida, entendeu que não tinha como criar mais um filho, pois já dependia de sua irmã para cuidar dos demais, enquanto trabalhava. Então disse para si mesma:

> se eu encontrar uma pessoa boa, da igreja... Aí, eu dou. [...] Conversei com minhas irmã, com meus irmão... Conversei com eles. Disse que não ia criar, que ia dá... Eles se conformaram.

Na impossibilidade de a criança permanecer na família e dando a conhecer esse fato à vizinhança, logo surgiu uma indicação para Janete:

> Eu tenho uma vizinha que disse: na minha igreja, tem uma senhora que quer uma criança para criar. Ela já tava esperando lá para adotar, mas já fazia dois anos e ela não tinha conseguido. [...] É a minha vizinha... Não é na igreja que eu ando, né? É outra igreja. Aí, a minha vizinha levou ela em casa, levou ela e o marido dela.

A idéia de entregar a filha para alguém desconhecido, não agradava Janete:

> Mas eu acho que, pra mim, conhecendo é melhor, que nem eu conheço eles, né, é melhor do que pegá e dá e adotá assim sem nem sabê pra quem, acho que era mais ruim assim.

Assim como Janete, os demais sujeitos também se referiram à importância de conhecer os pais adotivos para se sentirem mais seguros quanto aos cuidados e à proteção dos filhos.

Joana, mãe de Vivi, que tem outros seis filhos abrigados, também valorizou o fato de conhecer os pais adotivos da filha e o temor de que os demais filhos pudessem ir para adoção e ficar com pessoas que ela nunca as veria:

> O nenê tá aqui fora, tá com uma... Com uma família, que eu sei quem é. Os que ficam lá dentro, se for adotado, eu nunca vou ver a mulher. Pelo menos esse casal, pelo menos, eu sei quem é. Eu conheço assim, né, mas quem conhece mais é minha irmã...

Os adotantes de Vivi são conhecidos de Lena, irmã de Joana; a mãe adotante era cliente do salão de beleza onde Lena trabalhava. Pelo trecho seguinte, deduz-se que ela, sabendo da dificuldade dessa mulher em ter filhos, comentou, então, sobre a situação de Joana:

> Ah, eles falaram que são nove anos que são casados. Lutaram pra ter um filho. Mas só que eles queriam filhos deles, não filho adotivo, nada disso. [...] Aí, que quando foi comentado... A minha irmã comentou o meu caso. Que ela falou pra minha irmã que ela ia conversar com ele, né? Aí, que ela chegou, conversou com ele e ele falou que ele ia me conhecer. Aí, eles foram, me conheceram. Aí, eu falei que realmente eu daria a nenê pra eles e eles começaram a correr atrás, né? Mexer com o quarto dela, comprar as coisas pra ela.

Está explícita aqui tanto a conversa entre a tia biológica e a provável mãe adotiva quanto entre a mãe biológica e os pais adotivos. O aspecto do contato direto, do olho no olho, que a escolha de pais adotivos na rede social da família biológica possibilita, foi bastante valorizado pelos sujeitos desta pesquisa.

Em outro extrato, Joana reafirma a importância de conhecer os pais adotivos da filha e de ela permanecer em contato com os irmãos. Acrescenta que entregá-la diretamente ao Judiciário poderia significar a perda do contato com a criança e dela com os irmãos:

> E pra mim vir no juiz, falar pro juiz, que eu tô deixando a nenê ali pra ser doada, eu também não teria coragem, porque eu sabia que num ia ver os pais e seria muito mais difícil dela ver os irmãos...

Ana e Emílio já conheciam aqueles que seriam os futuros pais de Vitória, pois a mãe adotiva era colega de trabalho dele. Sobre os primeiros contatos com ela, quando da chegada de Emílio para trabalhar no mesmo local, disseram o seguinte:

> Bem recebido, por ela principalmente, porque ela é recepcionista, de cara já gostei muito dela, é muito gente fina. (Emílio)
>
> Quando conheci, achei ela super, muito legal, conversadeira, gostei muito do jeito dela. (Ana)
>
> Sempre que a gente ia lá com os menino, ela gostava de brincar... Quando ia lá, ela dava chocolate pra um, pra outro. (Emílio)
>
> Independente dessa situação, antes mesmo, ela gosta mesmo de criança, então a gente conhecia ela bem pra fazer o que a gente fez. (Emílio)

Tanto Ana quanto Emílio salientam a aproximação preexistente principalmente com a mãe, mas também já tinham contato com o marido dela. Ressaltam, igualmente, a importância de conhecerem aqueles a quem entregariam a filha em adoção:

> Faz muita diferença, nossa! Com certeza faz muita diferença. A gente conhecendo sempre é melhor. Sempre é bom saber quem é as pessoas que a gente tá entregando o filho da gente, né? É um filho, né? Por mais que aquela pessoa vive num melhor tal, bom de condições, mas a gente deve conhecer também pra saber quem é, de onde veio e a gente vê que são pessoas de boa família, certo, e sem encrenca. Isso que a gente fica preocupado... (Contexto: fala de Emílio na entrevista conjunta com Ana)

Sobre a participação da família extensa no processo de decisão de doação do filho, declararam:

> [...] todo mundo sabia. [...] É... 50% das pessoas sempre... Eles são contra, né? E outros 50 são a favor. Então, a gente tem que fazer as coisas conforme a gente vive, e não pensando nos outros, a gente tem que pensar no que a gente sente, no que a gente vive. O que a gente passa, e não o que os outros falam, então, se a gente fosse atrás, a gente ia ficar no meio, nem ia, se dividir prum ou pro outro. [...] Fosse atrás só de família, de um e de outro, talvez não tivesse doado, tivesse ficado com a criança, e ficava nessa vidinha que as crianças têm hoje. Então, a gente achou melhor fazer o que a gente pensa e o que a gente acha, que tenho certeza que a gente fez o certo. (Contexto: falas de Emílio na entrevista conjunta com Ana)

Nos três casos, a família extensa teve participação no processo de decisão ou até na definição dos adotantes, o que constitui mais um aspecto das adoções abertas. As questões são discutidas pelo menos com aqueles com quem se tem mais intimidade e que, de alguma forma, poderiam ter alguma interferência na situação.

O quarto caso, o de Gabi, filha de Elza, é uma adoção intrafamiliar: foi realizada pela irmã do pai biológico da criança. Portanto, assim como no caso de Ana e Emílio, os pais biológicos não só conheciam como tinham proximidade com aqueles que viriam a ser os pais adotivos da filha.

Quanto ao fato de conhecer a família adotiva e de esta ser a família do pai biológico, Elza reproduziu o seguinte diálogo:

> Mais aí eu pensei: "E se eu não der pra tua irmã, der pra outra pessoa?" [referindo-se ao pai biológico da criança]
>
> Aí ele disse: "Não".
>
> Eu digo: "Não, também não ia fazer isso, né, porque outra pessoa...".
>
> Eu pensei assim, outra pessoa vai o que, vai maltratar, eu não vou poder vê, vai carregar pra longe, né? Aí, chegou a colega da minha irmã no Guarujá e falou assim: "A sua irmã falou que você vai doar a criança que você tá esperando".
>
> Eu digo: "Doar nada, eu vou deixar ela na casa do pai pelo seguinte: pra você eu não doaria" [referindo-se a uma amiga de sua irmã que pretendia se candidatar à mãe adotiva de Gabi].
>
> "Não, por quê?"
>
> Eu digo: "Porque, primeiro, você é amiga da minha irmã, não é minha amiga, eu não te conheço. Como que você vai tratar ela? E eu vou poder vê?..."

É complicado, porque uma mulher viajada, viaja aqui, tem casa num sei na onde, sei na onde, é meio complicado...

E depois acrescenta:

> Porque a pessoa que eu não conheço, eu não sei, pode ser que trate bem, que dê todo amor e carinho, mas a gente que não tá ali, fica com um pé atrás. Como será que tá tratada, porque tem muitos casos que a criança é bem tratada, né? A criança tem um amor, tem um carinho, mas tem sempre aquele refil de revolta lá dentro. Então, com uma pessoa que eu conheço, e outra, com o sangue dela, eu já acho mais fácil, eu posso ir sossegada, deixar sossegada, não me preocupar com nada, porque eu sei que ela vai tá em boas mãos.

Todos os sujeitos se referiram à importância de conhecer os pais adotivos de seus filhos, de avaliar por si próprios quem são as pessoas que assumirão a maternidade/paternidade de suas crianças. Além disso, desejam ter notícias delas e, se possível, verem-nas eventualmente.

Diante do exposto, fica claro que as famílias biológicas não estão dispostas a abrir mão de seu poder familiar se não souberem para quem ele será transferido. Entretanto, demonstraram clareza quanto à necessidade de os pais substitutos assumirem integralmente o cuidado e as decisões em relação à criança. Esse fato precisa ser refletido no Poder Judiciário para que seja reavaliada a forma como nele são tratadas as adoções, em especial no tocante à possibilidade de realização de adoções abertas, as quais, segundo os dados de nossa pesquisa, se processam de forma exitosa.

5.3.2 Os critérios para escolha dos pais adotivos

As respostas às nossas perguntas diretas e o conteúdo subjacente no conjunto das entrevistas não indicaram que tenha havido constrangimento dessas mães/pai para a entrega do filho às pessoas escolhidas para tanto. Do que pudemos captar, a entrega foi determinada pelas condições de vida de cada um deles, e não pelo interesse de casais que desejavam adotar uma criança, embora houvesse o prévio desejo desses casais em ter filhos.

Nossos dados confirmam haver, da parte da mãe ou dos pais biológicos, alguns critérios para definição dos pais substitutos. Algumas dessas mães/pai se referiram mais a aspectos objetivos e outras incluem também os subjetivos, mas todos enumeram alguns requisitos que identificaram e valorizaram naqueles que assumiriam a maternidade/paternidade de seus filhos, conforme podemos observar pelos extratos seguintes.

Após tomar a decisão de doar a filha e buscar formas de efetivar o ato, Janete queria encontrar alguém que pudesse lhe substituir na maternagem, em condições melhores que a sua:

> Eu já decidi arranjar uma pessoa e... Uma pessoa assim, que eu visse que dava para cuidar melhor do que eu. Não era chegar, assim, e dá sem ver se ela tinha condição de criar... Ela, eu vi que tinha condições melhor de criar do que eu: o marido dela tem um bom trabalho, mora num apartamento do CDHU... E ela queria ser mãe e não tava conseguindo, porque ela tem problema, não tem o útero. [...] E uma, que só tem ela, né, se fosse assim, eu escolhi também, se fosse mãe assim, que já tivesse... Que tinha filhos, eu também não dava, só se fosse rapaz já tudo criado, só dei,

> porque ela não tem nenhum, por isso também que eu resolvi dá, também pra ela.

É perceptível que essa mãe biológica apresenta diversos critérios para selecionar a mãe adotiva: quer uma pessoa boa e da igreja; salienta a relevância de o pai ter um bom trabalho; de a residência do casal adotante ter condições apropriadas (um apartamento do CDHU, para as camadas populares, é sinal de distinção, haja vista ser adquirido pelo morador, diretamente na cooperativa habitacional, e contar com uma infra-estrutura básica, mas suficiente para atender às necessidades de uma família). Ademais, a mulher desejava ser mãe, requisito importante para uma maternagem satisfatória e responsável; sua filha seria a única para os pais adotivos, o que a coloca em lugar privilegiado; por último, ela não podia ter filhos, o que posiciona Janete na condição de benfeitora em relação à mãe adotiva.

Joana também apresenta os seus critérios para a escolha dos pais adotivos da filha:

> Então, isso me deu mais segurança. Eles [os pais adotivos] têm parente adotivo. Hoje, a pessoa adotiva tem a família dele, biológica, né, e tem a família do casal. [...] Ah, conversando com eles... Eles são muito bons, eles têm muito amor, eles pensa muito em Deus. Tudo que eles fala tem Deus no meio. Então... Eles são muito carinhosos. A família dela também é assim.

Os critérios de Joana parecem mais subjetivos do que os de Janete. Ela valoriza o fato de o casal adotante já ter experiência de adoção na família e introduz a idéia de que uma pessoa adotiva tem duas famílias: a biológica e a substituta. Depois, refere-se à bondade deles, à religiosidade e à condição de carinhosos.

Ana e Emílio, que sempre se referiram à necessidade de uma criança contar com uma boa infra-estrutura para seu desenvolvimento e formação, também ressaltaram aspectos subjetivos como critérios para a escolha dos pais adotivos de sua filha. Em fragmento constante no item anterior eles se referiram à importância de a mãe e o pai adotantes serem "pessoas de boa família e sem encrenca" e, depois, acrescentam:

> Porque se ela fosse criada com a gente, ela não teria o que ela tá tendo hoje. Que eu sei que ela tá tendo coisas bem melhor do que se estivesse com a gente. Amor ela vai ter igual ao da gente, talvez até muito mais, né, porque é para uma filha única... Que vai ser pra eles uma filha única. Vão dá muito amor, muito carinho; é claro que a gente também daria isso, mas... [...] Tipo, deu pra ela uma coisa que a gente não pode dar, não poderia dar. Eu acho que a pessoa que adotou ela vai dar pra ela um futuro melhor, um estudo...

Nesses fragmentos, estão presentes tanto aspectos objetivos, como futuro melhor, estudo, quanto os de cunho mais subjetivo, como amor e carinho. Assim, essas famílias de origem demarcam a noção de que, para uma boa formação, a criança precisa contar com condições sociais e relacionais satisfatórias.

Elza também se refere mais a critérios subjetivos para a escolha dos pais adotivos de sua filha:

> Porque sabe... Eu sei que ela tem adoração pela menina. [...] Porque, assim, é uma família pacata, mas unida [risos]. É uma família, assim, que se é de um é de todos...

A ênfase é, então, para o afeto que existe entre a mãe adotiva e a criança e para a união da família. Os aspectos objetivos provavelmente não se apresentaram como importantes para a definição dessa escolha, tendo em vista que a mãe biológica já conhecia a família adotiva há certo tempo, pois se trata da família de seu namorado/companheiro, e sabia estarem garantidas, por exemplo, as condições para a subsistência e para a educação da criança.

Dessa forma, vimos que os sujeitos desta pesquisa formularam seus próprios critérios para selecionar os pais adotivos de seus filhos. Tais critérios vão desde as condições objetivas para garantir a subsistência e a formação das crianças, até a capacidade dos pais e de suas famílias de provê-las de valores como união, generosidade, amor e religiosidade. Além disso, essas quatro mães e um pai deixaram claro que escolheram famílias substitutas em situações de vida melhores que as suas, visando ao favorável crescimento dos filhos.

5.3.3 Relações e contratos estabelecidos entre as famílias biológicas e adotivas: a vivência de adoções abertas

Entre a decisão de entregar o filho em adoção e a definição quanto aos adotantes houve um percurso: conversas com familiares, com a vizinhança, com colegas de trabalho. Depois, a aproximação e a discussão de algumas questões que, para os pais biológicos, eram fundamentais.

Ana, Emílio e Elza já conheciam os pais escolhidos; portanto, a aproximação já se deu com a discussão sobre as condições para adoção. Joana e Janete tiveram de percorrer um caminho maior: conhecê-los, aprová-los (ou não) e discutir as questões relativas à adoção.

Janete nos contou como foi essa aproximação e o que combinaram sobre a criança:

> Aí, a minha vizinha levou ela em casa, levou ela e o marido dela.
>
> [...] Eu já gostei deles, gostei deles, tudo alegre, simpáticos e que tava mesmo interessado a adotar, pegá pra criá, adotá não, pra pegá pra criá, aí, eu decidi dá...
>
> Eu tava com uns sete meses... Sete meses de gravidez já. Até que ela disse assim: "Eh, tem dois meses pra eu arrumar o quarto". Porque lá tem dois quartos, um quarto é deles e o outro vivia desocupado, né? Ela disse: "Tem dois meses pra eu pintar o quarto, comprar o berço, comprar as coisinhas dela". [...] Eu não fui não [ver o quarto da neném]. A minha vizinha é que foi. Mas ela [a mãe adotiva] vai tirar foto e vai mandar. Eu não quis ir não. Sei que ela comprou berço, comprou tudo. [...] Ela falou assim, ó: ela disse: "Quando ela crescer, eu não vou esconder que você é a mãe dela. [...] Por causa... Se não que ela pode saber pela boca dos outros e pode ficá revoltada comigo, né?". Eu disse: "Tá certo". [...] O marido dela concorda, concorda com ela. [...] Pelo menos, eu conheço ela. Ela não se importa de eu vê a menina. Ontem mesmo, eu vi a menina. Ela não se importa, conforme a menina vai fazendo 1 ano, 2 anos, 3 anos, conforme a menina vai fazendo os anos, ela vai trazendo a menina pra me vê, entendeu? Ela não vai esconder.
>
> A vizinha me dá notícias! Essa minha vizinha, D. Nanda, né, é da mesma igreja da mãe da Carol. Aí, ela vê tudo, né? Aí, ela fala pra mim. Aí, eu não vou lá pra igreja dela não, pra ela não pensar: "Será que ela quer tomar a menina?". Se não vai pensar, né. Aí, eu não vou não.

Nas falas de Janete, estão explícitas algumas questões: a vinda do casal à casa da mãe biológica e uma clara alusão à preservação do espaço dos pais adotivos, a aprovação do casal, a garantia da revelação à criança de sua condição adotiva, a apresentação da criança à sua família biológica.

Joana parece ter vivido esse momento com mais ansiedade e incertezas do que Janete, conforme podemos ver pelos extratos seguintes:

> Eu pedi pra ir na minha casa [refere-se ao casal adotante]. [...] Ainda falei, eu ficava falando assim... Se eu olhar pra ela e achar que ela era antipática, eu falo que eu não tô dando a neném. Mas, se eu gostar dela, eu me sentir bem, eu... Eu deixo ela levá a neném. E porque, aí, ela fez a mesma coisa. Se ela conversasse e sentisse bem conversando comigo. A minha patroa, que eu cuidava, ela falava assim: "Quando a gente olha pra uma pessoa e a gente fala, aí, como ela é antipática, que a mesma pessoa também sente isso de você". [...] Ah, eu vi eles com 7 meses [de gravidez]. Aí, de vez em quando, ela me ligava por telefone, né? Ela falava por telefone. Mas era ela que me ligava. Ela perguntava se eu tava bem, porque, no final da minha gravidez, eu comecei a ter problemas, comecei a ter muita contração, porque a neném poderia nascer de 8 meses. [...] Foram no hospital, me buscaram. Aí, eu pedi pra eles me levar na minha casa. Eles me levaram. Aí, a neném, eu entreguei na mão deles. [...] Eles voltaram na minha casa no dia seguinte. É... Me perguntaram se era aquilo ali mesmo que eu tava fazendo. Se eu tinha certeza. Eu disse que era... [...] Ela [a neném] vai conhecer os irmãos... [...] Ah, ela ligou para minha irmã perguntando se eu tinha tirado as crianças [por ocasião das festas de final de ano]. Aí, eu falei que nós já tinha tirado as crianças, né? Aí, ela falou que ia fazer uma surpresa, aí, no Natal... Na véspera do Natal, eles foram e levaram a Vivi pras crianças conhecer a irmãzinha. Aí, no Ano Novo, de novo, ela trouxe de novo a Vivi. Então, foi um final de ano muito feliz para eles.
>
> Eu não tava aqui, eu tava em Campinas, eu não podia vim visitar os menino. A minha irmã e os dois levaram a neném. Então, pra mim, eu fiquei feliz e acredito que os irmão também ficaram. Que a mãe não foi, mas foi a tia, foi a irmã, foi o casal que eles chamam de padrinhos, né?

Também Joana não quis adentrar o espaço dos adotantes, pediu para eles virem à sua casa. Da mesma forma, estabeleceu o contrato para que a criança conhecesse, futuramente, a família biológica, especialmente os irmãos, o que já ocorreu. Vivi, seus pais e outros familiares foram visitá-los na casa da tia (onde estava Joana e os filhos) por ocasião da licença para passarem as festas de fim de ano com a família, mas o casal já havia levado a filha ao abrigo para conhecer os irmãos biológicos.

Ressaltamos, por relevante, o momento em que Joana disse: "Aí, a neném eu entreguei na mão deles". Essa possibilidade de olhar para os pais adotivos e entregar a criança, em um gesto que contempla a transferência de responsabilidade e de afeto, mas também a permissão para que eles assumam a paternidade daquela criança, parece ter sido muito marcante para Joana. E, provavelmente, o é para as mães em geral. Todos os sujeitos deste estudo vivenciaram a entrega do filho diretamente para os pais adotivos.

Ana e Emílio também fizeram os seus contratos com a família adotiva:

> É, eu convivia com ela direto, ela me falava sobre o problema dela, que a gente conversava sempre. Ela é muito aberta, esses assuntos, ela era aberta, aí, conversava e falava. E eu já tinha visto... Tinha conversado com o marido dela também, tinha visto ele, já conhecia ele. Gente boa pra caramba, aí, foi o que me levou a fazer isso de doação. (Emílio)
>
> Lá, no apartamento dela, nunca... Num fui ainda, mas a gente sabe o endereço. (Ana)
>
> É, com certeza, a gente vai lá se der vontade. [...] Que eles dão muito carinho, muita atenção e sempre falem a verdade pra ela, nunca deixando de falar a verdade que aconteceu pra ela, do porquê ela foi adotada, certo? Eu pediria para a Neide e para o Pedro isso: pra sempre falar a verdade pra criança, nunca mentir. (Emílio)
>
> É, qualquer coisa, bateu a saudade, dá uma ligadinha lá, conversa com ela. Pergunta como tá a criança e ela fala, né? Nunca negou de atender; ligo até a cobrar e ela atende. (Emílio)
>
> Na última vez que eu falei com ela, disse que ela tá gorda, tá ficando parecida com ele [refere-se a Emílio]. Eu falei pra ela que, quando ela completar 1 ano, se ela puder trazê-la aqui pra eu vê... Mas agora, não. (Ana)

Os pais biológicos de Vitória também quiseram assegurar que ela conheça sua condição adotiva. E, da mesma forma que os demais, preservaram o espaço dos pais substitutos, pois sabem onde eles moram, mas nunca foram lá. Eventualmente, buscam notícias da criança, desejam vê-la em algum momento, mas como disse Ana, "agora, não".

Elza viveu esse processo de uma forma diferente, pois amamentou a criança nos primeiros meses e, depois, permaneceu visitando a família adotiva:

> Foi bom viu, porque eu chegava lá, amamentava, ela dormia, a mãe trocava e dava banho, levantava, eu ia amamentar de novo. Até então, ficava lá só pra amamentar, como se eu tivesse no berçário, depois ia pra casa; à noite, ela amamentava com uma mamadeira e, quando eu queria, tirava o leite, né, colocava na xicrinha, ela amamentava, então, foi um processo bom. Amamentei superbem, os três mês que ela quis amamentar, eu amamentei. [...]
>
> Me sentia bem, tranqüila, sossegada, sabe, eu saía assim, eu vinha, d. Lu: "Elza, cadê a menina?"
>
> Eu falei: "Ah, tá na casa da mãe dela, sossegada. Ela não quer mais mamar, d. Lu, já tem quatro meses, não quer mais saber do peito, então, agora só vou ver à noite...".
>
> Chegava lá, tava superbem, se chorava demais, ligava pra mim: "Nossa, Elza, ela tá chorando muito. O que que eu faço? Elza, me diz que eu nunca tive filha...".
>
> Eu digo: "Sabe o que você faz? Dá comida, se não for comida, ela tá com alguma dorzinha, então, leva no pronto-socorro que o médico te diz o que é, meu bem. Mãe de primeira viagem tem que correr atrás do prejuízo e não ficar ligando pra mim não...". [...] Eu vou lá pra vê, porque, mesmo se eu não vou, ela cobra de mim... A mãe dela cobra de mim que eu tenho que ir lá, né? Que ela diz assim: "Eu vou criar ela, mas não quero que ela também saiba... Quero que ela saiba quem que é a mãe dela, quem deu ela pra mim". [...] Então é o seguinte, Isa, quando a neném crescer, você fala pra neném que eu não pude cuidar dela, mas eu tava sempre do lado dela e vou tá sempre...
>
> "Elza, eu falo, só isso pra falar?"
>
> Eu digo: "Isa, só fala isso [risos]. Fala que eu não quero mais cuidá de neném, então, eu não pude cuidar dela, Isa. Você fala que eu tinha duas, que eu não pude cuidar dela...".
>
> Porque as duas também quer vê a nenen, entendeu? [risos]

A vivência de Elza é peculiar, provavelmente, por se tratar de adoção dentro da própria família extensa. Mesmo tendo tido dificuldade de aceitar a gravidez, amamentou a criança e permaneceu em contato com ela e com os pais adotivos. A tensão, provocada pelo fato de existirem sentimentos conflitantes — de um lado, os de rejeição e, de outro, os de cuidado e atenção — certamente exigiu dessa mãe biológica um investimento importante para lidar com a situação.

Permanecer em contato freqüente com a filha e os pais adotivos talvez tenha sido sua forma de aplacar a culpa pela rejeição inicial, mas também pode significar a exigência do compromisso da família substituta em revelar a história adotiva à criança. E assim mesmo houve um contrato explícito sobre a história a ser posteriormente contada para ela, além da demarcação quanto ao contato entre as irmãs.

Certamente, todos esses processos contêm ambivalências. Contudo, não há evidências de interferência da família de origem na situação da criança pós-doação, aspecto que geralmente causa preocupação nas adoções abertas. Os contatos pessoais ou telefônicos parecem ser de comum acordo entre as duas famílias e, na maioria das vezes, por iniciativa da adotiva.

Observamos, inclusive, o cuidado da família de origem em preservar o espaço da outra família. Embora saibam localizar a residência dos adotantes, não quiseram visitá-los nem antes nem depois da doação da criança, exceção feita a Elza, por se tratar de adoção intrafamiliar. Mesmo ela, conforme vimos em uma de suas falas, buscou formas de repassar à mãe adotiva a responsabilidade das decisões sobre a criança, a transferência, de fato, do poder familiar.

Assim, a experiência desses cinco sujeitos exemplifica que o conhecimento entre as duas famílias pode configurar uma situação mais tranqüila e sem subterfúgios e contribuir para o saudável desenvolvimento da criança. Se a adoção vem sendo discutida desde o momento em que a mãe decidiu entregar a criança e escolher para ela pais substitutos e, além disso, a mãe ou os pais puderam entregar o filho diretamente àqueles que dele cuidarão — com todo significado contido nesse gesto —, é muito mais provável que o processamento da criança sobre sua condição e história pré-adotiva se faça com mais sossego e simplicidade.

Dolto e Hamad (1998) não utilizam o termo adoção aberta, mas, quando em uma perspectiva psicanalítica analisam questões relativas à adoção na França, defendem que a mãe biológica entregue seu filho diretamente aos pais substitutos e os autorize a criá-lo. Esse ato simbolizaria a transferência e a confiança dos cuidados e da proteção da criança dos pais de origem para os pais substitutos, o que traria tranqüilidade, segundo os autores, para todos os envolvidos no processo de adoção. Em referida obra, às páginas 84-85, Françoise Dolto diz textualmente:

> Se a mãe não pode assumir o filho e consente a adoção, seria necessário permitir um encontro entre a mãe e um casal que procura adotar uma criança, ao cabo do qual esta seria registrada em nome dos novos pais. Isto teria como resultado uma mãe tranqüilizada pela doação de seu bebê a um casal feliz e uma criança saudável.
>
> Todas as adoções deveriam se dar assim: a criança doada pela mãe, com o tempo e a possibilidade de conversar com ela e lhe dizer: "Eu te confio a este senhor e a esta senhora, que serão teu pai e tua mãe".

Evidentemente estamos nos referindo a adoções legais, portanto, a processos avaliados e definidos pelo Poder Judiciário, em que pese o processo de decisão da entrega do filho e a escolha dos adotantes terem sido realizados, no universo investigado, antes de se buscar a Vara de Infância e Juventude, instância judicial responsável pelos procedimentos relativos à adoção.

Referindo-se à adoção aberta no Brasil, Motta (2001) aponta para a necessidade de se superar os obstáculos para essa prática, quer por parte dos adotantes, que podem se sentir ameaçados pela presença da mãe biológica, quer por parte dos profissionais que trabalham com adoções. Acrescenta, ainda, que a própria mãe biológica, por vergonha da atitude tomada, pode também contribuir para a não-realização das adoções abertas ao não se sentir no "direito de desejar coisa alguma".

Motta (2001: 257-8) entende que a prática de adoções abertas pode implicar um tempo maior para a realização dos procedimentos legais da adoção, mas avalia que os ganhos obtidos podem superar esse entrave:

A política da adoção aberta pode ainda estar muito distante de nossas possibilidades culturais, entretanto entendemos que nas adoções abertas a mãe biológica assume maior responsabilidade pela decisão de entregar a criança. A participação ativa do processo de colocação da criança, confiando-a a uma família "conhecida", faz com que se tornem mais capazes de lidar com os sentimentos de perda e luto, sem mencionar os inúmeros benefícios que o adotivo adquire a partir da prática de uma política de adoção mais aberta.

Por sua vez, Oliveira (2002: 49), baseando-se, principalmente, em literatura sobre a experiência de adoções abertas nos Estados Unidos, levanta tanto os aspectos positivos quanto as críticas sobre essa questão, mas enfatiza que:

> A adoção aberta como um todo parece trazer benefícios para os três elementos participantes desse processo. Porém não é nossa intenção querermos transplantá-la para a sociedade brasileira. Ainda assim, depois de uma análise das características da adoção no nosso país, talvez possamos tirar proveito das questões discutidas no contexto das adoções abertas para aprimorar os tipos de adoção em desenvolvimento, ressaltando que as características sociopolíticas e da população brasileira são bem diferentes das dos Estados Unidos, onde esta experiência acontece.

Os autores citados sinalizam os benefícios das adoções abertas para as partes envolvidas no processo: a criança, a família biológica e a família adotiva. Nessa mesma direção, os sujeitos do universo investigado, como vimos, deram mostras de uma participação mais ativa no processo de transferência de filiação de suas crianças, ao definirem critérios para a escolha dos pais substitutos, ao fazerem a entrega do filho diretamente aos pais e ao estabelecerem com eles alguns contratos, como, por exemplo, a revelação à criança de sua situação pré-adotiva e possíveis contatos, no futuro, com os irmãos biológicos, constituindo, assim, vivências mais favoráveis de adoção.

Esse percurso entre a tomada de decisão quanto à entrega do filho, a escolha dos pais adotivos, os contatos e os contratos estabelecidos com eles foi permeado por muitos sentimentos, conforme podemos ver a seguir.

5.4 Sentimentos das mães/pai no processo de entrega/doação de um filho

Para Agnes Heller (1985: 30), "sentir significa estar implicado em algo" e essa implicação faz parte da estrutura inerente à ação e ao pensamento, bem como à percepção. A concepção de sentimento como implicação estaria diretamente associada à noção de que a objetivação e a subjetivação são interdependentes no desenvolvimento do indivíduo. Pensamento e sentimento fazem parte de um mesmo processo.

Embora a expressão direta dos sentimentos seja espontânea, ela pode também ser aprendida e difere de acordo com a sociedade e a classe social a que se pertence. Assim, o sentimento pela separação de um filho, por exemplo, pode se expressar desta ou daquela forma, dependendo do contexto sociocultural em que a pessoa está inserida.

Segundo essa pensadora, os termos sentimento, emoção e afeto seriam, por si só, indiferentes; entretanto, escolhe denominar de afeto a um grupo específico de sentimentos, os quais "son el resultado de la demolición de reacciones instintivas a estímulos externos" (Heller, 1985: 95). Ela cita como exemplos a expressão de raiva, que seria um "resíduo" da captura da presa, e o asco (nojo) da reação instintual de vomitar. A fome, por exemplo, é um impulso, porque independe de estímulo externo, enquanto o apetite surge da presença da comida.

Todos os afetos são expressivos (refletem-se na face, na modulação de voz, nos gestos) e pertencem à espécie humana em geral, pois todas as sociedades conhecem o medo, a vergonha, a raiva, a alegria, a tristeza, o riso e o grito. Embora possa haver alguma diferenciação na sua expressão, sabemos reconhecer a expressão de medo, por exemplo, mesmo numa cultura que nos é desconhecida. Contudo, isso não ocorre com os sentimentos que não são afetos. Para decodificar esses outros sentimentos, precisamos conhecer o contexto em que se passa: "Y, así, la expresión puede siempre interpretarse de distintos modos, através del filtro de las emociones cognoscitivo-situacionales del receptor" (Heller, 1985: 98).

Outra distinção feita por essa autora diz respeito aos sentimentos orientativos de contato: o amor e o ódio (simpatia-antipatia, atraçãoaversão). São sentimentos que orientam quanto à eleição de pessoas com as quais a aproximação pode nos ser positiva ou daquelas das quais é melhor nos afastarmos ou evitarmos. O amor, a amizade, a camaradagem, a solidariedade, por sua vez, são classificados pela autora como disposições sentimentais, ou seja, sentimentos que precisam de uma duração mais ou menos prolongada e vêm sempre acompanhados por um comportamento específico, que também difere conforme o contexto sociocultural.

Esse pequeno preâmbulo tem o intuito de explicitar a concepção de sentimento por nós assumida. Sua configuração depende do momento histórico e do contexto sociocultural. Os sentimentos dominantes de determinada época e segmento social, podem não o ser em outra época e lugar. Por último, é preciso considerar que, na perspectiva de Heller (1985), existe um conteúdo moral nas normas ou objetivações que regulam os sentimentos.

É com essa perspectiva que abordaremos, a seguir, os sentimentos presentes no processo de entrega/doação de um filho por seus pais biológicos.

5.4.1 A dor da entrega do filho: um sentimento amenizado por se tratar de um recém-nascido

Vimos que as adoções por consentimento da família de origem também são mais comumente realizadas com crianças de menor idade. A pesquisa quantitativa indicou que, em 82% dos casos essas adoções são realizadas com crianças de até 3 meses de idade. Na pesquisa qualitativa, todas as crianças foram entregues aos pais adotivos logo após a saída da maternidade.

Investigamos o motivo pelo qual os pais biológicos doavam seus filhos imediatamente após o nascimento, e as respostas mostraram tratar-se de uma forma de minimizar a dor da separação. Quanto menor o contato com a criança, menor o vínculo estabelecido e maior a probabilidade de ser menos traumática a entrega, conforme podemos ver pelos extratos seguintes:

> Se tivesse nascendo hoje, nascendo hoje com certeza... Mas, a gente pra viver três meses com a criança já pega muito afeto com ela, né, já pega muito carinho, já fica mais difícil, né, no ato, assim, nasceu e já foi pra mão da pessoa é bem menos doloroso. Mas, se tivesse ficado três meses, não sei não, acho que a gente não faria. Mas se tivesse nascido [hoje], seria a mesma coisa, a situação é a mesma. [Contexto: Emílio em entrevista conjunta com Ana]

Esses pais referem-se à diferença entre entregar um filho recém-nascido e entregá-lo aos 3 meses de idade, por exemplo, pois avaliam que o afeto que se criaria entre eles e a criança, nesse período, os desencorajaria a doá-la.

No caso de Janete, percebemos ter sido seguida a mesma linha de avaliação de Ana e Emílio, qual seja: o amor cresce com a convivência e, depois disso, essa mãe não se sentiria em condições de separar-se da filha. Observemos:

> Ah, eu fiquei só o primeiro dia, mas, dispois, tudo normal. Agora, um desses que tem em casa não tenho mais coragem de dar não, né? Que a gente já convive com eles, agora, uma coisinha que eu só passei três dias, num peguei tanto amor não, tenho amor por ela sim, ela saiu de mim, né, mas não tem amor assim não. Agora, esses outros de casa, eu não tenho coragem de dar não, só pra Deus. [...] Ah, faz diferença sim, porque aquele que a gente já tá criando, por exemplo, o João, já tô com ele 2 anos, tá com 2 anos e 7 meses que ele nasceu, a gente já tem mais amor, não tem? Mas uma que só passa três dias não tem esse "amoooor".

Joana, por sua vez, mostrou, repetidamente, sua dor pela entrega da filha recém-nascida, mas, da mesma forma que as outras mães/pai, avaliou que com os filhos maiores tem compromissos e vínculos já estabelecidos. Na impossibilidade de dar conta de todos, a opção, então, é por aqueles com os quais a convivência já está sedimentada. Vejamos:

> Dei ela pra mim não deixar o de três anos... Acontecer isso ao de três anos.
>
> [...] Ela é... Eu não sei se eu tentei salvar seis e abrir mão de uma. Mas isso não significa que eu não gosto, que eu num... Num amo ela. [...] Eu ainda

> falei bem pra eles, deixei claro, que isso não significa que eu não gosto da neném, que eu não amo a neném. [...] Só que eu tenho seis dentro dum abrigo.

Elza também entregou sua filha aos pais adotivos logo após sair da maternidade. Entretanto, como já mencionamos, amamentou nos primeiros meses e permaneceu em contato com a criança que, no momento da última entrevista, já estava com 1 ano e 4 meses. Ela própria entendeu a necessidade de afastar-se e criou sua estratégia para tanto:

> Aí, depois, eu passei a ir... Fim de semana, eu ficava lá; no meio da semana, as vezes toda tardezinha, eu ia lá... Aí como eu morava, até então eu morava quase vizinho, né, aí eu mudei pra cima, fiquei morando aqui em cima longe e eu: "Ai não vou subir, não vou descer... Depois tem que subir tudo de novo, não... Depois eu vou."
>
> Aí, fica naquela, né, depois eu vou, depois eu vou, passa hoje, passa amanhã, aí, às vezes, à tardezinha, eu ia visitar ela, às vezes, eu chegava lá, não tava, não tinha ninguém. Mas assim... E ela também me cobrava que eu não podia ficar tanto tempo longe da menina e eu cobrava pra ela que eu podia sim, porque, se nós ficasse muito junta, a menina ia sentir falta assim que eu saísse. Eu não ia ficar doente, mas a criança ia ficar doente, entendeu? Então, aí, eu mesmo me distancio da menina, pra que a menina não se apegue, né? Agora, então, depois que eu faço uma coisa, faço outra, eu tô mais distante ainda.

Nessa fala de Elza, também está subjacente a vinculação e a preocupação com os efeitos da interrupção desse vínculo. Nesse caso, o cuidado maior da mãe biológica é com a forma como a criança reagirá a seu afastamento. No seu entender, o distanciamento gradativo é uma solução menos dramática e evitará que a criança adoeça.

O desligamento entre a mãe biológica e a criança é uma questão delicada por muitos motivos. Se se define pela entrega imediatamente após o nascimento, há de se considerar a forma como ocorreu esse processo de decisão, pois, se não houve uma reflexão maior antes do nascimento da criança, o risco de ser uma atitude precipitada é maior. Porém a entrega depois de certo tempo de convívio foi apontada por essas mães/pai como sendo mais dolorosa e mais difícil.

Entre os sujeitos de nossa pesquisa, todos começaram a discutir e processar a entrega do filho e os meios para sua realização logo após a confirmação da gravidez e de um breve momento em que pensaram na possibilidade do aborto. Assim, tiveram alguns meses para ponderar sua decisão, embora, certamente, seja diferente fazer projetos em relação a uma criança que ainda está no ventre e depois de seu nascimento.

Ademais, o período do puerpério é delicado, porque a mulher vive condições especiais, em geral com a sensibilidade aguçada, e decisões dessa natureza requerem um grande investimento emocional. Contudo, entre a vivência da entrega do filho nesse momento de maior vulnerabilidade e a entrega após certo tempo de convívio, as falas apresentadas mostraram que a opção dessas mães foi enfrentar a situação imediatamente após o nascimento da criança.

De fato, Elza, que também entregou a filha ao sair da maternidade, mas que a amamentou e permaneceu em contato com ela, mostrou quantos cuidados e quanta determinação são necessários para uma desvinculação parental após certo tempo de convívio.

O que parece claro é que a entrega de um filho em adoção é um processo doloroso e requer uma atenção especial, no próprio Poder Judiciário (quando dos procedimentos legais) e em outros espaços terapêuticos, para que a mãe (ou os pais) possa elaborar melhor essa vivência.

Em seu estudo com mães que também entregaram filhos, porém em circunstâncias que caracterizam adoções fechadas, ou seja, quando não há contato entre a família biológica e a adotiva, Motta (2001: 88), enfatiza essa necessidade e acrescenta:

> Em nosso entender, a entrega de um filho sem a preparação prévia necessária e o acompanhamento posterior adequado poderá redundar num processo carente de elaboração e portanto potencialmente devastador para a saúde física e mental da mulher, como também poderá gerar atitudes e comportamentos prejudiciais à própria criança e ao sucesso do processo adotivo.

Em que pese estarmos trabalhando com adoções que podem ser configuradas como abertas, partilhamos da posição de Motta (2001) de que o acompanhamento da mãe ou pais biológicos beneficiará o conjunto de pessoas envolvidas nesse processo, especialmente a criança. Como vimos, essas adoções implicaram, dentre outros aspectos, uma conversa sobre a questão, anterior ao nascimento da criança, além de contatos ou trocas de informação durante e após a legalização da adoção, o que já constitui fatores favoráveis, embora não suficientes, para uma evolução positiva do processo adotivo, dada a sua complexidade.

5.4.2 Sentimentos e projetos relativos à criança entregue em adoção

De forma geral, as mães e o pai enfatizam o amor que têm pelo filho, em que pese tê-lo entregue em adoção, mas temem não ser, futuramente, compreendidos por ele. Há sempre a expectativa de que essa atitude seja vista como um ato de amor, uma vez que o intuito é assegurar melhores condições de vida à criança.

> Tô bem, graças a Deus! Penso nela, né, que a gente não deixa de pensar, pensa, mas... Foi uma decisão, uma decisão que eu tomei pra dar. Foi tudo passado no papel. [...] Tô, tô tranqüila. Eu tô tranqüila porque ela é bem cuidada, né? Ela é bem cuidadinha. Tá sendo mais bem tratada de que os outros em casa né? Ó, tem eles [os outros filhos], são tudo grande, mas, mesmo assim, não tem meu carinho toda hora, todo instante, né? Imagine se eu deixasse a Carol com as vizinha. Elas dá carinho, mas nunca é que nem o da mãe, né? E a mãe dela lá... Nossa! É limpinha a mãe da Carol... É muito... Gostei dela demais. (Janete)
>
> Pra mim, ao mesmo tempo, foi tristeza e, ao mesmo tempo, foi alegria. É duro a gente dar um filho, mas eu tô achando maravilhoso, porque tá com a Neide, que é gente que eu conheço, por mim... [fala muito baixinho]. Eu já tô acostumada. (Ana)
>
> Pra mim, foi uma tristeza no começo, mas com a esperança, certo, no fim. Uma esperança que ela vai ter um futuro melhor, né, e só isso me conforma já. Uma grande esperança que eu tenho é que, um dia, também ela possa saber de toda verdade e, um dia, possa até procurar a gente, não que a gente não vá procurar, mas que, um dia, ela vai querer saber quem é realmente os pais verdadeiros, certo, eu tenho uma esperança que, um dia, ela vai saber disso tudo e vai entender. (Emílio)

Para Joana e Elza, entretanto, esse processo foi permeado de culpa e de medo:

> É... Eu sinto culpada. Deveria ficar com ela, deveria lutar, deveria fazer isso, deveria fazer aquilo, mas não tô fazendo nem pros outros seis. [...] Às vezes... Eu ficava com medo. Que eu só vou... Se acontecer de eu ver a neném um dia, só quando ela tiver de maior, né? Que ela tiver entendendo, com 15, 16 anos, talvez. É muito tempo. [...] Queria que ela crescesse e entendesse. Não se revoltasse. Entendesse o meu lado, entendesse os irmão. Que eu não dei ela, porque eu não quis criá-la ou, então, porque eu fui uma delinqüente. Não foi nada disso. (Joana)
>
> "Ai, meu Deus, perdoe-me, perdoe-me..."
>
> Eu fico assim, sabe, mas é besteira eu pensar isso, num é? Eu acho que é besteira. A Isa diz: "Elza, é besteira...".
>
> Eu digo: "Mas, às vezes, bate assim, sabe...".
>
> Como o primeiro dia que ela foi pra cama, que eu tava lá no hospital, sem mentira nenhuma Dra., quando ela viu eu, assim, ela ficou me olhando assim de lado, ó, aquele zóinho redondo, sabe, que é bem redondo o olho dela e, assim, bem aberto, ela ficava me olhando assim de lado, eu digo: "Tá me acusando do quê?".
>
> E ela me olhando, me olhando. Óia, cinco minutos depois que ela foi chorar. Aí, eu fiz ela mamar. Mas eu tava achando que ela tava me acusando de alguma coisa. Porque depois só deu num... Rejeitar muito a gravidez. Deu num querer, num quero, num quero, num quero. Depois, eu fiquei com aquela culpa, sabe? Aquela... Aquela coisa, assim, como se eu tivesse feito um absurdo dos absurdo. [...] Você diz que mensagem eu deixaria pra ela... Que ela mora no meu coração, que eu jamais vou deixar de pensar nela como eu penso na outras [filhas] vinte e quatro horas, né, agora e sempre. (Elza)

Essas mães e pai retrataram a complexidade, em termos de sentimento, da entrega de um filho. As experiências pessoais e o contexto do momento contribuem para que uns lidem com a situação de uma forma, outros de outra. Mas, no geral, eles se sentem, por um lado, tranqüilos e esperançosos pelo fato de as filhas estarem com famílias escolhidas por eles e por saberem que estão bem; por outro, tristes e até culpados pelo ato praticado. Temem que, futuramente, suas filhas não compreendam as atitudes tomadas e os recriminem por elas.

A doação da criança foi certamente uma perda,[7] mas acompanhar seu desenvolvimento, mesmo que por meio de terceiros ou de telefonemas esporádicos, parece arrefecer a dor e trazer certa tranqüilidade. Talvez seja essa uma diferença fundamental nas adoções abertas: os sujeitos envolvidos vivem um processo e têm condições de redefinir, aos poucos, seus sentimentos e pensamentos sobre a questão.

Embora esses sujeitos tenham transferido, de forma irrevogável, o poder familiar sobre suas crianças para os pais substitutos, permanecem tendo projetos para elas:

> Criada, assim, com amor, num lugar limpinho, que nem é, que nem ela, né? E tendo as coisa que as outras não têm... [...] Eu quero que ela seja bem feliz, viva bem, com saúde, felicidade, nada pra ela num falta e que Deus sempre teja no caminho dela, Deus sempre teja no caminho dela. [...] Estude, seje formada, né, formada, isso que eu pretendo pra ela, tudo de bom. (Janete)
> Eu não sei bem. Com certeza, eu queria que ela estudasse, queria que ela... Num sei... Ainda... Ainda tá novo ainda [choro]. (Joana)
> "Isa, eu espero que, um dia, ela não venha a ter rancor de alguma coisa, entendeu? Que seja uma mulher, assim, pra cima, uma mulher mais... Mais esperta, porque tu dorme muito no ponto, muié, acorda! Tem medo de falar com todo mundo".
> "Não Elza, é a nossa criação!" [Isa responde].
> "Mas a criação a gente deixa de lado. Eu fui criada na roça!" (Elza)
> Ah, isso aí, eu não sei não, do jeito que eles acharem melhor mesmo; com carinho, atenção, com educação maravilhosa, para mim, tá ótimo. (Ana)
> Eu não tive nem adolescência, não tive nem infância eu acho. [...] Eu não tive brincadeira... Quero que ela tenha tudo isso, quero que ela tenha estudo, quero, que um dia, ela se forme em alguma coisa, futuramente. [...] Ser alguma coisa na vida, coisa que a gente não é. (Emílio)

Os projetos para os filhos passam por aspectos objetivos: ter os que os irmãos não têm e principalmente estudo, um valor sempre lembrado

---

7. Motta (2001) discute, do ponto de vista psicológico, o significado emocional da doação de um filho, especialmente em situações nas quais a mãe deixa de ter qualquer notícia dele. Em nosso estudo, não adentramos nesse aspecto, uma vez que nossa abordagem é, principalmente, do ponto de vista social.

por esses pais. Mas vão além: desejam que as filhas sejam criadas com amor e tenham saúde, felicidade e sejam "pra cima", isto é, saibam enfrentar e superar os desafios da vida. Dessa forma, é perceptível que essas filhas não deixaram de ser estimadas e de merecer dos pais biológicos a preocupação em relação ao futuro delas.

5.4.3 Sentimentos e expectativas em relação aos pais adotivos

A família substituta, à medida que se tornou guardiã da criança, passou também a merecer a atenção da família de origem. Em suas falas, expressam a compreensão de que os pais adotivos acolheram uma parte de si, em uma situação difícil e delicada; portanto, são agradecidos a eles:

> A mensagem que eu sempre desejo pra eles, assim, é que Deus dê muitos anos de vida a eles, saúde e cada vez mais condição pra, cada vez mais, podê criá ela cada vez melhor. Isso é o que eu desejo pra eles, todo dia. (Janete)
>
> O meu medo era realmente se afastar dos irmãos. Esse era meu medo. Sabe, deles ir embora, né, aí, nenhum dos menino ia ver. Mas tá sendo diferente, ela liga pra minha irmã, ela conversa com a minha irmã, traz a Vivi pra minha irmã ver. [...] Mas a Lídia e o Naldo são duas pessoas maravilhosas, tão sendo, a família deles também tão sendo muito bons com ela. Eles dão muito carinho pra ela, eles gostam dela mesmo. Ainda tão levando, né? Levaram ela pra vê os menino, né? [Refere-se aos irmãos de Vivi]. [...] Os pais, eu agradeceria muito, por ter conhecido eles, por estarem criando ela, por eles não ter me abandonado... Cada vez que eles liga, eles perguntam dos menino. E isso me deixa muito feliz. [...] Nós brinca, nós fala que ela queria um filho, agora ela catou sete! Tô pedindo pra Deus que abençoe eles, né? (Joana)
>
> Alivia, alivia, porque, às vezes, eu falo assim: "Isa, tu tá tirando, assim, um peso da minha consciência, assim, porque eu até então nem sei se eu ia podê dá tanto carinho pra Gabi assim como você dá". Eu, eu acho que sim, mas eu não tenho a certeza que eu ia fazer isso, né? [...] Vou agradecer a Deus, sabe? Que Deus ajude eles e que eles criem ela com muito amor e carinho e... Sabe? Assim... Ter o que é bom, né? Que ela se sinta muito feliz nessa jornada dela. (Elza)

As expectativas em relação aos pais substitutos passam, sempre, pela revelação da situação adotiva:

> Eu queria que ela soubesse a verdade do que aconteceu, né? [...] Vai contar, ela disse que vai contar. E ela disse que, toda vez que ela fazer ano, ela me leva, pra eu ver ela. (Janete)
>
> Que eles cuidassem dela. Não é do sangue deles, mas que eles... Como se fosse, que ela... Ficasse sabendo realmente, que ela tem os seis irmãos, que ela tem outro... Outra família. Eu acredito que eles conta, porque eles também tem outras pessoas também adotiva na família, né? [...] Levaram no abrigo. Então isso é um interesse. Eles mostram que eles se interessam e que eles não vão deixar os irmão se separar, né? (Joana)
>
> — Isa, eu quero que Deus te ajude e que tu fale pra Gabi o seguinte: "Ó, filha, a sua mãe deu você pra mim, porque eu jamais poderia ter alguém como você. Então, ela deu você pra mim cuidar, criar e ser essa menina linda, maravilhosa que é hoje!". Mas não deixa ela ficar com raiva de mim não, porque aí eu vou chorar muito. (Elza)
>
> Ah, que eles cuidem bastante da minha filha... Filha deles. (Ana)
>
> Que eles dão muito carinho, muita atenção e sempre falam a verdade pra ela, nunca deixando de falar a verdade que aconteceu pra ela, do porquê ela foi adotada, certo? Eu pediria pra Neide e pro Pedro isso. Pra sempre falar a verdade pra criança, nunca mentir. (Emílio)

Os pais adotivos são, ao mesmo tempo, depositários do agradecimento dos pais biológicos e da esperança de que ajam de forma que a criança não se revolte com a atitude deles, que os compreenda e que, se possível, mantenha contato com os parentes de sangue.

5.4.4 Sentimentos em relação à família extensa e à rede social pessoal

Na maioria dos casos, existiu algum diálogo com a família extensa antes da entrega da criança, de forma que, aparentemente, eles não temem mais o julgamento dela. De uma forma ou de outra, esses pais já enfrentaram a questão da doação da filha com seus parentes, pois foi com eles a primeira discussão sobre o assunto. Contudo, ficam apreensivos sobre os julgamentos externos:

> Não, não falo não. Não falo, porque não acho que é preciso ficar falando, né? Aí, não falo não... [...] Tem umas pessoas que entende, mas tem umas pessoas que não entendem, né? É. Tem umas que entende, mas tem umas que não entende. Porque tem delas que fica dizendo: "O que é que leva uma mãe ter um filho e entregar para outra pessoa criar?"
>
> Mas eu tenho meus motivos, né? Eu tenho meus motivos. Por isso que eu entreguei, né? (Janete)
>
> As pessoas não entende... Ah, mas ela tem seis, ela deu uma. Ela é... Eu não sei se eu tentei salvar seis e abrir mão de uma. Mas isso não significa que eu não gosto, que eu num... Num amo ela. É mesma coisa que tivesse nascendo o meu primeiro filho. Muita gente pergunta... "Ah, mas cê deu assim...". [...] Só que eu tenho seis dentro dum abrigo. No abrigo, eles têm comida, eles dorme, eles têm tudo. Mas não é eu que tô fazendo tudo isso. (Joana)
>
> Porque, às vezes, vai que uma pessoa coloca na cabeça da menina: "Magina, a mãe te jogou aí, te largou aí, sumiu". Isso, às vezes, dá um impacto na cabeça da pessoa, entendeu? (Elza)
>
> Recrimina e outras [pessoas] são a favor. [...] Até porque eu não comento com ninguém, mas, por enquanto, as pessoas que eu comento todos concordam, né? [...] Então, às vezes, eu evito, né? Porque eu... Dói a pessoa dizer: "Ah, se fosse eu, não daria não". Aí, dói isso por dentro, né? Por isso, eu evito... (Ana)

O medo do julgamento de amigos e conhecidos pode levar ao silêncio sobre a questão, e esse é um ponto importante, ao qual já nos referimos. Em que pese ser a doação do filho do conhecimento da família extensa e existirem contatos entre as famílias biológica e adotiva, o fato de não haver espontaneidade para partilhar, na rede social, o sofrimento pela entrega/doação de um filho requer, então, espaços apropriados para a escuta desses pais.

Do que temos conhecimento, porém, não há nenhuma parceria ou articulação entre o Poder Judiciário, responsável pela avaliação e definição final das adoções, e o Poder Executivo, responsável pela atenção à saúde de seus munícipes. Além disso, não vimos nos relatórios sociais e psicológicos, ou em outros documentos dos autos, nenhuma menção a essa situação, o que nos faz deduzir não haver ainda uma preocupação voltada para o acompanhamento psicossocial às mães (e pais) que estão entregando um filho em adoção.

Essas famílias, a partir de seus próprios recursos e ancorados, provavelmente, na experiência de já terem tido outros parentes adotados ou doados, discutiram como puderam tanto os conflitos vividos na gravidez quanto as alternativas para sua solução, conforme vimos nos extratos apresentados.

Todavia, a complexidade da situação, quer por ter sido uma decisão impingida aos pais biológicos pelas condições de vida em que se encontravam quer pelos sentimentos desencadeados por sua atitude, requer uma atenção especial. Em primeiro lugar, para acolher e ajudar a superar a dor dessas mães e pais que já tiveram que entregar seus filhos em adoção; em segundo, para se propor medidas, no âmbito das políticas de proteção social, para fazer frente a essa prática que, como vimos, é resultante da falta de enraizamento e proteção social desses sujeitos.

Considerações finais

Para apreender o conteúdo e a dinâmica do processo das adoções consentidas, investigamos os contextos socioeconômicos, culturais e familiares das mães ou pais que tiveram essa vivência, os aspectos sociais que a determinaram, além de outras questões e sentimentos que permearam esse processo.

O conjunto desses aspectos nos indicou um panorama do qual se sobressaíram duas características. A primeira refere-se ao desenraizamento pessoal e social, condição observada naqueles que se vêem impingidos a realizar a doação de um filho; a segunda diz respeito à especificidade da adoção efetivada na modalidade ora investigada, que indicou caracterizar adoções abertas.

No que se refere a enraizamento/desenraizamento pessoal e social, um dos aspectos cruciais nesse processo é a migração e as condições em que ocorreram. Esses sujeitos viveram migrações nas quais se destaca a precariedade da inclusão social, consoante com o discutido no Capítulo IV. Se para os filhos da metrópole, essa inclusão já é uma questão importante, para os migrantes o é mais ainda. Prevalece o trabalho precarizado ou a inexistência de qualquer trabalho, que se reflete numa renda insuficiente e, conseqüentemente, na dependência de terceiros para suprir necessidades básicas.

Entretanto, é preciso salientar que nem todo migrante vive problemas associados à inclusão social, pois, se o deslocamento geográfico ocorreu de forma planejada e em condições satisfatórias, não haverá maiores obstáculos no processo de adaptação e inserção no lugar de destino, a não ser as questões decorrentes do afastamento temporário de suas referências sociais.

A atenção às situações de migração é importante, sobretudo nos espaços que têm responsabilidades legais e/ou assistenciais em relação a criança/adolescente e família, para que se possa avaliar esse aspecto e, se necessário, envidar esforços a fim de que a família migrante receba o devido apoio no sentido de construir uma nova rede social pessoal, de forma a contemplar o reconhecimento e o pertencimento a uma comunidade, condições imprescindíveis ao desenvolvimento da cidadania.

Dos outros aspectos relativos ao processo de enraizamento/desenraizamento social, destacamos as políticas de proteção social à família e às redes sociais pessoais dessas mães e pais que entregaram filhos em adoção. Vimos que é praticamente inexistente o acesso desses sujeitos a políticas públicas redistributivas para fazer frente à gravidade da situação provocada pelo desemprego ou por condições precárias de trabalho.

Verificamos também que a construção do circuito de relações sociais desses sujeitos no seu novo lugar de moradia ficou comprometida. Pelo que pudemos avaliar, a partir dos relatos orais, as redes sociais pessoais constituídas são restritas e inconsistentes, o que é expressão de seu desenraizamento social; portanto, insuficientes para compensar a ausência do poder público na garantia de direitos básicos da população em foco.

Se considerarmos ser o desenraizamento um problema efetivo para o desenvolvimento da cidadania e as formas de reenraizamento enfraquecidas, quais seriam, então, as implicações disso para aqueles que conseguem se conscientizar dessa situação? A transferência do futuro de sua prole para mãos de terceiros enraizados? E o Estado, que tem negligenciado suas responsabilidades quanto ao reenraizamento dessa população, também permanecerá transferindo para terceiros essa atribuição?

Frente a tais indagações é que nos perguntamos se as mães ou os pais que entregam um filho em adoção estariam cientes dessa sua situação e descrentes quanto à possibilidade de redefini-la e propiciar condições dignas para o desenvolvimento do filho, motivo pelo qual optam por assegurar tais condições através de terceiros que consideram em melhores condições de inseri-los socialmente.

Os relatos orais dos sujeitos apresentados nesta obra indicam que essa perspectiva está presente, mas assinalam também que, apesar de esses indivíduos estarem transferindo para terceiros os direitos e deveres parentais, eles se percebem assumindo certa responsabilidade em relação ao futuro do filho ao escolherem, eles próprios, os pais substitutos.

Essa dinâmica na qual a mãe biológica (ou os pais biológicos) escolhe os pais adotivos para seus filhos implica na inter-relação entre as duas famílias. Como vimos, nos capítulos anteriores, os contatos entre os parentes biológicos e os adotivos ocorreram antes do nascimento e da entrega da criança, mas continuaram após a legalização da adoção, caracterizando, assim, um processo de adoção aberta.

Avaliamos que a tendência de os sujeitos desta pesquisa a realizar adoções abertas seja reflexo de suas experiências anteriores, pois todos eles já tinham vivido, na família extensa ou consigo próprio, situações de adoção/doação de crianças na própria rede social, algumas até sem formalização da medida, logo, mais concernente com a circulação de crianças, conforme havíamos nos indagado no início deste estudo.

A adoção aberta não é uma prática comum na sociedade brasileira, e há, por parte dos operadores da Justiça, notadamente dos que trabalham diretamente com adoções, certa resistência em admiti-la. A tendência é referir-se a tais adoções como mais complexas e mais passíveis de apresentar problemas futuros em razão da presença, seja mais seja menos efetiva, de ambas as famílias na vida da criança.

Com relação a esse argumento, vimos que as mães (e o pai) biológicas do universo pesquisado, embora tenham contatos efetivos com a criança e sua família adotiva, ou possibilidade de fazê-los, desenvolveram estratégias de transferência do poder familiar, de fato, para os pais substitutos. Os dados coletados demonstram que a família de origem não quer interferir no processo socioeducativo do filho entregue em adoção. As mães/pai biológicas almejam, na verdade, ter certeza de que o filho esteja sendo bem tratado e que tenha uma vida mais digna do que a que elas/ele poderiam lhe oferecer.

Observamos também que o desejo da família de origem quanto à revelação da história pré-adotiva, além de significar a possibilidade de uma reaproximação futura ao menos com os irmãos, poderá, principalmente, contribuir para que a criança possa compreender a atitude dos pais biológicos. Para todos os sujeitos desta pesquisa, esse aspecto emergiu com muita força: eles querem que os filhos compreendam que sua entrega em adoção teve o intuito de lhe proporcionar um destino melhor; que a decisão se baseou na preocupação com o bem-estar deles; e que foi uma decisão imposta pela ausência de condições para criá-los.

As adoções abertas certamente podem ter graduações diferentes, posto que podem consistir em efetivos contatos entre as duas famílias ou apenas no conhecimento inicial entre ambas e eventuais notícias futuras para e em relação à criança. Neste estudo, tomamos como premissa da adoção aberta o conhecimento de uma família em relação à outra e a entrega consentida e direta da criança pela mãe ou pelos pais biológicos à mãe ou pais adotivos.

Em que pese nosso entendimento de que as adoções configuram realidades heterogêneas, consideramos a possibilidade de as adoções consentidas virem a se processar, desde seu início, em conjunto com a instância legal responsável pela concretização das adoções, caso venha a existir na esfera judicial (nos trâmites de adoção) procedimentos que facultem o contato da mãe ou dos pais biológicos com prováveis pais adotivos selecionados pelo próprio Poder Judiciário.

Remetemo-nos à referida possibilidade pelo fato de os sujeitos do universo investigado terem sido unânimes em afirmar sua absoluta necessidade de conhecer aqueles a quem confiariam os cuidados do filho. Eles próprios querem avaliar se os pais substitutos poderão assumir a contento, e em melhores condições que eles — inclusive em termos de atenção e carinho —, a responsabilidade de criar e educar a criança.

Esses sujeitos demonstraram também o quão importante é para eles o estabelecimento, com os pais adotivos, de alguns contratos em relação à criança. Faz parte desses contratos a revelação à criança de sua história pré-adotiva, com ênfase nos motivos da entrega, de forma que ela possa compreender a atitude da mãe ou dos pais biológicos como algo em prol de seu bem-estar e não como descaso ou abandono.

Com exceção de uma mãe, os demais sujeitos participantes desta pesquisa fizeram questão de receber seus relatos orais, gravados e transcritos, para oportunamente, conforme explicitaram, repassarem aos pais adotivos e à criança. Argumentaram que essa é uma forma de propiciarem ao filho entregue em adoção o acesso à sua história, às suas raízes, da forma mais fidedigna possível.

Nos momentos finais de elaboração da tese, em atenção ao compromisso assumido com eles, fizemos o encaminhamento do referido material a essas mães e pai e obtivemos de alguns deles a informação de que já haviam combinado com os pais adotivos a entrega do material à criança, no momento oportuno. Em um dos casos, a mãe solicitou duas cópias, pois, ao discutir essa proposta com os pais adotivos, eles acharam por bem guardar as fitas e transcrições consigo desde já; em virtude de a mãe biológica também desejar uma cópia para ela, resolvemos pelo encaminhamento de duas cópias de todo o material à mãe biológica.

Entendemos que o oferecimento de seus relatos orais para esta pesquisa, além da construção de seus genogramas, e os vários contatos com a pesquisadora para planejamento e execução desse processo, que culminou com o recebimento de tais relatos gravados e transcritos, proporcionaram a esses sujeitos a oportunidade de melhor elaboração da vivência de entrega do filho em adoção, o que nos leva a avaliar como acertada nossa escolha metodológica.

Observamos que os sujeitos participantes da pesquisa, nos nossos últimos contatos, tendiam a se referir à questão com mais tranqüilidade e avaliar como positiva a evolução da situação. As notícias que tinham desses filhos, ou o próprio contato com eles, lhes davam a segurança de que estavam sendo bem cuidados e amados, aspectos imprescindíveis para essas mães/pai.

O significativo número de adoções por consentimento da família de origem está, certamente, atrelado à preocupação da mãe ou dos pais quanto ao destino dos filhos entregues em adoção. Pelo que pudemos apreender neste estudo, a doação da criança, na maioria das vezes, não representa descaso ou abandono por parte da família de origem, mas a consciência de que seu estado de precariedade, em termos de inserção social, não lhe possibilita oferecer condições mínimas para a criação e a educação de mais aquela criança.

Nesse sentido, defendemos a importância de que as políticas públicas de proteção à família, preconizada nos vários marcos legais mencionados, sejam efetivamente implementadas, de forma a minimizar a atual inviabilidade em que muitos pais se vêem de assegurar a permanência dos filhos consigo. Para as situações excepcionais, nas quais a adoção emerge como a alternativa mais segura de proteção à criança, é fundamental, então, que se realize da forma menos traumática possível para todos os envolvidos, e os processos de adoção aberta, pelo que vimos, tendem a ser, nesse aspecto, mais satisfatórios.

Além das considerações sobre desenraizamento pessoal e social dos pais, que entendemos configurar a base das adoções por consentimento da família de origem, e da sinalização de que tais adoções constituem processos de adoção aberta, aspectos que requerem dos operadores de Justiça da Infância e da Juventude uma postura que contemple a complexidade inerente a tais processos, queremos ainda tecer outras considerações sobre questões que nos pareceram significativas nesse fenômeno das adoções consentidas.

Na realização desta obra, vimos que os documentos constantes dos autos, incluindo os relatórios de estudos sociais e psicológicos, por vezes deixaram de tratar de aspectos importantes relativos às famílias biológicas, como: grau de instrução, local e condições de moradia e inclusão (ou não) em programas assistenciais. Esse pode ser um indicativo de que se faz necessário um investimento maior na estruturação de serviços referentes à adoção e que eles transcendam ao trabalho e organização dos cadastros de pretendentes à adoção e do acompanhamento posterior às famílias adotivas.

Sabemos que o Poder Judiciário não prioriza, portanto, não disponibiliza suficientes recursos para capacitação, atualização e supervisão de profissionais, visando à estruturação de programas que atendam à diversidade das demandas implícitas à justiça da infância e da juventude, entre elas as da adoção. Contudo, o aprimoramento profissional não pode ser negligenciado, pois observamos, inclusive porque já trabalhamos com a prática de adoção e de outras questões relativas à criança e ao adolescente, o nível de preparo, em termos de formação profissional e de desenvolvimento pessoal, necessário aos assistentes sociais para atender com eficácia a tais práticas, uma vez que elas envolvem uma multiplicidade de fatores objetivos e subjetivos.

Ademais, faz parte do compromisso ético-político do assistente social, além de uma formação suficiente para fazer frente aos desafios da profissão, uma postura que possibilite estabelecer com a população usuária, com os colegas, com a instituição empregadora e com outros serviços, relações que privilegiem o enfrentamento da questão social de forma a favorecer a superação de problemas que inviabilizam a inserção social da população alvo de seu trabalho social. Por sua dimensão, essa tarefa só pode ser realizada com um projeto mais coletivo, para o qual o trabalho isolado em uma Vara de Infância e Juventude representa um obstáculo.

Entre a população-alvo do trabalho do assistente social estão as mães que entregam filhos em adoção ou que são, à revelia, destituídas do poder familiar. Essa prática de interrupção da vinculação parental, reflexo quase sempre da vulnerabilidade social em que já vivem, requer atenção especial, principalmente quando dos procedimentos legais referentes à adoção. Além de uma investigação mais aprofundada de forma a avaliar as possíveis alternativas para a situação, é importante que a escuta a essas mães seja qualificada o suficiente, de forma a contemplar tanto as peculiaridades daquelas que entregam o filho por absoluta falta de condições objetivas para criá-lo quanto daquelas que o fazem por motivos mais subjetivos.

Ser mãe e assumir a maternagem deve ser, como vimos, uma opção da mulher e não um imperativo de ordem social e moral. Isso traz implicações que antecedem, e muito, o nascimento da criança, pois alude à necessária educação em sexualidade desde a infância, à igualdade de poder entre a mulher e o homem, e a uma infra-estrutura suficiente para um planejamento reprodutivo eficaz, acessível a todos os segmentos sociais.

Embora seja uma temática polêmica, não podemos deixar de mencionar a discussão sobre o aborto, uma vez que, conforme consta no Capítulo V, o conflito de gravidez fez parte das vivências das mulheres que entregaram filhos em adoção. Embora tenhamos um Estado laico, a regulamentação legal de questões como essa passa costumeiramente pelo crivo da avaliação da Igreja, e suas repercussões no âmbito dos valores pessoais são, quase sempre, bastante significativas.

Nessa linha de raciocínio, talvez de forma menos polêmica, mas com certeza igualmente complexa, surgem outras questões relativas à família. A diversidade na forma de seus arranjos e de sua organização, por exemplo, que, no plano teórico e legal, vem sendo discutida e admitida, não logra o mesmo êxito na forma como a sociedade a trata, por meio de suas várias instâncias.

Estudiosos desse campo têm se referido ao fato de haver, na intervenção direta com famílias, a tendência de avaliar suas competências tomando ainda como referência o modelo clássico da família nuclear, em cujos pilares estão o homem na condição de provedor e de autoridade moral da família e a mulher na condição de cuidadora e educadora dos filhos. Essa é, na sociedade contemporânea, apenas uma das referências de família. Portanto, não pode ser tomada como parâmetro para avaliar as demais formas de se viver em família.

Entendemos que uma convivência familiar salutar não depende, necessariamente, do tipo de arranjo presente em determinada família, tampouco de sua condição social, desde que estejam asseguradas as condições básicas para sobrevivência e inserção sociocultural. Nessa perspectiva, a avaliação das competências da família para o cuidado, a proteção e a socialização de seus membros deve ser devidamente contextualizada. Além disso, para um efetivo desempenho de suas funções é necessário que, no plano social, a família tenha autonomia, condição que será satisfeita a partir, principalmente, de sua inserção no mercado formal de trabalho.

Isso posto, merece primazia na atenção à família o respeito à diversidade de seus arranjos, às peculiaridades étnicas e socioculturais, bem como às questões advindas do deslocamento dos papéis sociais atribuídos tradicionalmente ao homem e à mulher. Quer seja nos processos avaliativos para definição de condutas, como as que se referem à adoção e ao abrigamento de crianças, quer seja nos programas de apoio, é importante que a ação profissional esteja, por um lado, ancorada e, por outro, compromissada a incentivar a reflexão sobre as bases socioculturais da família, de forma a potencializá-la para o exercício de suas funções, combater preconceitos sociais e promover os direitos humanos.

Vimos que frente à inconsistência de ações do Poder Público para a proteção social daqueles que estão atravessando situações de vulnerabilidade social, as famílias buscam suas próprias estratégias de sobrevivência, entre as quais se sobressai a rede social pessoal. Entretanto, não basta ter essa rede social, pois, para ser efetiva no suporte às necessidades imediatas da família, é preciso que ela seja potente, que tenha recursos para tanto. E, nas camadas populares, a maioria comunga dos problemas advindos de um enraizamento social pouco consistente.

Com efeito, nas famílias participantes desta pesquisa, observamos que suas redes sociais foram suficientes tão-somente para ajudá-las na colocação dos filhos recém-nascidos em famílias substitutas. E, nesse sentido, foram efetivas, haja vista todos os pais adotivos pertencerem à rede social pessoal dos pais biológicos ou de seus parentes e vizinhos.

Queremos nos referir também ao princípio da centralidade da adoção nos interesses da criança e do adolescente. Este é um princípio indiscutível e, aparentemente, já assimilado pelo conjunto dos operadores de justiça que têm a responsabilidade de atuar nas situações de adoção. A questão que se apresenta está nos *slogans* formulados a partir do referido princípio: "uma família para uma criança", e não "uma criança para uma família".

Esses *slogans*, comuns aos espaços de discussão e intervenção das práticas de adoção, dissociam uma situação da outra. E entendemos que criança e família precisam estar unidas pelo mesmo objetivo: o convívio familiar. Para que essa convivência seja construtiva, é importante que a criança (ou o adolescente) e a família se adotem mutuamente.

Talvez esses *slogans* tenham sido formulados em detrimento de uma outra concepção, na qual a adoção tendia a privilegiar os interesses de indivíduos ou casais que desejavam filhos e não os podiam ter biologicamente. Contudo, também parecem permeados pela mesma mentalidade que orientou, até muito recentemente, as políticas sociais. Nessas, havia sempre a segmentação da ação, privilegiando-se ora a criança e o adolescente, ora o idoso, ora os portadores de deficiências, entre outros. Somente nos últimos anos é que, pelo menos nos planos teóricos e legais, tem existido a preocupação em propor políticas de proteção social cuja centralidade esteja na família, a qual, em princípio, abarcaria vários desses segmentos.

A noção de que, em primeiro plano, estão os cuidados e a proteção à criança não pode estar dissociada da atenção à família. Entendemos que esses dois lados são intrínsecos ao direito de convivência familiar. Separá-los pode dar margem à prática de desconsiderar o apoio à família biológica em prol de um suposto bem-estar da criança em outra família que, aparentemente, atenderia melhor às suas necessidades.

Essa imbricação de questões certamente torna mais complexo o trabalho dos operadores de justiça da infância e da juventude, especialmente o dos assistentes sociais que têm a responsabilidade de lidar de forma competente com as questões sociofamiliares. Entretanto, para potencializar as competências familiares no exercício de suas funções e promover os direitos humanos, particularmente os da infância e da juventude, é inevitável que assim se proceda.

Para fazer frente a essa complexa teia de fatores presentes nas demandas de uma Vara de Infância e Juventude, conforme já nos referimos anteriormente, faz-se necessária a articulação de serviços entre os Poderes Judiciário e Executivo, com a participação de instâncias da sociedade, a exemplo do que está ocorrendo em relação ao abrigamento de crianças.

Uma das estratégias para tanto é identificar e acionar os recursos disponibilizados pelas políticas de proteção social. Embora a implementação de tais políticas permaneça deficitária — e o reflexo disso se traduz, por exemplo, no grande número de crianças e adolescentes abrigados ou colocados em famílias substitutas —, a regulamentação da Política Nacional de Assistência Social e a aprovação do Plano Nacional de Promoção, Proteção e Defesa do Direito de Crianças e Adolescentes à Convivência Familiar e Comunitária possibilitam a concretização de ações sociais protetivas e/ou compensatórias, em maior ou menor dimensão, dependendo da correlação de forças existentes entre os poderes públicos e entre eles e a sociedade.

A pesquisa bibliográfica no campo da adoção revela ser pioneiro este estudo sobre adoções por consentimento da família de origem e, nessa condição, sinalizador de um campo pouco explorado. Desta forma, faz-se premente a realização de outros estudos para sedimentar o conhecimento sobre esse fenômeno, inclusive porque sua ocorrência é regular e significativa em termos quantitativos. Ademais, ele configura uma situação de violação do direito da criança e do adolescente de conviver em sua família de origem, o que lhe é assegurado na Constituição brasileira de 1988 e no Estatuto da Criança e do Adolescente, entre outros documentos legais.

Os dados desta obra sedimentaram nossa posição de que a adoção seja uma medida para atender às situações nas quais esteja clara a necessidade de interrupção do vínculo parental em prol do bem-estar da criança e que o quadro que gerou a falta de cuidados necessários à criança não possa ser superado com o efetivo apoio à família biológica.

Assim, admitimos o fato de que nem todas as famílias, sejam biológicas ou adotivas, desenvolvem condições satisfatórias de cuidado e proteção aos filhos, mesmo tendo condições objetivas para tanto. Da mesma forma, consideramos que, nas adoções consentidas, dada a heterogeneidade dos processos, pode vir a ocorrer algum constrangimento dos pretendentes à adoção em relação aos pais biológicos, embora não tenhamos detectado essa questão entre os sujeitos de nossa pesquisa.

É sempre difícil encontrar uma forma apropriada para se finalizar um estudo, mas, por tudo que está contido neste, optei em pedir licença a Simone Weil (1996: 414) e parafraseá-la. Da mesma forma que "um sistema está profundamente doente quando um camponês trabalha a terra pensando que, se ele é camponês, é porque não era inteligente o bastante para tornar-se professor", também o está quando uma mãe (ou os pais), em decorrência de seu desenraizamento social, entrega um filho em adoção, entendendo que não está em condições de criá-lo e educá-lo de forma digna.

Bibliografia

ABREU, Domingos. *No bico da cegonha*: histórias de adoção e da adoção internacional no Brasil. Rio de Janeiro: Relume Dumará, 2002.

ACOSTA, Ana R.; VITALE, Maria Amalia F. e CARVALHO, Maria do Carmo B. Famílias beneficiadas pelo Programa de Renda Mínima em São José dos Campos/SP: aproximações avaliativas. In: ACOSTA, Ana R.; VITALE, Maria Amalia F. (Orgs.). *Família*: redes, laços e políticas públicas. São Paulo: IEE/PUC-SP, 2003.

ANDERSON, Perry. Balanço do neoliberalismo. In SADER, Emir; GENTILI, Pablo (Orgs.). *Pós-neoliberalismo*: as políticas sociais e o Estado democrático. Rio de Janeiro: Paz e Terra, 1998.

ARIÈS, Philippe. A. *História social da criança e da família*. Rio de Janeiro: Livros Técnicos e Científicos, 1981.

BADINTER, Elisabeth. *Um amor conquistado*: o mito do amor materno. Rio de Janeiro: Nova Fronteira, 1985.

BERGER, Peter. I.; LUCKMAN, Thomas. *A construção social da realidade*. Petrópolis: Vozes, 1987.

BORÓN, Atilio. A sociedade civil depois do dilúvio neoliberal. In SADER, Emir; GENTILI, Pablo (Orgs.). *Pós-neoliberalismo*: as políticas sociais e o Estado democrático. Rio de Janeiro: Paz e Terra, 1998.

BOTH, Elizabeth. *Família e rede social*. Rio de Janeiro: Francisco Alves, 1976.

BRASIL. Constituição da República Federativa do Brasil: promulgada em 5 de outubro de 1988. *Obra coletiva de autoria da editora Saraiva com a colaboração de Antonio Luiz de Toledo Pinto e Márcia Cristina Vaz dos Santos Windt*. São Paulo: Saraiva, 1998.

BRASIL. Lei nº 8.069, de 13 de julho de 1990. Estatuto da Criança e do Adolescente — ECA, 1990.

BRASIL. Lei nº 8.742, de 7 de dezembro de 1993. Lei Orgânica da Assistência Social — Loas, 1993.

BRASIL. Lei nº 10.406, de 10 de janeiro de 2002. Novo Código Civil, 2002.

BRASIL. Plano Nacional de Promoção, Proteção e Defesa do Direito de Crianças e Adolescentes à Convivência Familiar e Comunitária: Brasília. Ministério do Desenvolvimento Social e Combate à Fome — Secretaria Especial dos Direitos Humanos, dezembro de 2006. Disponível em: <http://br.groups.yahoo.com/group/convivênciafamiliar>. Acesso em: 15 dez. 2006.

BRASIL. Política Nacional de Assistência Social: versão oficial. Encarte — Assinante 2004. *Serviço Social & Sociedade*. São Paulo: Cortez, ano XXV, n. 80, nov. 2004.

BRUSCHINI, Maria Cristina A. *Mulher, casa e família*. São Paulo: Fundação Carlos Chagas e Vértice, 1990.

BRUSCHINI, Cristina; PINTO, Céli R. (Orgs.). *Tempos e lugares de gênero*. São Paulo: Fundação Carlos Chagas e Editora 34, 2001.

CABANES, Robert. *Travail, famille e mondialisation*: récits de la vie ouvrière. São Paulo, Brésil. Paris: IRD Éditions et Karthala, 2002.

CARVALHO, Maria do Carmo B. Famílias e políticas públicas. In ACOSTA, Ana R. e VITALE, Maria Amalia F. (Orgs.). *Família*: redes, laços e políticas públicas. São Paulo: IEE/PUC-SP, 2003.

COLMÁN, Silvia A. *A formação do Serviço Social no Poder Judiciário*: reflexões sobre o Direito, o Poder Judiciário e a intervenção do Serviço Social no Tribunal de Justiça do Estado de São Paulo — 1948-1988. Tese de doutorado em Serviço Social — Pontifícia Universidade Católica de São Paulo. São Paulo, 2004.

COSTA, Jurandir F. *Ordem médica e norma familiar*. Rio de Janeiro: Graal, 1999.

COSTA, Maria Cecilia S. *Os "filhos do coração"*: adoção em camadas médias brasileiras. Dissertação de doutorado em Antropologia Social — Museu Nacional da Universidade Federal do Rio de Janeiro. Rio de Janeiro, 1988.

DAMASIO, A. *The feeling of what happens*: body and emotion in the making of consciousness. New York: Harcourt Brail & Company, 1999.

DEMO, Pedro. *Pesquisa e informação qualitativa*. Campinas: Papirus, 2004.

DINIZ, João S. A adoção: notas para uma visão global. In: FREIRE, Fernando (Org.). *Abandono e adoção*: contribuições para uma cultura da adoção. Curitiba: Terre des Hommes, 1991.

DINIZ, Maria Helena. *Código Civil anotado*. São Paulo: Saraiva, 2002.

DOLTO, Françoise; HAMAD, Nazir. *Destinos de crianças*: adoção, famílias, trabalho social. São Paulo: Martins Fontes, 1998.

EQUIPE TÉCNICA DA VARA CENTRAL DE INFÂNCIA E JUVENTUDE DA COMARCA de SÃO PAULO. *Perfil dos candidatos brasileiros à adoção*: período: 1995 a 1999. São Paulo, maio 2000. Mimeo.

FÁVERO, Eunice T. *Rompimento dos vínculos do pátrio poder*: condicionantes socioeconômicos e familiares. São Paulo: Veras, 2001.

______. *Serviço Social, práticas judiciárias, poder: a implantação e implementação do Serviço Social no Juizado da Infância e da Juventude de São Paulo*. Caderno n. 3, do Núcleo de Estudos e Pesquisa sobre a Criança e o Adolescente. São Paulo: Veras, 2005.

FÁVERO, Eunice. T. (Org.). *Perda do pátrio poder*: aproximação a um estudo socioeconômico. São Paulo: Publicação do Núcleo da Criança e do Adolescente — NCA/PUC-SP, Fundação Orsa/Veras, 2000.

FÁVERO, Eunice T.; MELÃO, Magda J. R.; JORGE, Maria Rachel T. (Orgs.). *O Serviço Social e a psicologia no Judiciário*: construindo saberes, conquistando direitos. São Paulo: Cortez, 2005.

FERNANDES, Maria Manuela L. B. L. *Mãe não há só uma*: o processo de Serviço Social quanto ao consentimento para a adopção de recém-nascidos numa grande maternidade urbana. Dissertação de mestrado em Serviço Social — Programa de Estudos Pós-Graduados em Serviço Social da PUC-SP. São Paulo, 1989.

FERREIRA, Aurelio B. H. *Dicionário Aurélio Básico da Língua Portuguesa*. São Paulo: Folha de S. Paulo/Nova Fronteira, 1994/1995.

FIGUEIRA, Servulo A. O "moderno" e o "arcaico" na nova família brasileira: notas sobre a dimensão invisível da mudança social. In: FIGUEIRA, Servulo A. (Org.). *Uma nova família?*: o moderno e o arcaico na família de classe média brasileira. Rio de Janeiro: Zahar, 1987.

FONSECA, Claudia. *Caminhos da adoção*. São Paulo: Cortez, 2002.

FREITAS, Neli K. O emprego do genograma no estudo do processo de luto materno. In FÉRES-CARNEIRO, Terezinha (Org.). *Casal e família*: entre a tradição e a transformação. Rio de Janeiro: Nau, 1999.

GIBERTI, Eva, GORE, Silvia C. e TABORDA, Beatriz. *Madres excluídas*. Buenos Aires: Grupo Editorial Norma, 1997.

GIDDENS, Anthony. A transformação da intimidade: sexualidade, amor e erotismo nas sociedades modernas. São Paulo: Unesp, 1993.

GILLIGAN, Carol. *Uma voz diferente*. Rio de Janeiro: Rosa dos Tempos, 1982.

GOLDENBERG, Mirian; TOSCANO, Moema. *A revolução das mulheres*: um balanço do feminismo no Brasil. Rio de Janeiro: Revan, 1992.

GOMES, Jerusa V. Família e socialização. *Família e educação*. Revista de Psicologia da USP, v. 3, n. 1/2, 1992. São Paulo: Instituto de Psicologia da Universidade de São Paulo, 1992.

______. Família: cotidiano e luta pela sobrevivência. In: CARVALHO, Maria do Carmo B. (Org.). *A família contemporânea em debate*. São Paulo: Educ/Cortez, 1995.

GRANATO, Eunice F. R. *Adoção*: doutrina e prática. Curitiba: Juruá, 2003.

GUEIROS, Dalva A. *Casamento contemporâneo*: uma construção negociada entre os parceiros. Dissertação de mestrado em Serviço Social — Pontifícia Universidade Católica de São Paulo. São Paulo, 1998.

______. Família e proteção social: questões atuais e limites da solidariedade familiar. *Serviço Social & Sociedade*. São Paulo, Cortez, ano XXIII, n. 71, set. 2002.

______. Adoções por consentimento da família de origem: uma questão de desproteção social, de esgarçamento de vínculos sociais ou de cultura? In: ANAIS DO XI CONGRESSO BRASILEIRO DE ASSISTENTES SOCIAIS E III ENCONTRO NACIONAL DE SERVIÇO SOCIAL E SEGURIDADE. Fortaleza, 2004, 1 CD-ROM.

GUEIROS, Dalva A.; OLIVEIRA, Rita C. S. Direito à convivência familiar. *Serviço Social & Sociedade*. São Paulo, Cortez, ano XXVI, n. 81, mar. 2005.

HAMAD, Nazir. *A criança adotiva e suas famílias*. Rio de Janeiro: Companhia de Freud, 2002.

HELLER, Agnes. *Teoria de los sentimentos*. Barcelona: Fontamara, 1985.

HOBSBAWM, Eric. *Era dos extremos*: o breve século XX 1914-1991. São Paulo: Companhia das Letras, 2001.

HOUAISS, Antônio. *Dicionário eletrônico Houaiss da Língua Portuguesa*. Versão 1.0, 1 CD-ROM . Rio de Janeiro: Objetiva, 2001.

IAMAMOTO, Marilda V. Questão social, família e juventude: desafios do trabalho do assistente social na área sociojurídica. In: SALES, Mione A.; MATOS, Maurilio C.; LEAL, Maria Cristina (Orgs.). *Política social, família e juventude*: uma questão de direitos. São Paulo: Cortez, 2004.

JUNQUEIRA, Luci; PROENÇA, Nelson G. Políticas públicas de atenção à família. In: ACOSTA, Ana R.; VITALE, Maria Amalia F. (Orgs.). *Família*: rede, laços e políticas públicas. São Paulo: IEE/PUC-SP, 2003.

KATZ, J. *How emotions work*. Chicago: The University of Chicago Press, 1999.

KHOURY, Yara A. Narrativas orais na investigação da história social. *História e Oralidade*. Revista Projeto História n. 22. São Paulo: Educ/Fapesp, jun. 2001.

LADVOCAT, Cynthia. *Mitos e segredos sobre a origem da criança na família adotiva*. Rio de Janeiro: Booklink Publicações/Terra dos Homens, 2002.

LOURO, Guacira L. *Gênero, sexualidade e educação*: uma perspectiva pós-estruturalista. Petrópolis: Vozes, 2003.

LYRA, Jorge. et al. Homens e cuidado: uma outra família? In: ACOSTA, Ana R.; VITALE, Maria Amalia F. (Orgs.). *Família*: rede, laços e políticas públicas. São Paulo: IEE/PUC-SP, 2003.

MARCILIO, Maria Luiza. A roda dos expostos e a criança abandonada na História do Brasil: 1726-1950. In: FREITAS, Marcos C. (Org.). *História social da infância no Brasil*. São Paulo: Cortez/USP-IFAN, 1999.

MARQUES, Walter E. U. *Infâncias (pre)ocupadas*: trabalho infantil, família e identidade. Brasilia: Plano Editora, 2001.

MARTINS, José S. *A sociedade vista do abismo*: novos estudos sobre exclusão, pobreza e classes sociais. Petrópolis: Vozes, 2002.

McGOLDRICK, Mônica; GERSON, Randy. Genotogramas e o ciclo de vida familiar. In: CARTER, Betty; McGOLDRICK, Mônica e cols. *As mudanças no ciclo de vida familiar*: uma estrutura para a terapia familiar. Porto Alegre: Artes Médicas, 1995.

MEED, Margaret. *Sexo e temperamento*. São Paulo: Perspectiva, 1979.

MENDES, Solange T. M. (Coord.). Reflexões sobre o atendimento técnico às mães biológicas que entregam seus filhos em adoção. *Cadernos dos grupos de estudos Serviço Social e Psicologia Judiciários*. São Paulo, 2004. Mimeo.

MIOTO, Regina C. T. Novas propostas e velhos princípios: a assistência às famílias no contexto de programas de orientação e apoio sociofamiliar. In: SALES, Mione A.; MATOS, Maurilio C.; LEAL, Maria Cristina (Orgs.). *Política social, família e juventude*: uma questão de direitos. São Paulo: Cortez, 2004.

MOTTA, Maria Antonieta P. *Mães abandonadas*: a entrega de um filho em adoção. São Paulo: Cortez, 2001.

MUSZKAT, Malvina; MUSZKAT, Susana. Permanência na diversidade: um estudo sobre a conjugalidade nas classes baixas. In: GOMES, Purificacion B. (Org.). *Vínculos amorosos contemporâneos*: psicodinâmica das novas estruturas familiares. São Paulo: Callis, 2003.

OLIVEIRA, Neusa G. S. *Padrões de adoção*: reinterpretação à luz de uma perspectiva etológica. Tese de doutorado em Psicologia — Instituto de Psicologia da Universidade de São Paulo — Departamento de Psicologia Experimental. São Paulo, 2002.

PAIVA, Leila D. *Adoção*: significados e possibilidades. São Paulo: Casa do Psicólogo, 2004.

PEREIRA-PEREIRA, Potyara A. Mudanças estruturais, política social e papel da família: crítica do pluralismo do bem-estar. In: SALES, Mione A.; MATOS, Maurilio C.; LEAL, Maria Cristina (Orgs.). *Política social, família e juventude*: uma questão de direitos. São Paulo: Cortez, 2004.

POPULAÇÃO DO ESTADO DE SÃO PAULO. Disponível em: <www.sidra.ibge.gov.br/bda/tabela/protabl.asp?z=p&o=15&i=P>. Acesso em: 1º maio 2005.

POPULAÇÃO URBANA BRASILEIRA — Religião. Disponível em: www.sidra.ibge.gov.br/bda/tabela/protabl.asp?z=p&o=15&i=P>. Acesso em: 1º maio 2005.

POPULAÇÃO — Tamanho médio da família Disponível em: <http://www.sidra.ibge.gov.br/bda.tabela/protabl.asp?z=p&o=9&i=P>. Acesso em: 1º maio 2005.

PORTELLI, Alessandro. História oral como gênero. *História e Oralidade*. Revista Projeto História n. 22, junho de 2001. São Paulo: Educ/Fapesp, 2001.

______. "O momento da minha vida": funções do tempo na história oral. In: FENELON, Dea, R.; MACIEL, Laura, A.; ALMEIDA, PAULO, R.; KHOURY, Yara A. *Muitas memórias, outras histórias*. São Paulo: Olho d'Água, 2004.

QUEIROZ, Maria Isaura P. *Variações sobre a técnica de gravador no registro da informação viva*. São Paulo: T. A. Queiroz, 1991.

REDE FEMINISTA DE SAÚDE. *Dossiê Aborto*: mortes preveníveis e evitáveis: dossiê. Belo Horizonte: Rede Feminista de Saúde, 2005.

ROUDINESCO, E. *A família em desordem*. Rio de Janeiro: Jorge Zahar, 2003.

SADEK, Maria Tereza; ARANTES, Rogério B. A crise do Judiciário e a visão dos juízes. *Revista USP*. São Paulo, Coordenadoria de Comunicação Social, n. 21, mar./abr./maio 1994.

SANTOS, Rosa L. A. *Jovens mães e processos de construção de suas "identidades"*. Dissertação de mestrado em Saúde Pública — Universidade de São Paulo, São Paulo, 2001.

SARTI, Cynthia A. *A família como espelho*: um estudo sobre a moral dos pobres. Campinas: Editores Associados, 1996.

SARTI, Cynthia A. Famílias enredadas. In ACOSTA, Ana R. e VITALE, Maria Amalia F. (Orgs.). *Família: redes, laços e políticas públicas*. São Paulo: IEE/PUC-SP, 2003.

SCHETTINI FILHO, Luiz. *Compreendendo os pais adotivos*. Recife: Bagaço, 1998.

______. *Adoção*: origem, segredo e revelação. Recife: Bagaço, 1999.

SECRETARIA MUNICIPAL DE ASSISTÊNCIA SOCIAL DA PREFEITURA DA CIDADE DE SÃO PAULO *et al*. *Reordenamento de abrigos infanto juvenis da Cidade de São Paulo*: construção da política interinstitucional de defesa dos direitos de convivência familiar e comunitária das crianças e adolescentes de São Paulo. São Paulo: SAS, 2004.

SILVEIRA, Ana M. *Adoção de crianças negras*: inclusão ou exclusão? Caderno n. 8 do Núcleo de Estudos e Pesquisas sobre a Criança e o Adolescente do Programa de Estudos Pós-Graduados em Serviço Social da PUC-SP. São Paulo: Veras, 2005.

SIMMEL, Georg. *Georg Simmel*. Organizada por Evaristo de Morais Filho e coordenada por Florestan Fernandes. São Paulo: Ática, 1983. (Coleção Grandes Cientistas Sociais n. 34).

SINGLY, François. Trois thèses sur la famille contemporaine. In LE GALL, Didier; MARTIN, Claude. *Familles et politiques sociales*: dix questions sur le lien familial contemporain. Paris: L'Harmattan, 1996.

______. Les relations conjugales. In: SINGLY, François (Direction). *La famille l'état des saviors*. Paris XIII: Éditions La Découverte, 1997.

SLUZKI, Carlos E. *A rede social na prática sistêmica*: alternativas terapêuticas. São Paulo: Casa do Psicólogo, 1997.

SLOTNICK, Elliot E. Judicial Politcs. In: CROTTY, William (Ed.). *Political Science*: looking to the future, v. 3, cap. 3. Branston, Illinois, Northwestern University Press, 1991.

SOUZA, Myriam V. Adoção *intuitu personae* à luz do Estatuto da Criança e do Adolescente In WANBIER, Teresa A. A.; LAZZARINI, Alexandre A. (Coords.). *Repertório de jurisprudência e doutrina sobre Direito de Família — Livro Direito de Família*. São Paulo: Revista dos Tribunais, 1996.

VAITSMAN, Jení. *Flexíveis e plurais*: identidade, casamento e família em circunstâncias pós-modernas. Rio de Janeiro: Rocco, 1994.

VARGAS, Marlizete M. *Adoção tardia*: da família sonhada à família possível. São Paulo: Casa do Psicólogo, 1998.

______. *Prática da adoção segundo a ótica dos operadores*. Tese de doutorado em Psicologia — PUC-Campinas. Campinas, 2000.

VASCONCELOS, Pedro. Redes de apoio familiar e desigualdade social: estratégias de classe. *Análise Social*. Revista do Instituto de Ciências Sociais da Universidade de Lisboa. Lisboa, Instituto de Ciências Sociais da Universidade de Lisboa, v. XXXVII, n. 163, jul./set. 2002.

VELHO, Gilberto. *Subjetividade e sociedade*: uma experiência de geração. Rio de Janeiro: Jorge Zahar Editor, 1989.

VENANCIO, Renato P. Maternidade negada. In: PRIORI, Mary D. *História das mulheres no Brasil*. São Paulo: Unesp/Contexto, 2002.

VITALE, Maria Amalia F..Genodrama: trabalho psicodramático com genograma em terapia de casal. In: VITALE, Maria Amalia F. (Org.). *Laços amorosos*: terapia de casal e psicodrama. São Paulo: Agora, 2004.

WEBER, Lídia N. D. *Pais e filhos por adoção no Brasil*: características, expectativas e sentimentos. Curitiba: Juruá, 2002.

WEIL, Simone. *A condição operária e outros estudos sobre a opressão*. Organização de Ecléa Bosi. Rio de Janeiro: Paz e Terra, 1996.

YAZBEK, Maria Carmelita. Pobreza e exclusão social: expressões da questão social no Brasil. *Temporalis*, revista da Associação Brasileira de Ensino e Pesquisa em Serviço (ABEPSS). Brasília, Abepss/Grafline, jan./jun., ano II, n. 3, 2001.

Artigos de Jornal

BELAFANTE, Ginia. Mães de aluguel optam por casais gays. *Folha de S.Paulo*. São Paulo, 29 maio 2005. Caderno Mundo, p. A27.

REPORTAGEM LOCAL. Hoje, somente 27 em cada 100 são registrados. *Folha de S.Paulo*. São Paulo, 1° maio 2005. Caderno Dinheiro, p. B13.

FERNANDES, Florestan. Os desenraizados. *Folha de S.Paulo*. São Paulo, 21 ago. 1986. Caderno Opinião — Tendências/Debates, p. 3.

Anexos

Anexo I

Evolução da legislação brasileira sobre adoção

Legislação	Ano de início de vigência	Idade mínima do adotante	Idade do adotando	Diferença de idade entre adotante e adotado	Permanência	Filiação	Herança
Código Civil de 1916 (Lei nº 3.071)	1917	50 anos	Sem restrição	18 anos	Revogável	Aditiva (parentesco civil entre adotante e adotado sem romper vínculo com família consangüínea)	Só pessoas sem prole legítima têm direito a adotar filhos. Se permanecer filho único, o adotado herda integralmente. Havendo filhos legítimos supervenientes à adoção, o adotado terá direito à metade do que couber ao filho legítimo.
Lei nº 3.133	1957	30 anos	Sem restrição	16 anos	Revogável	Aditiva	Se for filho único, o adotado herda tudo. Se ao tempo da adoção os adotantes já têm filhos, o adotado nada herda. Se há filhos supervenientes à adoção, o adotado terá direito à metade do que couber ao filho legítimo.
Legitimação Adotiva (Lei nº 4.655)	1965	30 anos	Até 7 anos	16 anos	Irrevogável	Substitutiva (cessa ligação com família consangüínea)	Idem à Lei nº 3.133
Código de Menores (Lei nº 6.697)	1979	30 anos	Até 7 anos: plena; até 18 anos: simples	16 anos	Plena: irrevogável; simples: revogável	Plena: substitutiva; simples: aditiva	Plena: direitos iguais Simples: idem à Lei nº 3.133
ECA (Lei nº 8.069)	1990	21 anos	Até 18 anos	16 anos	Irrevogável	Substitutiva (integração total do adotando na nova família)	Direitos iguais (igualdade de condições com os filhos consangüíneos)
Novo Código Civil (Lei nº 10.406)	2003	18 anos	Sem restrição	16 anos	Não referência expressa, mas depreende-se que seja irrevogável	Substitutiva	Não há referência expressa, mas depreende-se que se trata de direitos iguais.

Fonte: Fonseca (2002: 121), Granato (2003: 107-12) e Novo Código Civil (artigos 1.618 a 1.629 e 1.784 a 1.803).

Anexo 2

PROCEDIMENTO RELATIVO À HABILITAÇÃO NO CADASTRO DE PRETENDENTES À ADOÇÃO NAS VARAS DA INFÂNCIA E DA JUVENTUDE DO ESTADO DE SÃO PAULO (constante do Artigo 1º do Provimento CG nº 05/2005, com acréscimos do Provimento CG nº 26/2005)[1]

Artigo 1º — Todo Juízo da Infância e da Juventude do Estado fica obrigado a manter cadastro de pessoas interessadas em adoção (brasileiros residentes em sua área de jurisdição) e de crianças e de adolescentes em condições de serem adotados

Parágrafo 1º — O pretendente à adoção deverá ser atendido pelo Setor Técnico da Vara da Infância e da Juventude de seu domicílio ou, na impossibilidade, por cartorário devidamente preparado para prestar todas as informações necessárias ao processo de habilitação.

Parágrafo 2º — O requerimento de inscrição (modelo abaixo) será fornecido pela Vara da Infância e da Juventude e deverá ser preenchido pelo próprio requerente.

2.1 — O requerimento, acompanhado dos documentos arrolados no parágrafo 3º, deverá ser protocolado no cartório da infância e da juventude.

Parágrafo 3º — O requerimento mencionado no parágrafo 2º deverá estar acompanhado dos seguintes documentos:

3.1 — cópia dos documentos pessoais do(s) requerente(s): (Carteira de Identidade, Cadastro de Identificação do Contribuinte, Certidão de Casamento, se casado, ou Certidão de Nascimento, se solteiro, sendo que as certidões deverão ser de expedição recente);

3.2 comprovante de residência;

3.3 — comprovante de rendimentos, ou declaração equivalente;

3.4 — atestado ou declaração médica de sanidade física e mental.

Parágrafo 4º — Tais documentos podem ser apresentados em seu original, por cópia autenticada ou simples. No caso de serem apresentadas por cópias simples, estas deverão ser conferidas pela serventia frente aos originais e tal circunstância ser certificada nos autos.

Parágrafo 5º — O requerimento deverá ser registrado e autuado, certificando-se a juntada de todos os documentos arrolados no parágrafo 3º.

Parágrafo 6º — O juízo requisitará certidões do distribuidor forense civil e criminal, juntando-se aos autos. Caso o requerente resida na comarca há menos de 10 anos, deve-

---

1. 1. As habilitações constantes do cadastro da vara do domicílio do(s) pretendente(s) são válidas para todos os Juízos da Infância e da Juventude do Estado de São Paulo.

2. Além dos documentos constantes do parágrafo 3º, geralmente é solicitado fotografia(s) do(s) pretendente(s) e de sua residência.

rá ser requisitada certidão junto ao distribuidor de seu anterior domicílio, isso enquanto não estejam integrados no Estado os dados de distribuição por meio eletrônico.

Parágrafo 7º — Devidamente instruídos os autos, serão remetidos ao Setor Técnico para entrevistas por Assistentes Sociais e/ou Psicólogos.

7.1 — No prazo de 45 dias deverá ser apresentado parecer conclusivo a respeito do pedido, ou, justificadamente, ser solicitado novo prazo;

7.2 — Competirá ao técnico convocar o interessado por meio de ligação telefônica.

Parágrafo 8º — Encerrada a avaliação técnica por meio de parecer conclusivo, terá o Ministério Público vista dos autos.

Parágrafo 9º — Após, o pedido de habilitação deverá ser decidido por sentença, no prazo de 10 (dez) dias. Se deferida a habilitação, o(s) requerente(s) será(ão) incluído(s) no cadastro da vara.

Parágrafo 10 — No prazo de 24 horas deverá a habilitação ser comunicada à CEJAI para inclusão no cadastro estadual (artigo 2º), nos termos do artigo 4º.

Parágrafo 11 — O cadastro de pessoas interessadas em adoção deve ser atualizado, pelo menos, a cada dois anos.

REQUERIMENTO PADRÃO PARA HABILITAÇÃO AO CADASTRO DE PRETENDENTES À ADOÇÃO

Excelentíssimo Senhor Doutor Juiz de Direito da Vara da Infância e da Juventude.

________________________ (e________________________), vem(vêm), respeitosamente à presença de Vossa Excelência para requerer a sua habilitação no Cadastro de pretendentes à adoção dessa vara. Para tanto apresenta(m) a qualificação anexa e os documentos exigidos pelo Provimento 05/2005 da E. Corregedoria Geral de Justiça.

Aproveita(m) o ensejo para requerer a designação de data para início das providências pelo Setor Técnico e concorda(m) que as intimações sejam feitas por meio do telefone nº __-________ ou ___-_________.

Termos em que,
Pede(m) deferimento.

____

____

Impresso nas oficinas da
EDITORA PARMA LTDA.
Telefone: (011) 6462-4000
Av.Antonio Bardella, 280
Guarulhos – São Paulo – Brasil
Com filmes fornecidos pelo editor